要説 心理統計法

山上　暁・倉智佐一　編著

北大路書房

執筆者一覧（章順）

倉智　佐一		第1章
松嶋　隆二	神戸大学文学部	第2章
大倉　正暉	元 甲南女子大学人間科学部	第3章
秦　　一士	甲南女子大学名誉教授	第4章
浜名外喜男	岡山商科大学経済学部	第4章
浅川　潔司	兵庫教育大学学校教育学部	第5章
清水　　徇	甲南女子大学人間科学部	第5章
吉田　寿夫	関西学院大学社会学部	第6章
辻　平治郎	甲南女子大学名誉教授	第7章・第11章
後藤　容子	甲南女子大学人間科学部	第8章
仲谷　兼人	大阪樟蔭女子大学人間科学部	第8章
山上　　暁	元 甲南女子大学人間科学部	第9章
藤島　　寛	甲南女子大学（非常勤）	第9章
上地雄一郎	岡山大学大学院教育学研究科	第10章
水原　幸夫	甲南女子大学人間科学部	第12章

はじめに

　心理学・教育学・社会学など，人間を対象とする科学においては，観察・実験・調査・テストその他いろいろな方法によって得られた実際の研究資料が必要であり，これに基づいて実証的な研究をすすめなければならない。このため，観測された資料をどのように整理し，分析し，推論し，結論づけていくかに関する方法の習得は，現代の人間科学研究者にとっては欠かすことのできない要件となっている。とくに初めて心理学を志す学生にとっては，このような知識や技能は，いろいろなレポートの作成や卒業研究の計画・実施・整理などに必須であり，また各種の研究論文を正しく読解していくためにも，ぜひ心得ておかねばならないことである。

　筆者らは，これまで多年にわたって多くの学生に心理統計法や心理学研究法について授業をしてきた経験から，上に述べたような研究方法としての統計を学習する必要性を強く認識してきた。そこで今回，学生や院生の卒業研究をはじめとし，一般に人間科学の研究に実際に必要とされる基礎的で実践的な統計的技法について，関係者一同が協力してまとめたのが本書である。

　本書は専門的な統計学というわけではなく，行動科学の研究法としての統計法についての初歩的な入門書である。このため，数学に関する予備知識の少ない者や初めて統計を学ぶ者でも理解できるよう，専門的な数学的説明は省略し，具体的な例題や実践例をもとに，研究への実際的適用に重点をおいて，できる限り平易に解説するよう努力した。本書が人間科学の研究を志す多くの学生や研究者に広く活用されることを望む次第である。

新版に寄せて

　故・倉智佐一先生のリーダーシップのもとに平成3年に出版した『要説　心理統計法』が，改訂を経て新版を出す機会が与えられた。コンピュータ関連で時代に合わなくなった部分をとり，新しくわれわれが学生を指導する際にほしいと思う事柄を加えた。筆者らの願いは初版以来変わらないので初版の「はじめに」を掲げた。

　　平成15年3月

　　　　　　　　　　　　　　　　　　　　　　　　　　　山上　暁

目　　次

はじめに

第1章　序　　説 …………………………………………………… 1

1.1　変　　数 …………………………………………………… 1
（1）質的変数（qualitative variable）　1
（2）量的変数（quantitative variable）　2
（3）独立変数と従属変数　3

1.2　測定尺度の水準 …………………………………………… 4
（1）名義尺度（nominal scale）　4
（2）順序尺度（序数尺度, ordinal scale）　5
（3）間隔尺度（距離尺度, interval scale）　6
（4）比率尺度（比例尺度, ratio scale）　7

1.3　測定値の扱い方 …………………………………………… 8
1.4　誤　　差 …………………………………………………… 10
☆練習問題　12

第2章　データの整理 ……………………………………………… 14

2.1　名義・順序尺度のデータの整理 ………………………… 14
2.2　間隔・比率尺度のデータの整理 ………………………… 15
2.3　度数分布の図示 …………………………………………… 18

（1）　ヒストグラム　18
　　（2）　度数多角形（折れ線グラフ）　20
　　（3）　累積度数分布曲線　21
☆練習問題　22

第3章　代表値と散布度 …………………………………………… 24

　3.1　最頻値（モード）……………………………………………… 24
　3.2　中央値………………………………………………………… 24
　3.3　平均値………………………………………………………… 26
　3.4　3つの代表値の比較………………………………………… 29
　3.5　散布度………………………………………………………… 29
　3.6　レンジ（範囲，変域）………………………………………… 30
　3.7　四分位偏差（四分領域）……………………………………… 30
　3.8　標準偏差……………………………………………………… 32
　3.9　標準偏差に関する補足……………………………………… 34
　3.10　正規分布……………………………………………………… 36
　3.11　標準（単位）正規分布……………………………………… 37
　3.12　分布の歪度と尖度…………………………………………… 39
☆練習問題　42

第4章　測定値の変換 ……………………………………………… 44

　4.1　変換の必要性………………………………………………… 44
　4.2　順位法………………………………………………………… 45
　　（1）　最初の順位を与える方法　46
　　（2）　平均順位法　46
　4.3　パーセンタイル順位………………………………………… 46
　　（1）　順位から PR を求める方法　47
　　（2）　PR から順位を求める方法　47

（3）度数分布表から **PR** を求める方法　48

4．4　パーセンタイル値 …………………………………………………… 49
　　（1）対象が少ないときの方法　49
　　（2）度数分布から求める方法　49

4．5　標準得点 ……………………………………………………………… 50
　　（1）z 得点　50
　　（2）Z 得点（偏差値）　51
　　（3）5段階評価　53

4．6　T 得点（正規化） ………………………………………………… 54

4．7　角変換 ………………………………………………………………… 56

　☆練習問題　57

第5章　相　　関 ……………………………………………………… 58

5．1　散布図 ………………………………………………………………… 58

5．2　偏差積（積率）相関係数 …………………………………………… 60

5．3　相関の大きさの記述 ………………………………………………… 62

5．4　相関係数 r の有意性の検定 ……………………………………… 63

5．5　名義尺度・順序尺度における連関
　　　（ノンパラメトリックな相関） ……………………………………… 64

5．6　ϕ（ファイ）係数 ………………………………………………… 65

5．7　ϕ 係数の有意性検定 …………………………………………… 68

5．8　順位相関 ……………………………………………………………… 68
　　（1）スピアマンの順位相関係数（r_s）　68
　　（2）ケンドールの順位相関係数（r_k）　69

5．9　ノンパラメトリックな相関と
　　　ピアソンの積率相関係数との関係 ………………………………… 70

5．10　順位相関係数の有意性検定 ……………………………………… 71

　☆練習問題　72

第6章　推計学の基礎 …………………………………………… 74

6.1　母集団と標本 ……………………………………………… 74
6.2　標本の無作為抽出（単純無作為抽出法）………………… 75
6.3　層化無作為抽出法 ………………………………………… 78
6.4　その他の標本抽出法 ……………………………………… 79
6.5　統計的検定の基本的考え方 ……………………………… 80
6.6　統計的検定に関する基本用語 …………………………… 82
（1）帰無仮説と対立仮説および両側検定と片側検定　82
（2）有意水準および臨界値　83
（3）第1種の誤りと第2種の誤り　85
6.7　統計的検定を用いる際の留意点 ………………………… 86
☆練習問題　88

第7章　平均値に関する検定 …………………………………… 90

7.1　統計量の標本分布 ………………………………………… 90
7.2　平均値の標本分布 ………………………………………… 91
7.3　平均値が特定の値以上あるいは以下である確率 ……… 95
7.4　平均値の信頼区間 ………………………………………… 96
7.5　標本平均と母平均の差の検定 …………………………… 99
（1）母分散がわかっている場合　99
（2）母分散がわからない場合　102
7.6　対応のある2つの平均値の差の検定 …………………… 103
7.7　独立した2つの平均値の差の検定 ……………………… 106
7.8　分散の等質性の検定 ……………………………………… 110
7.9　等分散仮説が成立しない場合の平均値の差の検定 …… 113
☆練習問題　114

目次

第8章　ノンパラメトリック検定 … 116

- 8.1　カイ自乗（χ^2）検定 … 116
- 8.2　χ^2 検定の手順 … 118
- 8.3　カテゴリー数が k の場合の χ^2 検定 … 118
- 8.4　イェーツの修正 … 120
- 8.5　正規分布との適合度の χ^2 検定 … 121
- 8.6　対応のある場合の χ^2 検定 … 122
- 8.7　2×2 分割表の χ^2 検定（対応のない場合） … 123
- 8.8　$m \times k$ 分割の場合の χ^2 検定 … 126
- 8.9　フィッシャーの正確確率検定 … 127
- 8.10　中央値検定 … 130
- 8.11　U 検定 … 132
  - （1）2つの標本の大きさがともに 20 以下の場合　132
  - （2）n が 20 を超える場合　133
- ☆練習問題　136

第9章　分散分析（3つ以上の平均の差の検定） … 140

- 9.1　1要因分散分析 … 140
- 9.2　分散分析の前提条件 … 147
- 9.3　分散分析の種類 … 148
- 9.4　データの数が等しくないときの1要因分散分析 … 149
- 9.5　データに対応のある場合の1要因分散分析 … 151
- 9.6　2要因分散分析 … 154
- 9.7　セル内のデータ数が異なる場合の2要因分散分析 … 162
- 9.8　データに対応のある場合の2要因分散分析（2要因とも対応のある場合） … 167
- ☆練習問題　170

第10章　重回帰分析 …………………………………………………172
10.1　回帰 ……………………………………………………172
10.2　重回帰分析 ……………………………………………175

第11章　因子分析の基礎 ………………………………………182
11.1　因子分析とは …………………………………………182
11.2　因子分析のモデル ……………………………………184
11.3　因子分析の実際 ………………………………………187
11.4　実例 ……………………………………………………197

第12章　パソコンによるデータ処理の基本 …………………201
12.1　入力したローデータの処理 …………………………201
12.2　入力データの計算 ……………………………………206
12.3　グラフの作成 …………………………………………211
12.4　分析ツールの利用 ……………………………………215

参考文献 ……………………………………………………………217

付録 …………………………………………………………………219

索引 …………………………………………………………………231

【編集部注記】
ここ数年において，「被験者」（subject）という呼称は，実験を行なう者と実験をされる者とが対等でない等の誤解を招くことから，「実験参加者」（participant）へと変更する流れになってきているが，執筆当時の表記のままとしている。文中に出現する「被験者」は「実験参加者」と読み替えていただきたい。

第1章
序　説

　一般に人間を対象とする科学では，実際に得られたデータ（data）をもとにして研究をすすめていかねばならない。ここにデータというのは，あらかじめ設定された研究目的と研究計画のもとに，観察・実験・調査・テストその他いろいろな方法を用いて収集した結果を，適切な言語・記号・数字などで表わした資料をいうのである。したがってデータは，なんらかの意味のある資料であって，単なる抽象的な数字や記号あるいは言語などの集まりではない。本章は，まずこのような意味でのデータについて基礎的な理解を得ることを目的としている。

1.1　変　数

　上述のように，研究を始めるにあたっては，研究の目的に沿って，事物や事象の性質や特徴を示す名称・記号・数値などが設定され，それに応じた観察や測定が行なわれる。このような観察や測定の結果は，対象ごとに異なる値をとるものであり，ふつうこれは**変数**（variable）とか変量とか呼ばれている。例えば，研究の対象となる人々を性別や地域別に分けた分類，身長や体重といった生物学的測定値，設定された諸条件のもとに観察される知覚の実験値，あるいはいろいろなテストや調査の結果などは，それぞれの個人や場合によって違った値や属性をとるものであり，いずれも一般的な変数である。このような変数を大別すると，質的変数と量的変数とに分けることができる。

（1）　**質的変数**（qualitative variable）

　これは，人や物や事象をそれぞれの特徴や性質に従って名前をつけたり記号をつけたりするように，研究目的に従って内容的な分類をしたものをいうので

ある。このような分類はわれわれの日常生活においても絶えず行なわれているし，また混沌とした集合をなんらかの基準で分類していくことは，思考の始まりであり学問研究の始まりであるともいえよう。

このように，目的に沿って対象を適切に分類したりカテゴリー分けしたりした**質的変数**は，あらゆる研究の基礎となるものであり，研究計画の第一段階として欠かすことのできない過程である。なお研究対象の特徴に応じて一定方向に順番に並べることもよく行なわれるが，これもまた一種の分類であって質的な変数ということができる。このような質的変数のデータ処理は，一般には，それぞれの分類の中に入る人数や回数を数えることから始まるものであり，定性的データなどとも呼ばれている。

（2） 量的変数（quantitative variable）

これは一般に数量的に計測できる変数をいい，この中には離散的なものと連続的なものとがある。

離散値（discrete value）というのは，それぞれの値の間が離れていて，それ以上は細かく計れないデジタルな数値のことをいう。例えば，あるグループの人員が10人であるとすれば，その上は最小限11人であり，その下は最大限9人であって，10.3人とか9.7人とかはあり得ない。離散値はこの例のように，前項に述べた質的な分類における人数や回数のことが多いが，そのほかにもこれに準ずる離散値はいろいろ考えられよう。

連続値（continuous value）というのは，物差しで長さを測る場合のように，それぞれの値の間が続いていて，精密に測りさえすれば，いくらでも細かく分割できる性質の計量値をいう。例えば，体重 60 kg と 61 kg との間は連続していて，精密に測りさえすれば，理論上は無限に分割が可能である。この種の連続値は日常生活で多く現われるほか，自然科学的な研究においても多く用いられ，ここから得られる資料は定量的あるいは計量的データなどとも呼ばれる。

上に述べた離散と連続の別は理論上のことであり，実際的にはこの両者は交換的に用いられている。例えば，離散値としての人員や回数を統計的に処理して，平均 10.3（人）とか平均 23.6（回）などとすることも多い。またその反

対に 60.79 ……kg という連続値であっても，これを実用的に 60.8 kg とか 61 kg として離散的に扱うし，理論的には無限に分割可能な連続した時間であっても，デジタル時計のように 1 分間隔で離散的に示す場合もあるのである。このように，本来は離散的な値が連続的に用いられたり，理論上は連続的な値が離散的に用いられたりするのは，日常生活やあるいは研究での便宜上のことなのであるから，連続値か離散値かは見かけの値よりも，その数値の持っている内容や意味から判断されるべきものである。

(3) **独立変数と従属変数**

科学的な研究をすすめるにあたっては，まず研究の内容や設定された目的に即して研究の計画が立てられる。とくに心理学などにおける厳密な実験的研究においては，あらかじめ綿密な実験計画を立てることが必要であり，このような研究計画にあたっては，変数を独立変数と従属変数とに分けて考えることができる。基本的に定義すれば，関数 $Y=f(X)$ において X は任意に設定できるから独立変数であり，Y は X によってその値が決まるから従属変数と呼ばれるのである。

研究計画において**独立変数**（independent variable）というのは，実験者がその効果を知るためにコントロールしたり操作したりする変数であり，これはしばしば実験の要因とか処理などと呼ばれ，また因果関係を明らかにするという意味で説明変数と呼ばれることもある。これに対し**従属変数**（dependent variable）というのは，独立変数に沿って研究者が観察したり測定したりして得られる変数である。そこで例えば，条件別，男女別とか年齢別などは典型的な独立変数であり，これらの変数に応じて調べた結果として得られるいろいろな値，例えばいろいろな知覚の認知閾，テストや調査の得点，興味の深さや態度の強さなどは従属変数である。

研究計画での独立変数と従属変数とは，その設定がはっきりしていないと，科学的な研究は成立しないといってよい。しかし研究の内容によっては，例えば従属変数として得られる資料から独立変数を設定するとか，もともと独立変数的であるものを従属変数にしたりすることもしばしば生ずる。

1.2 測定尺度の水準

　心理学をはじめ一般に行動科学と呼ばれる研究領域においては，研究の目的に沿って一定の法則のもとに事物や事象を観察し測定して，必要なデータを得なければならない。このため上に述べたような性質や特徴を持つ変数に関して，なんらかの尺度（scale）をつくり，これを用いて研究対象を計測していくことになる。そして，どのような尺度によって測定されたかによって，データの扱い方が違ってくるのである。このような意味で，尺度の設定ということは行動科学の研究において数的データを得るための重要な第一段階ということができよう。

　測定尺度の水準に関しては，一般には**スチーブンス**（Stevens, S. S., 1951）の**4尺度**の考え方が最も適切で有効であるとされている。そこでこれを上に述べた質的変数・量的変数・離散値・連続値などの概念と関連して以下に説明する。

（1）　名義尺度（nominal scale）

　これは前に述べた質的な変数による分類の尺度で，例えば被験者を「男性」と「女性」とに分けたり，学級やグループをA，B，C……といったいくつかの組に分類したりする場合がこれである。またテストの質問項目に対する返答を「はい」「いいえ」の2件に分けるという場合などもこれに属する。これはものごとを考えていく場合の最も基本的な枠であり，これをもとにして科学的な研究計画が打ち立てられていくことになるし，また生物分類学のように，分類それ自身が重要な研究目的になる場合も多い。

　このような名義尺度においては，分類されるカテゴリーには予想されるすべての反応や行動が含まれていなければならない。またそれぞれのカテゴリーは，内容的に異なる特性を持っていて，すべての対象はその中のどれか1つに属するようになっていなければならない。論理学的にいえば，AはAであるという同一律に従わなければならず，Aであると同時にBであるといった背反的な誤りは許されない。なおこの名義尺度では，各カテゴリーの相互の間には，

AはBより大きいとか優れているとかいった順序関係は想定されておらず，あくまでそれぞれの内容や特性に基づいての分類なのである。

名義尺度に基づくデータでは，それぞれのカテゴリーに属している人数・度数・回数など，およびそれらが全体に対して占める比率についての記述や分析あるいは比較などが主たる統計的処理になってくる。

（2） 順序尺度（序数尺度，ordinal scale）

前に述べたように質的な変数の中には，ものの順序のみを示している場合もあり，このような変数の尺度は順序尺度と呼ばれる。例えば鉱物の固さを示すのに，一番固い鉱物から順に1，2，3，4……という序数で順に番号をつけたり，生徒のいろいろな作品や行動などを評定してA，B，C，D，Eという段階順位をつけたりするのがこれである。この場合，通常は最も優れたものを1やAにするが，場合によりその逆にすることもでき，例えば学業成績の段階評定では，一番優れたものから順に，5，4，3，2，1とするのがふつうである。なお，質問紙調査でよく用いる段階評定値なども，心理的な好悪や優劣の強度による順序尺度と考えてよい。

いずれにしてもこの尺度では，研究対象の大小とか優劣とかの順序が示されていて，例えば1位は2位より優れ，2位は3位より優れているといった順序と方向がある。したがって，それぞれの間の相対的な位置関係は明らかであるが，例えば1位のものがどれだけの値であるかといった絶対的な値を示しているわけではない。そこで，ある集団での1位がほかの集団での1位と同じ価値であるとは必ずしもいえないわけである。またこの順序尺度では，順位のみが序数や記号で示されているのであるから，それぞれの順位の間の心理量の開き幅は必ずしも一定しない。例えば1位と2位の開きが2位と3位の開きと同じであるとは限らないわけである。つまり，順位からだけでは心理量の間隔についての情報は何も与えられていないのである。

順序尺度に基づいて得られたデータは，名義尺度とほぼ同じように処理されるほか，中央値・四分位偏差・パーセンタイル・順位相関・その他一般にノンパラメトリックな検定法が適用される。

（3） 間隔尺度（距離尺度，interval scale）

　これは，ある一定の等しい単位で計測された数値に基づく量的な尺度である。この尺度では，それぞれの値の間の距離関係が等しく保たれており，したがってたいていの算数的な演算が可能である。例えば，温度の測定で摂氏50度と摂氏45度との差は，この尺度上での計測に関する限り，35度と30度との差に等しいし，したがってこれらの値をさらに算数的に演算することも可能で，摂氏温度を9倍して5で割って32を加えて華氏の温度に変えることもできるのである。

　心理テストで用いる多くの得点や学校教育で行なわれる学力テストの得点などは，一般に間隔尺度のように扱われている。それゆえにそれらの得点の数的演算も，それなりに一応は意味のある操作として，一般に行なわれている。しかしこれらの得点がどのような単位で計測されているのかが問題である。例えば，国語のテスト得点といっても，単語の読み書きや文章の読解など，評価のための測定単位はいろいろ複雑で，それらが間隔尺度としての性質をどこまで具備しているかは十分に検討されなければならない統計処理以前の問題なのである。また，たとえ間隔尺度であったとしても，同じ単位でなければ2つのテストの結果を比較できないことがあるし，ましてや教科が違えばそれぞれの学力テスト結果は，そのままでは比較不可能な得点であることなどにも十分に留意しなければならない。

　このように間隔尺度では，測定の等単位性に基づく加算性を基本的に想定しているのであるが，その測定の基点は任意である。したがってその尺度での0点が，その測定対象がまったくないゼロであることを必ずしも意味しているわけではない。例えば上例の温度尺度は計測の等単位性は完全に保たれているが，しかし摂氏0度の点は任意に設定されたものであるから，50度が25度の2倍の暖かさであるとはいえない。また同様の考え方で，例えば学力テストで50点の者は100点の者の半分の点数ではあるが，学力が半分であるわけではない。間隔尺度は心理学や教育学あるいは社会学などでしばしば用いられるのであるから，このことをよく理解しておかなくてはならない。

間隔尺度によるデータは，心理学の研究では極めて多く用いられ，名義尺度や順序尺度に適用される統計的処理に加えて，さらに厳密な統計として，平均値・標準偏差をはじめとし，偏差積相関係数・回帰式・t検定・分散分析・因子分析，その他ほとんどすべての高度な統計的分析に適用される。また本来は上述の順序尺度に入るようなデータや評定の段階値なども，なんらかの根拠でまたは便宜上それを間隔尺度と見なして処理する場合も多い。

（ 4 ） 比率尺度（比例尺度，ratio scale）

これは測定の等単位性を厳密に保持し，さらに測定の明確な基点を 0 にしているような尺度のことである。いいかえれば，上に述べた間隔尺度の性質を持っていて，さらにその尺度での 0 の値が，その測定対象そのものがゼロであるごとき原点を意味しているのである。たいていの物理的測定値はこれで，センチメートル（cm）やグラム（g）で測定する長さや重さ，心理学の実験などで測定する反応時間などは典型的な比率尺度である。

これらの尺度で測定される値は，その等単位性によって算数的演算が可能であるのはいうまでもないが，さらに加えて，その尺度の 0 の位置は，その尺度の測定対象である長さ・重さ・時間などがまったく存在しないというゼロを意味している。それゆえに，身長 170 cm の人は 85 cm の人の 2 倍の高さであり，体重 30 kg の人は 60 kg の人の 2 分の 1 の重さであるといった比例関係も合理的に成立する。

このような比率尺度によるデータに対しては，名義尺度・順序尺度・間隔尺度に適用される統計的処理のほとんどすべてが用いられ，量的な尺度として間隔尺度と実質的に差はないと考えてよいであろう。

以上，4 種類の尺度について概説したのであるが，これらの尺度はそれぞれが研究的に意味のある尺度なのであるから，それらの性質や特徴をよく理解してデータの処理にあたらなければならない。

これらの尺度は，上に説明した順に測定としての水準が高まっている。したがって，あとの尺度は前のすべての尺度の性質を持つことができ，あとの尺度

から前の尺度への変換は可能であると考えてよい。そこで，順序尺度はそれぞれの順位や段階に名前をつけて名義尺度にすることができる。また間隔尺度はそれぞれの値の大きさから，それを順序尺度に変えることができるし，したがってそれは名義尺度にもなり得る。比率尺度ならば，もちろんそれは間隔尺度であるし，したがって順序尺度にも名義尺度にもなれる。しかしその逆に，間隔尺度が比率尺度になったり，順序尺度が間隔尺度や比率尺度になったり，名義尺度が順序・間隔・比率尺度になったりすることは，特別な措置をとる場合は別として，本来はできないのである。

1.3　測定値の扱い方

　実測された測定値は，数学の理論上からも，心理学的な意味からも，いろいろな性質を持っている。したがって，それらの値の見方や扱い方については，次のような諸点を理解しておく必要がある。

（1）　実際に扱われるデータとしての数値は，上例の連続値の場合のように，適切なところで**丸め**なければならないことが多い。丸めの方法としては，処理すべき桁の数値の切り上げや切り捨てなどもあるが，4以下を切り捨て，5以上を切り上げる**四捨五入**が最もよく用いられている。ただし広範な調査や何回も繰り返しをする実験などで多くのデータを四捨五入するとき，処理すべき数字が5である場合，それらすべてが切り上げられることになるので，全体の結果が一方に偏ってくるおそれがある。そこでこのような場合には，処理すべき5という数字の1つ上の桁の数値が奇数であれば切り上げ，偶数であれば切り捨てるのがよい。例えば33.5の場合は5の前の3が奇数であるので切り上げて34とし，32.5は切り捨てて32とする。

（2）　連続値は実用上どこかで丸めて使用するが，理論的に連続していることに変わりはないので，例えば61 kgという値は，ぴったり61というのではなくて，測定単位1 kgの ±1/2 を上下にとって，60.5 kgと61.5 kgとの間を指していることになり，この両限界をその測定値の**真の限界**と呼ぶことがある。この場合，61.5は真の上限であり，60.5は真の下限ということになる。さら

にこの考え方に準じて，61.0 kg という値は 60.95 から 61.05 まで，また 61.00 ならば 60.995 から 61.005 までが，それぞれの真の限界になってくる。

（3） 上述のように，データはなんらかの方法で丸められている場合が多いから，丸めによる正確さが異なる数値を加減乗除したとき，どの桁までが有効なのかという問題が生じてくる。この処理に関しては**有効数字**と**有効桁数**という概念を理解しておくのが便利である。これに関してはいろいろ複雑な数理があるが，ふつうの研究では次の程度の知識でよかろう。

例えば，4人（1人単位）の有効数字は4で有効桁数は1個であり，35 g（1 g 単位）の有効数字は3と5で，有効桁数は2個である。また137.6 cm（0.1 cm 単位）の有効数字は1，3，7，6で有効桁数は4個であり，0.063 秒（0.001 秒単位）の有効数字は6と3で有効桁数は2個となる（この場合の0は単に位置を示しているだけである）。

（4） そこでデータの演算をするとき，もとのデータがそのまま正確な値なら，必要な桁数までいくらでも求められるが，丸めなどによって正確さがいろいろ違ってきている値を加減乗除する場合は，次のように処理する。

加算・減算の場合は，演算の結果を各数値の中で正確さの最も低い数値の桁に合わせて処理する。例えば，

3.6＋3.4＋5.7＝12.7	（3つとも1位までだから，そのまま）
2.9＋8.69＋3.641＝15.2	（2.9に合わせる）
53.683－12.34－10.1241＝31.22	（12.34に合わせる）

掛け算・割り算の場合は，次の例のように，演算結果の積や商の桁数を，丸められた数値の中で有効桁数の最も少ないものに合わせる。ただしこの場合，整数はそのまま正確な値とする。

14×0.2＝3	（0.2の有効桁数1に合わせる）
36.4×0.78＝28	（0.78の2桁に）
235.3÷3＝78.43	（235.3の4桁に）
4.07÷0.2815＝14.5	（4.07の3桁に）
25.12÷3.3568＝7.483	（25.12の4桁に）

平均値を求める場合の割り算では，もとの数値より1～2桁多く算出しておく

のがふつうである。例えば，

(3.7＋4.8＋6.9)÷3＝5.13

(6.38＋4.69＋7.34＋9.47＋5.56＋8.42)÷6＝6.977

1.4 誤　差

　統計法は実際のデータを整理し，分析し，記述してその内容を明らかにしたり，またさらに予測や推測によって原理や法則性を解明しようとしている。しかしながらデータの中には，いろいろな原因のために，なんらかの誤差を含んでいるものであり，これらの誤差をいかにして少なくしていくかということが，統計法の重要な部分になってくる。行動科学のデータに伴う誤差には，大別して次のような種類が考えられる。

　まず**恒常誤差**（constant error）と呼ばれるものがある。これはその研究の基礎になっている理論の誤り，実験の状況，テストのしかた，観測者の特殊な癖や習慣，実験装置の違いや故障，その他これに類する原因によって生じてくるズレである。この種の誤差は，規則的にある一定の方向や傾向を示すので，系統誤差とも呼ばれている。したがってこれらの誤差は，その原因がはっきりすれば，然るべき是正や修正をすることができる。

　次に**偶然誤差**と呼ばれるものがある。これは観測に生ずるいろいろな変動の原因が偶発的で，観測者によって完全にはコントロールしがたい性質の誤差であり，**確率誤差**（random error）とも呼ばれている。計測そのものに伴うこの種の測定誤差や，標本抽出に伴う標本誤差などがこれに含まれ，これに関しては第6章以下に述べる確率論的な処理の方法が適用される。心理学でよく問題となる個体差や個人差の問題は，研究の目的によって恒常誤差として扱われることもあり，また偶然誤差として確率論的に統計処理されることもある。

　そのほかに，一般に研究者自身から生ずる多くの誤りがあり，これは研究のどの過程においても絶えず生ずる可能性がある。例えばデータの収集や保管のしかた，記入や転記，図表の作成，計算機の操作などに伴うミスがこれである。この種の誤りは，恒常的なこともあり偶然的な場合もあって一定しないが，い

ずれにしても，観測者の不注意や怠慢などによって生ずる性質のものであるから，準備・見直し・読み直し・チェック・清書などに慎重な注意を払うことによって，できるだけ避けるようにしなければならない。

練習問題

1. われわれは日常の経験から，人間の意識や行動に関して，だれでもがなんらかの考えを持ってくるものである。このような常識的な知識と専門的な研究に基づく知識とは，どのような点で違ってくるであろうか，考えてみよう。

2. 質的な変数としての名義尺度と順序尺度を，本章で例示した以外にそれぞれ3例ずつあげよ。

3. 量的な変数としての間隔尺度と比率尺度の例を，本章で例示した以外に3例ずつあげよ。

4. 自分がこれまでに実施した実験や調査を思い出し，そのときの独立変数と従属変数が何であったかを考えよ。

5. 次のそれぞれの数値の有効数字と有効桁数を答えよ。(　) 内は最小単位。
　　12 (1 人)　　　　56 (1 kg)　　　　160.8 (0.1 cm)
　　0.027 (0.001 秒)　258.0 (0.1 点)

6. 研究者の不注意によるミスをなくするには，どのようなことに注意したらよいか，なるべく具体的な方法を列挙せよ。

第2章

データの整理

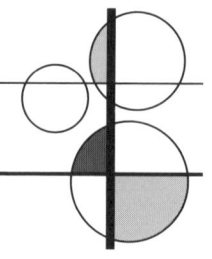

　観察・調査・実験などの結果として得られるひとまとまりのデータを要約・整理し，全体についての特徴や見通しを得るための方法について説明する．データを要約し，表示する出発点となる重要な方法として，度数表やグラフにまとめるという方法がある．本章では，度数に基づく分布表の作成方法と，主要なグラフ表示法を具体的に解説する．最近では，コンピュータのグラフ作成ソフトを用いると，データを入力するだけで簡単に図表が作成でき，資料の整理にわずらわされずにすむようになってきた．しかし，資料の整理とその表示方法についての基礎知識がないと，これらの道具を正確に誤りなく使いこなすのはたいへんむずかしい．第1章で述べたように，記号や数字などで表現された素データ (raw data) には種々のタイプがあり，このタイプの違いにより整理・要約のしかたが異なってくる．よって，データの整理に際しては，測定変数の特徴を正確に把握しておかなければならない．

2.1　名義・順序尺度のデータの整理

　表 2・1 は，ある大学の新入生の出身地の調査結果である．このような名義尺度や，あるいは順序尺度のような質的なデータの整理には，この表のように各カテゴリーごとの実数，百分率などを示し，さらにそれを図 2・1 a の**円グラフ**や図 2・1 b の**棒グラフ**で図示する方法がよく用いられる．

表 2・1　ある大学の新入生の出身地
（名義尺度の度数分布表）

地　　　　域	学生数	（％）
北海道・東北	215	8
関東・中部	300	11
近　　畿	1,230	47
中国・四国	520	20
九州・沖縄	365	14
計	2,630	100

　円グラフは各カテゴリー（ここでは地域別）の占める面積を円の中心から扇状に示しており，必要に応じて，それぞれの部分を色分けなどすると，分布状

2.2 間隔・比率尺度のデータの整理　15

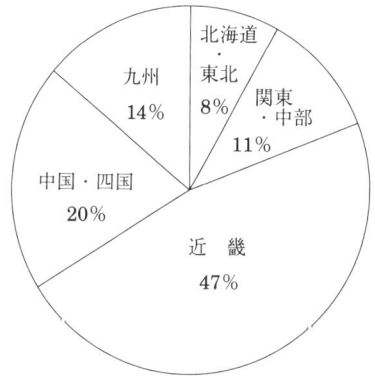
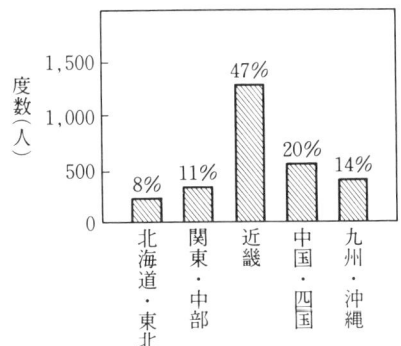

図2・1a　表2・1の円グラフ（$N=2630$）　　図2・1b　表2・1の棒グラフ

況がよくわかる。棒グラフは，それぞれのカテゴリーの占める部分を縦（ときには横）の棒の高さで示しているが，この場合，それぞれの棒の間はこの図のように少し離しておく。それぞれの地域は離散的なカテゴリーであって，連続した量の尺度ではないからである。

2.2　間隔・比率尺度のデータの整理

　データ全体の特徴を要約し，理解しやすいように表示する場合を考えてみよう。そのための最も簡単な方法は，同じ特徴や値を持つものを数え上げ，その頻度，度数を求めることである。ところで，長さや重さに代表されるような連続量が測定変数であるときには，精密な測定が可能なら同一の値がいくつも得られることはまれであるため，ひとまとまりの素データから同じ値のものを数え上げていくという方法は，有効でない。そこで測定変数の値を適当に区切ってクラス（階級）に分けたうえで，それぞれのクラスに属するデータの個数を数え上げるという方法をとる。これならば，同一のクラスに属する値の数がかなり多くなり，全体の分布の特徴がつかみやすくなる。もちろん，この操作により素データの持っている情報の一部は失われることになるが，全体的な特徴を知るためには有効な方法である。このようにして得られた階級とその度数とを

表にまとめたものを，**度数分布表**（frequency distribution）と呼んでいる。また，適切な度数分布表が作成できれば，それをあとに述べるヒストグラムなどを用いて図示して，データ全体の特徴を視覚的に把握しやすくできる。

例題 1　度数分布表をつくる

50人からなる，ある初等統計学のクラスで，度数分布についての理解度を調べるためアチーブメント・テストを行なった。その結果が表 2・2 a である。この結果を度数分布表に示せ。

表 2・2 a　アチーブメント・テストの得点（100点満点）

78	72	58	75	65	79	38	69	80	83	70	49	64	84	70	74	77	60	52
67	64	71	74	76	42	97	56	68	70	90	71	79	65	74	70	90	57	51
45	58	77	85	53	62	78	65	74	79	67	71							

---

① 表 2・2 a の資料を度数分布表にまとめるために，まずデータの最大値と最小値の間をいくつかの**級間**（class interval）に区切らなければならない。データの全体的特徴をよく表わす度数分布にするためには，適切な級間の数と級間の幅を用いることが大切で，これには厳密な規則はないが，一般的な慣用手順は次の通りである。

級間の数は通常10～20がよいとされている。しかし，級間の数でデータの総数 N を割った値（級間あたりの平均度数）が，5以上になるように級間の数を選ぶべきだとする研究者もあり，これらは大まかな目安と考えるべきである。

一般にデータの総数（N）が大きいときは，級間の数を比較的多くとり，小さいときは級間の数を少なくしなければならない。もし級間の数が少なすぎると，1つの級間内に重要なデータの特徴が隠れてしまうおそれがある。また，級間が多すぎると，空白の級間が多くなり，分布表が意味をなさなくなる。また，適切な級間の数はデータの総数とそれらの散らばり具合により異なるので，いずれにせよ，できるだけ全体の特徴をよく表わすように級間の数を定めることが大切である。

② 級間の数の目安が決まったら，次のように**級間の幅**を決める。まず測定値の最大のもの（最大値）と最小のもの（最小値）との差（範囲）をとり，これを級間の数で

割る。そしてその商に近い整数を級間の幅とする。もし，級間の幅として奇数を選ぶと，級間の中心点が整数になり，あとの数値の扱いが簡単になるので，とくに支障のないときは奇数にするとよい。

例題1では最高点と最低点との差を級間の数を12に予定して，12で割る。

$$(97-38)/12=59/12=4.9$$

そこで級間の幅は5とした。

表 2・2b　アチーブメント・テストの得点の度数分布

級　間 X	級間の中心点 X_0	度　数 f	累積度数 F	相対度数 $f\%$	累積相対度数 $F\%$
38～42	40	2	2	4	4
43～47	45	1	3	2	6
48～52	50	3	6	6	12
53～57	55	3	9	6	18
58～62	60	4	13	8	26
63～67	65	7	20	14	40
68～72	70	10	30	20	60
73～77	75	8	38	16	76
78～82	80	6	44	12	88
83～87	85	3	47	6	94
88～92	90	2	49	4	98
93～97	95	1	50	2	100
計		50 (N)		100	

③　次に級間分けの出発点を決める。この際，最初の級間に最小値が含まれるように，またデータが2つの級間にまたがらないように級間の境界値を定める。出発点が決まったら，級間の幅をもとにすべての級間の境界値を決める。

表2・2bの度数分布表では級間の境界は下位の方から38～42，43～47……としてあるが，第1番目の級間の**真の境界**は37.5以上42.5未満，第2番目の級間は42.5以上47.5未満，……である。各級間の真の下限の値を下限点，真の上限の値を上限点と呼んでいる。したがって第1番目の級間では37.5がその級間の下限点，42.5が上限点である。また，第1番目の級間の上限点である42.5は同時に第2番目の級間の下限点でもある。各級間の中央の値は**中心点**または**級間値**（class mark）と呼ばれ，各級間を代表する値として用いられる。

④　級間とその中心点が決まったら，次にすべてのデータを，それぞれに相当する

級間に誤りのないように振り分け，その個数を度数（f）の欄に記入する。振り分けの際，斜線マーク（ノーーー）や「正」の字などでチェックしていくと，誤りはかなり防げる。

⑤ 各級間の累積度数（F）を求める。これはある級間（または値）に至るまでの度数の和を意味している。そこで，さきに作成した度数分布表から累積度数を求めるには，それぞれの級間の度数に，それより下位のすべての級間の度数の合計を加えればよい。この場合，各級間の上限値までの累積であって，各級間の中心点までの累積ではないことに注意を要する。

⑥ 度数（f）や累積度数（F）をデータの総度数（N）に対する比率で表わす方が便利なこともある。この比率をそれぞれ相対度数，累積相対度数といい，表2・2bのf％，F％の欄に示してある。累積相対度数分布はあとに学ぶパーセンタイル値や確率分布などとの関連でよく利用される（第4章参照）。

2.3　度数分布の図示

表2・2bの度数分布表から，集団としての分布の姿をおおよそつかむことができるが，さらに分布表をヒストグラム，度数多角形，累積度数分布曲線と呼ばれる図で表わすと，全体の特徴がより明確になる。

（1）ヒストグラム

① 横軸に級間をとる。そのため，横軸を級間の真の境界値で区切り，各級間の代表値である中心点を目盛る（目盛りとして級間の上限値を用いる場合もある）。

② 縦軸上に度数を目盛る。このとき，グラフ全体の縦横比が2：3程度になるように目盛りをとると，見た目がよい。しかし無理にこの比率にあてはめようとして縦軸を必要以

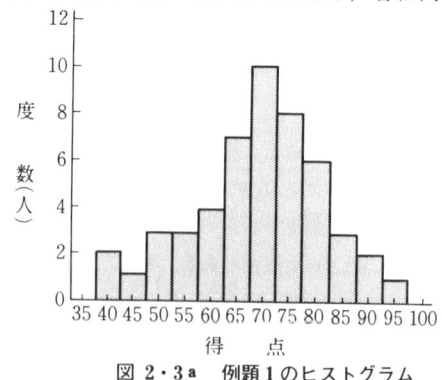

図2・3a　例題1のヒストグラム

上に伸ばしたり，横軸を無理にちぢめたりすると，度数にほとんど差がないのに，たいへんな違いがあるかのようにみえる図になってしまうので注意を要する。

③ 級間間隔を底辺とし度数を高さとする柱を図 2・3a のようにつくる。このとき，つくられた長方形の面積が度数と対応するように描くのがふつうである。このことが問題になるのは，分布の両端でほかと異なる幅の級間を用いた場合である。度数を柱の面積で表わすのは，得られた度数分布を，あとに学ぶ理論分布と比較する場合に便利であるからである。なお縦軸に相対度数をとると，相対度数分布のグフンになる。

④ 各軸の変数名を記入する。図 2・3a では，得点と度数が，それぞれの軸の変数名である。

⑤ 図の下に図番号と簡単な説明を書く。なお表の場合は表番号と説明は表 2・2a および表 2・2b のように，表の上に書く習慣になっている。

⑥ 作成された図 2・3a から，得点は級間値でいうと40〜95の範囲にわたっており，70点の付近にかたまり，ほぼ左右対称と見なすことができ，中央でやや尖っている，などのことが概観できる。

⑦ 一般に質的データのグラフ表示では円グラフや棒グラフが用いられ（図 2・1a，2・1b），量的データではヒストグラムが描かれる（図 2・3a）。これらの図をみれば明らかなように，両者ともに横軸に変数，縦軸には度数（頻度）がとられており，形も似ている。しかし変数の性質の違いがそれぞれのグラフの描き方に反映されているのである。前に述べたように，棒グラフでは変数が質的であるため各棒は間隔をあけて描かれているが，ヒストグラムでは各棒は離れていない。ヒストグラムが用いられるのは，横軸の変数が本来連続した性質を持っているときであり，このような場合には全データを連続したいくつかの級間に分ける操作を行なってはじめてグラフ表示が可能になる。

⑧ ヒストグラムのそれぞれの棒の中に，素データの値を直接にそのまま記入した図表は，**デジタルスコアグラフ**と呼ばれ，図 2・3b にその例が示してある。このグラフによると，素データの情報を少しも失うことなく分布の形

状を図示できる。また，小さい値から順に並べかえてあるので，次章に述べる中央値や四分位偏差などを素データから直接に求める場合などに便利である。

```
                              72
                              71
                              71    77
                        67    71    77
                        67    70    76    80
                        65    70    75    79
                  62    65    70    74    79
           52  57  60   65    70    74    79    85
      42   51  56  58   64    69    74    78    84    90
      38 45 49 53  58   64    68    74    78    83    90    97
素データ
─────────────────────────────────────────────────────
級間  40 45 50 55  60   65    70    75    80    85    90    95
(中心点)
```

図 2・3b　デジタルスコアグラフ

（2）度数多角形（折れ線グラフ）

　度数分布を図示するとき，ヒストグラムの各級間に立てた棒の上端の中央を結んだ度数多角形（折れ線グラフ）を用いる場合がある。度数多角形は変数が連続変量のとき以外は用いない。ヒストグラムでは同一の級間内の変数の値は同じであると仮定しているが，実際は次章で述べるデータの代表値（モード，中央値または平均値）に近いほど度数は多くなっている。度数多角形は各級間の中心点を結んでいるので実際のデータの分布により近くなる。

　度数多角形を描く場合には，両端の級間の外側にもう1つずつ級間を設け，その度数を0としてグラフを描くことが慣習になっている。

　表 2・2b の度数分布を度数多角形で表わしたのが図 2・3c である。

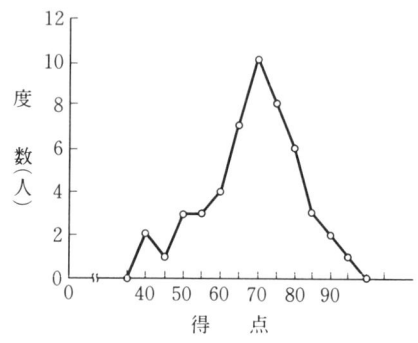

図 2・3c　例題1のデータによる度数多角形

（3） 累積度数分布曲線

　累積度数分布曲線や累積相対度数分布曲線は，データの概要を示すもう1つのグラフ表示法である。図 2・3 d には，例題1のデータから得られた累積度数分布曲線が示してある。もし分布が正規形（第3章参照）であれば，次の図に示すような型になる。

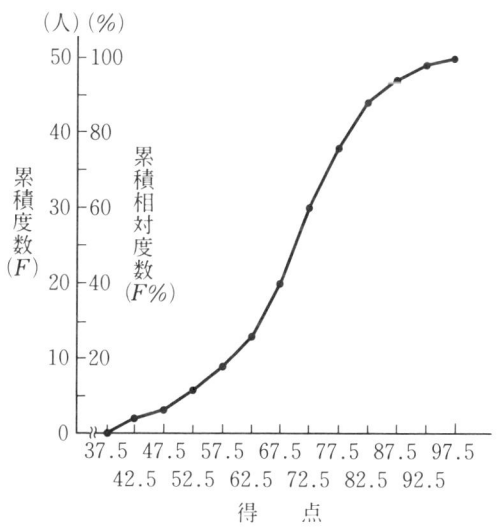

図 2・3 d　例題1のデータによる累積(相対)度数分布曲線

累積(相対)度数分布曲線を描く手順は次の通りである。

① 横軸に級間をとる。この場合，最初の級間の真の下限値（37.5）と，それより上の級間の真の上限値（42.5，47.5……）を目盛りとして用いる。

② 縦軸上に累積および累積相対度数（F，$F\%$）を目盛る。このとき，グラフ全体の縦横比が2：3程度になるように目盛りをとるとよい。ただし前にも述べたように，この比率に無理にこだわる必要はない。

③ 最下位の級間の下限値の累積および累積相対度数を0とし，各級間の上限値の累積および累積相対度数（F，$F\%$）をグラフ上にプロットし，順次に直線で結んでいく。

④ 各軸の変数名を記入する。図 2・3 d では，得点と累積度数（F）・累積相対度数（$F\%$）が，それぞれの軸の変数名である。
⑤ 図の下に図の番号と図の簡単な説明を書く。
⑥ この曲線は次章で述べる中央値，四分位偏差，および第 4 章で述べるパーセンタイル値などの算出に利用される。

練習問題

1. 次に示すのは，ある大学の学科別人員構成である。これを円グラフと棒グラフで図示せよ。

大学院	国文科	英文科	仏文科	人間科	短 大	計
100	980	1,000	350	1,020	950	4,400

2. 次の数値は，ある学力テストを20人の生徒に実施した結果である。これを度数分布表にまとめ，ヒストグラム，度数多角形，累積度数分布曲線をつくれ。

70　62　63　57　53　60　68　64　62　72
59　75　61　59　56　50　62　67　65　66

3. 次の数値は，ある心理テストを50人に実施した結果である。これを級間の幅を3にして度数分布表にまとめ，ヒストグラム，デジタルスコアグラフ，度数多角形（折れ線グラフ）および累積度数分布曲線をつくれ。

```
34  33  29  25  23  16  29  28  32  35
33  32  37  33  32  31  41  40  36  37
32  33  31  35  37  25  26  29  22  19
32  35  38  37  44  35  34  31  29  28
25  35  32  28  30  28  29  33  35  33
```

4. 次の数字は2つの異なる正規分布（p.36参照）に従う乱数50個を計算機で生成させて得たものである。これらの数字を本章で学んだグラフ表示法を用いて表示してみよう。また，級間の区切り方を変えてヒストグラムをつくり，最適な級間の区切り方を見つけよう。

```
12  26  33  27  22  32  30  30  36  25
27  36  43  22  17  31  31  16  35  14
30  23  34  29  48  52  70  75  63  63
61  57  60  60  73  66  66  65  50  60
68  65  66  42  62  58  48  69  51  66
```

第3章
代表値と散布度

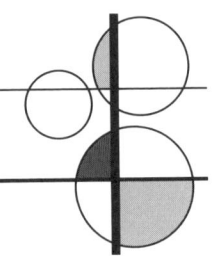

　観測されたデータを度数分布やグラフに整理すると，次にしなければならないのは，その代表値と散布度を求めることである。データは多数の観測値の集まりであり，度数分布にみるように，ある中心的な値の周囲に集中するという中心化傾向（central tendency）があるが，この中心的位置を示すのが代表値であり，それらの観測値の散らばりの程度を示すのが散布度である。おもな代表値には，最頻値・中央値・平均値があり，散布度にはレンジ・四分位偏差・標準偏差がある。

3.1　最頻値（モード）

　度数分布の中で度数の最も多い観測値，級間，カテゴリーなどを**最頻値**（mode, Mo）と呼ぶ。すなわち度数分布に1つまたはそれ以上の山がみられる場合，最も高い山のピークをもたらしたところがこれである。
　例えば表2・1のモードは，新入生の最も多い「近畿」であり，また表2・2bの得点の度数分布では，度数の最も多い68〜72の級間またはその中心点70がモードである。ときには例えば1つのクラスに成績の高い者と低い者とがそれぞれグループをつくっている場合のように，ピークが2つある**双峰性分布**になることもある。いずれにしても，モードはデータの分布の代表的位置を手っとり早く記述し，分布の特徴を概観するのに便利な代表値である。

3.2　中　央　値

　度数分布の中央を示す値が**中央値**（median, Me）であり，分布に含まれるすべての観測値を大きさの順に並べたとき，その真ん中に位置している素デー

タの値である。最大値と最小値の平均の値という意味ではない。それゆえ、中央値より大きい値の個数と小さい値の個数は同じで、いずれも全観測値の個数の半分である。

（1） 素データの中央値は観測値の個数を N とすると、次のように求める。

$$Me = [(N+1)/2] 番目の値 \qquad [3\text{-}2\text{-}1]$$

例題 1   素データから中央値を求める

次の数値は、ある心理学実験のある条件で7人の被験者から得た測定値である。このデータの中央値を求めよ。

75 68 60 72 67 76 65

---

① このデータを大きさの順に並べると、60 65 67 68 72 75 76
② 式 [3-2-1] より $\dfrac{7+1}{2} = 4$（番目）の値、すなわち 68 が中央値である。
③ 上例のように N が奇数の場合には、中央に位置する観測値が1個存在する。しかし、N が偶数の場合には中央の2個の値の中間となるので、両者の平均をとって Me とする。例えば、上例のデータにさらに 78 という値を加えて8人とすると、中央に位置するのは 68 と 72 になるので、その中間をとって $Me = 70$ とする。
④ 2つ以上のグループをこみにした場合の中央値は、各グループの中央値からは計算できないので、両グループを合して新たに求め直さなければならない。

（2） データが度数分布表にまとめられている場合には、中央値は次の式で求められる。

$$Me = \ell + \dfrac{(N/2 - F_\ell)}{f} i \qquad [3\text{-}2\text{-}2]$$

ただし、ℓ はこの中央値を含んでいる級間の下限値、N は観測値の総個数、F_ℓ は ℓ 未満の累積度数、f は中央値を含んでいる級間内の観測値の度数、i は級間の幅である。

> **例題 2** 度数分布表から中央値を求める
>
> 次の表は表 2・2 b を再掲したものである。この表より中央値を求めよ。

表 3・2

級間	f	F
38～42	2	2
43～47	1	3
48～52	3	6
53～57	3	9
58～62	4	13
63～67	7	20
68～72	10	30
73～77	8	38
78～82	6	44
83～87	3	47
88～92	2	49
93～97	1	50

$N=50$

① $N/2=25$ であるから，中央値が存在するのは累積度数 (F) が 21 から 30 までの級間，すなわち「68～72」の級間であることがわかる。

② そこで，$\ell=67.5$，$f=10$，67.5 未満の累積度数 $F_\ell=20$

③ これらの値を式 [3-2-2] に適用して
$$Me = 67.5 + \frac{(50/2-20)}{10} \times 5 = 70.0$$

④ 素データがなく，度数分布しか与えられていない場合に，この方法を用いると便利である。

3.3 平 均 値

平均値は代表値の中で最も重要で，最頻値や中央値よりもよく用いられるだけでなく，より高度の統計的分析に利用される。平均値には，算術平均・幾何平均・調和平均などがあるが，最もよく用いられるのは算術平均であり，ふつうに平均値といえばこれを指している。

（1） 平均値（mean，$\bar{X}$ または M）は次の基本式に示すようにデータに含まれるすべての観測値の総和を総個数で割った値である。

$$\bar{X} = \sum X / N \qquad [3\text{-}3\text{-}1]$$

ただし X は個々の観測値であり，$\sum X$ はすべての観測値の総和，N は観測値の総個数である。

例題 3　素データから平均値を求める
次の数値は心理学の実験で 7 人の被験者から得た測定値である。このデータの平均値を求めよ（例題 1 と同じデータ）。

$$75 \quad 68 \quad 60 \quad 72 \quad 67 \quad 76 \quad 65$$

① 観測値の総和　$\sum X = 75 + 68 + \cdots 65 = 483 \quad N = 7$
② 式 [3-3-1] より $\bar{X} = \dfrac{483}{7} = 69.0$

（2）級間に分けられた度数分布表のデータから平均値を求めるには次の式による。

$$\bar{X} = (\sum f X_0) / N \qquad [\,3\text{-}3\text{-}2\,]$$

ただし X_0 は各級間の中心点であり、それにそれぞれの級間の度数 (f) を乗じたものが fX_0 である。

しかし標準偏差（後述，p.32）を度数分布表から求める過程と関連して、次の式を用いることも多い。

$$\bar{X} = X_0 + (\sum fx / N) i \qquad [\,3\text{-}3\text{-}3\,]$$

ただしこの式での X_0 は、平均値が存在すると推測できる任意の級間の中心点であり、その級間を 0 として、表 3・3 に示すように、それより大きい値の級間には ＋、それより小さい値の級間には － の記号をつけた番号が x である。fx は f と x との積であり、$\sum fx$ はその積の総和である。

例題 4　度数分布表から平均値を求める
次の表は表 2・2 b (p.17) のデータに基づくものである。この表より、平均値を求めよ。

表 3・3 平均値の計算

級 間	中心点	f	x	fx
38〜42	40	2	−6	−12
43〜47	45	1	−5	−5
48〜52	50	3	−4	−12
53〜57	55	3	−3	−9
58〜62	60	4	−2	−8
63〜67	65	7	−1	−7
68〜72	70	10	0	0
73〜77	75	8	1	8
78〜82	80	6	2	12
83〜87	85	3	3	9
88〜92	90	2	4	8
93〜97	95	1	5	5
		$N=50$		$\sum fx=-11$

① 式 [3 - 3 - 2] より $\bar{X}=\dfrac{(40\times 2)+(45\times 1)+\cdots (95\times 1)}{50}=\dfrac{3445}{50}=68.9$

② または，式 [3 - 3 - 3] より $\bar{X}=70+(-11/50)\times 5=68.9$

③ もし度数分布表にする前の素データ (p.16) のままで基本式 [3 - 3 - 1] によって平均値を求めると，$\bar{X}=(78+72+\cdots\cdots +71)/50=3443/50=68.86$ となり，上に求めた値といくらか違ってくるが，これは素データを級間に分けて度数分布にまとめたために生じた誤差によるものである。

(3) 2つ以上のグループについて，それぞれの度数と平均がわかっている場合，個々の観測値がわからなくても，すべてのグループをこみにした全体の平均を求めることができる。いま，2つのグループの大きさを N_1, N_2 とし，平均値をそれぞれ $\bar{X}_1$, $\bar{X}_2$ とすれば，両グループを合せた全体の平均値 ($\bar{X}_t$) は，

$$\bar{X}_t=(N_1\bar{X}_1+N_2\bar{X}_2)/(N_1+N_2) \qquad [3 - 3 - 4]$$

例えば $N_1=10$, $\bar{X}_1=5$, $N_2=20$, $\bar{X}_2=8$ とすれば上式より，

$$\bar{X}_t=(10\times 5+20\times 8)/(10+20)=7.0$$

3グループ以上のデータの場合も，上式に準ずることができる。

3.4　3つの代表値の比較

今まで述べた3つの値 (Mo, Me, $\bar{X}$ または M) は，分布の代表値であるという点で共通しているが，その性質や特徴に違いがある．例えば，分布の中に非常に大きい値や小さい値が存在するとき，Mo や Me はその影響を受けないが，M はその影響を受けて変化する．例えば，(75, 68, 60, 75, 67, 76, 65) というデータの場合，76 という値が 99 に変化した場合，Me の 68 はもとのままであるが，M の 69.4 は 72.7 に変わり，Mo は 75 のままである．つまり (1) 最頻値は度数の大きさによって決まる代表値であるから，その数値あるいは，その級間の度数に変化がなければ他の観測値の変化の影響は受けない．(2) 中央値は観測値の順序関係によって決まる代表値であり，それよりも大きい観測値の個数とそれよりも小さい観測値の個数とが等しくなるような値である．したがって中央値との大小の順序関係が変わらなければ，どんなに観測値が変わろうとも中央値は影響を受けないのである．(3) これに対して平均値は，観測値の大きさによって決まる代表値であるから，観測値の1つでもその大きさが変われば平均値は変化し，とくに大きい観測値や小さい観測値が1個だけ大幅に変動しただけで，その平均値はかなり変化してしまう．

このように同じ代表値といっても，それぞれの特色を持っており，実際のデータの整理・分析にあたってはこのような特徴を十分考慮して，どの代表値を用いるのが最も望ましいのかを決める必要がある．

3.5　散　布　度

度数分布の代表的位置，つまり代表値が得られただけでは，度数分布についてその特徴を十分に記述したとはいえない．というのは，代表値はそのまわりに観測値がどのように散らばっているかについて何も教えてくれないからである．例えば2つのクラスがあって，学力テストの平均がともに60点であると知らされても，それだけでは両方がどんな特徴のクラスなのかわからない．一方は0点から100点まで広がっているのに，他方はほとんど全員が60点あたりに

かたまっているのかもしれないからである。

　データは多数の観測値の集まりであり，ある範囲にわたって散らばるものであるから，度数分布のよりよい記述のためには，代表値だけでなく，観測値のばらつき方や広がりを示す指標が必要となる。このようなばらつきの程度を示すものが**散布度**（variability）である。データの整理・分析にあたって代表値だけでなく散布度をも計算して，これを考慮する理由はここにある。

3.6　レンジ（範囲，変域）

　個々の観測値がどのようにばらついているかを示す最も簡単な指標は，**レンジ**（range, R）である。レンジとは，データの散らばりの最大の**範囲**（**変域**）であり，度数分布の両端，すなわち最大の観測値と最小の観測値との隔たり，と定義される。これを式で表わすと，

$$R = H - L \qquad [3\text{-}6]$$

ただし，H はデータにおける最大値，L は最小値である。例えば例題1の7個のデータのレンジは $R = 76 - 60 = 16$ であり，例題2（素データは表 2・2a）では $R = 97 - 38 = 59$ である。レンジは簡単に求められるが，大きな欠点もある。それは例えば観測値がたった1つだけ大きくかけ離れている場合，ほとんどの観測値が実質的には分布の中央付近に集まっていたとしてもレンジは不当に大きな値をとる。これは，レンジがこのような場合の散らばりの特徴を反映するのに不向きな散布度だからである。

3.7　四分位偏差（四分領域）

　素データや度数分布データの代表値として中央値（Me）を求めた場合には，その散布度として**四分位偏差**（quartile deviation, Q）が用いられる。いずれも観測値の順位と度数に基づく測度である。四分位偏差は中央値から全体の 25%（4分の1）の観測値が集まる測定値までの範囲であり，次のように求められる。

$$Q = (Q_3 - Q_1)/2 \qquad [3\text{-}7]$$

ここで Q_1, Q_3 は，それぞれ第1四分位数，第3四分位数と呼ばれ，データを小さい値から大きい値へと順に並べた場合，小さい方から度数がそれぞれ $1/4$, $3/4$ の位置にある値のことである（この式の分子 Q_3 と Q_1 の差は**四分位範囲**と呼ばれる）。これらの値の求め方は次の例題で説明する。

例題 5 素データから四分位偏差を求める

次の20人の観測値は，ある心理実験で得た得点である。このデータの中央値と四分位偏差を求めよ。

23　9　2　27　4　11　14　20　18　29
4　7　12　3　5　30　7　29　25　21

---

① このデータを低い方から順に並べかえると，

　　2　3　4　4　5　7　7　9　11　12
　　14　18　20　21　23　25　27　29　29　30

② $N=20$ であるから，式 [3-2-1] に準じて，中央値は12と14の中間をとって $Me=13$

③ 第1四分位数 Q_1（$1/4$ のところ）は Me より小さい10個の観測値の中央と考えてよいから，それは5と7の中間をとって $Q_1=6$，また第3四分位数 Q_3（$3/4$ のところ）は Me より大きい10個の観測値の中央と考えて，それは23と25の中間をとって $Q_3=24$

④ そこで式 [3-7] より $Q=(24-6)/2=9$

⑤ 観測値の数が奇数の場合にも，上に準じて25%（Q_1）と75%（Q_3）の点をとる。（算出のしかたについては，p.49参照）

例題 ❻ 度数分布表から四分位偏差を求める

次の表は表 3・2（p.26）と同じデータである。この度数分布表より四分位偏差を求めよ。

① Q_1, Q_3 を求めるには，中央値（$Me=70$）を求めた式［3-2-2］において，$N/2$ の代わりにそれぞれ $N/4$, $3N/4$ とすればよい。

② まず $50/4=12.5$ を右の表の F（累積度数）でみると，Q_1 は 58〜62 の級間に存在することがわかる。そこで式［3-2-2］に準じて $\ell=57.5$, $F_\ell=9$, $f=4$, $i=5$ であるから，
$$Q_1 = 57.5 + \frac{(50/4-9)}{4} \times 5 = 61.88$$

③ 次に $3 \times 50/4 = 37.5$ を F でみると Q_3 は 73〜77 の級間にあることがわかる。そこで，
$$Q_3 = 72.5 + \frac{(3 \times 50/4 - 30)}{8} \times 5 = 77.19$$

④ 式［3-7］より
$$Q = \frac{77.19 - 61.88}{2} = 7.66$$

表 3・7 四分位偏差の計算

級間	f	F
38〜42	2	2
43〜47	1	3
48〜52	3	6
53〜57	3	9
58〜62	4	13
63〜67	7	20
68〜72	10	30
73〜77	8	38
78〜82	6	44
83〜87	3	47
88〜92	2	49
93〜97	1	50
$N=50$		

3.8 標準偏差

レンジや四分位偏差は確かに散布度の指標の一種であるが，個々の観測値の大きさは無視されている。観測値の大きさをもとにした散布度として最もよく用いられ，かつ重要なものは標準偏差である。**標準偏差**（standard deviation, SD）は，分布の代表値を平均値としたときの分布の散らばりの大きさを示す指標で，各観測値が平均からどの程度離れているかを表現することができる。平均値と同様，間隔尺度や比率尺度の計量データについて用いられる。

（**1**） 標準偏差の基本式は次のように定義される。

3.8 標準偏差

$$SD = \sqrt{\frac{\sum(X-\overline{X})^2}{N}} \qquad [3\text{-}8\text{-}1]$$

ただし，X は各観測値，$\overline{X}$ は平均値，N は観測値の総個数である。このように標準偏差は，各観測値と平均との差（平均からの偏差）の自乗 $(X-\overline{X})^2$ をまず求め，それらの総和（偏差平方和）を総個数で割ったものの平方根として算出される。また実際の計算には，平均値 $(\overline{X})$ を使わないで観測値のみを用いる次の簡便式がよく利用される。3-8-1式を展開して

$$SD = \sqrt{\frac{\sum X^2}{N} - \left(\frac{\sum X}{N}\right)^2} \qquad [3\text{-}8\text{-}2]$$

また，標準偏差の自乗を**分散**（variance, s^2）といい，それは次の式で示される。

$$s^2 = \sum(X-\overline{X})^2 / N \qquad [3\text{-}8\text{-}3]$$

例題 7 素データから標準偏差（SD）を求める

次のデータから標準偏差と分散を求めよ（例題1と同じデータ）。

75　68　60　72　67　76　65

---

① まず平均値を求めると $\sum X = 483$, $N=7$ として $\overline{X}=69.0$

② 式 [3-8-1] より

$$SD = \sqrt{\frac{(75-69)^2 + \cdots + (65-69)^2}{7}} = 5.3$$

③ または式 [3-8-2] より $\sum X^2 = 75^2 + \cdots\cdots + 65^2 = 33523$, $\sum X = 483$ として

$$SD = \sqrt{\frac{33523}{7} - \left(\frac{483}{7}\right)^2} = 5.3$$

④ 式 [3-8-3] より，分散 $s^2 = \dfrac{(75-69)^2 + \cdots\cdots + (65-69)^2}{7} = 28$

（2） 度数分布表に各級間と度数がまとめられている場合の計算式は

$$SD = i\sqrt{\frac{\sum fx^2}{N} - \left(\frac{\sum fx}{N}\right)^2} \qquad [3\text{-}8\text{-}4]$$

ただし x, fx は表 3・3 の場合と同じ意味である。

> **例題 8** 度数分布表より標準偏差（SD）を求める
>
> 次の表は表 3・3（p.28）に fx^2（つまり $x \times fx$）の計算欄を加えたものである。この度数分布より標準偏差を求めよ。

表 3・8 度数分布表による SD の計算

級間	中心点	f	x	fx	fx^2
38〜42	40	2	-6	-12	72
43〜47	45	1	-5	-5	25
48〜52	50	3	-4	-12	48
53〜57	55	3	-3	-9	27
58〜62	60	4	-2	-8	16
63〜67	65	7	-1	-7	7
68〜72	70	10	0	0	0
73〜77	75	8	1	8	8
78〜82	80	6	2	12	24
83〜87	85	3	3	9	27
88〜92	90	2	4	8	32
93〜97	95	1	5	5	25

$N=50$ $\sum fx = -11$ $\sum fx^2 = 311$

① 式 [3-8-4] より

$$SD = 5 \times \sqrt{\frac{311}{50} - \left(\frac{-11}{50}\right)^2} = 12.4$$

② SD は平均値（この例では 68.9）と同じ有効桁数を持たせて 12.4 とする。

3.9　標準偏差に関する補足

（1）度数分布表から SD を算出すると、級間にまとめたことによる誤差が生じてくる。とくに級間の数が 12 以下になると、この誤差が大きくなるので、このような場合には次の式によるシェパードの修正（Sheppard's correction）

をすることがある。ただしデータがほぼ正規分布（**3. 10**参照）していることを前提とする。修正された SD を SD_c とすれば

$$SD_c = \sqrt{SD^2 - \frac{i^2}{12}} \qquad [3\text{-}9\text{-}1]$$

例えば例題8の答え $SD=12.4$ を修正すると，上式より $i=5$ として

$$SD_c = \sqrt{12.4^2 - \frac{5^2}{12}} = 12.3$$

（2） 標準偏差 SD は素データと同じ単位の値なので，単位の違うデータ間の SD の大きさを直接に比較することはできない。しかし単位が比率尺度の水準なら，次の式による**相対的散布度**（または**変動係数**，V）を用いて，単位の異なるデータの間でも SD の比較をすることができる。これは SD とその平均値（$\bar{X}$）との比をとるため無名数となるからである。

$$V = SD / \bar{X} \times 100 \qquad [3\text{-}9\text{-}2]$$

例えば身長の測定で $\bar{X}_1=167$ (cm)，$SD_1=12$ (cm)，体重の測定で $\bar{X}_2=57$ (kg)，$SD_2=4$ (kg) を得たとすると，これら2つの SD の大きさを直接に比較はできない。そこで上式から，

$$V_1 = 12/167 \times 100 = 7.2 \qquad V_2 = 4/57 \times 100 = 7.0$$

を求めて比較すると，両者はほとんど等しいことがわかる。

（3） もとの測定値のすべてに任意の一定数（n）を加えた場合の標準偏差を SD_n，もとの標準偏差を SD とすれば，$SD_n = SD$ である。もとの平均値 $\bar{X}$ が $\bar{X}+n$ に変化するのに，なぜ SD_n はもとの SD のままなのか。それは分布全体が右または左に n だけ平行移動しただけだからである。つまり全測定値が平行移動した分だけ $\bar{X}$ は変化するが，分布の大きさや形は何の影響も受けないので，SD_n はそのままなのである。

しかし，もとの測定値に任意の一定数（m）を乗じた場合は，その標準偏差を SD_m とすれば，$SD_m = |m|SD$ となり，もとの SD の $|m|$ 倍になる。この場合は，分布の平行移動にはならず，その形が変化してしまったのである。

また2グループのデータがあって，測定値数はそれぞれ N_1 と N_2，平均値はそれぞれ $\bar{X}_1$, $\bar{X}_2$，標準偏差はそれぞれ SD_1, SD_2 とすると，両データを合わせた全体の標準偏差 (SD_t) は次の式で計算できる。

$$SD_t = \sqrt{\frac{N_1(\bar{X}_1{}^2 + SD_1{}^2) + N_2(\bar{X}_2{}^2 + SD_2{}^2)}{N_1 + N_2} - \bar{X}_t{}^2} \quad [3-9-3]$$

この式で $\bar{X}_t$ は両データを合わせた平均値である（式 [3-3-4] p.28参照）。例えば $N_1=20$ $\bar{X}_1=75$ $SD_1=10$; $N_2=30$ $\bar{X}_2=70$ $SD_2=20$ とすれば，まず式 [3-3-4] より $\bar{X}_t = \dfrac{20 \times 75 + 30 \times 70}{20 + 30} = 72$

次に式 [3-9-3] より

$$SD_t = \sqrt{\frac{20(75^2 + 10^2) + 30(70^2 + 20^2)}{20 + 30} - 72^2} = 16.9$$

3グループ以上のデータの場合も上式に準ずることができる。

3.10　正 規 分 布

分布曲線の形や類型を知ることは，最も適切な代表値や散布度を選ぶのに役立つほか，あとで出てくる推測統計的な分析や検定を理解する基礎にもなるので，たいへん重要である。

図 3・10　いろいろな分布曲線の例

データを度数分布曲線に表わした場合，図 3・10 のように，対称形，非対称形，突出形，J（またはS）字形，U字形（逆U字形）などいろいろな形をとることが予想される。

間隔尺度か比率尺度のデータを度数分布に表わしたとき近似的によくみられるのが正規分布なので，ここでは，これらの中で最もよく用いられている正規分布について説明する。正規分布は分布曲線の代表的な類型を記述する理論的

モデルであり，その形は図 3・11a，図 3・11bのように平均値のところが最も高く，左右対称で釣鐘型になる。この曲線を**正規分布曲線**(normal distribution curve)，または単に正規曲線と呼ぶ。

この曲線は確率とか誤差などに関して数学的に導かれるもので確率曲線，誤差曲線，ガウス曲線などとも呼ばれている。理論的な正規分布とこれに近似する現実のデータの分布とを混同してはならないが，前者は後者にかなりよくあてはまることが知られており，人類学的あるいは生物学的観測値にもよく現われる。歴史的にはイギリスのゴルトン(Galton, F., 1879)が収集した5,000人以上の兵士の胸囲の測定値の分布がよく知られている。また一定の規格で大量生産される製品の特性値の散らばりの分布などにもよく現われるし，心理学的能力，例えば知能テスト，学力テストなどの得点，その他いろいろな心理的特性や属性の測定値・評定値においても，これに近い分布を生ずることがわかっている。

3. 11　標準(単位)正規分布

正規分布では平均値を中心にして多くの観測値が分布の中央近くに集まり，平均値から遠ざかるほど観測値の度数は減少していく。そして左右対称形であるから，モード，中央値，平均値は一致する。

正規分布曲線に囲まれている全領域の面積を観測値の総度数とすると，平均値を中心にして右側と左側に占める観測値の度数はいずれも半分（50%）になる。そこで総面積を1とし，標準偏差を無名数の単位距離1として，正規分布における曲線の面積を示したのが巻末の付表1（p. 221）であり，**標準正規分布表**（または**単位正規分布表**）と呼ばれている。この表で z というのは観測値から平均値までの距離を標準偏差の値で割ったもの $(z=(X-\bar{X})/SD)$ であり，したがって $z=1.00$ のところは平均値から標準偏差1つ分の距離だけ離れた値を示していることになる。表中の数値は平均値 ($z=0$) からそれぞれの z までの間に含まれる面積(確率)である。この表は平均値を中心にして曲線の右半分だけしか表わしていないが，左右対称であるから左半分もこれと同じである。

例えば標準正規分布表の $z=1.00$（平均値から $1SD$ だけ離れた値）をみれば，$p=0.341$ である。これは $z=0$ から 1.00 までの範囲に約 34% の面積（度数）が含まれることを示している。したがって図 3・11 a にみるように，平均から左右に $1SD$ ずつ離れた範囲（$z=-1.00$ から 1.00）には全体の約 68% が含まれる。同様に平均から $2SD$ までならば $p=0.477$，平均から $3SD$ までならば $p=0.499$ であるから，左右に $3SD$（$z=-3.00$ から 3.00）までとると，その範囲内にはほとんどすべての観測値が入ることになる。なお正規分布では，標準偏差 SD と四分位偏差 Q との間に $SD=1.483Q$ の関係がある。

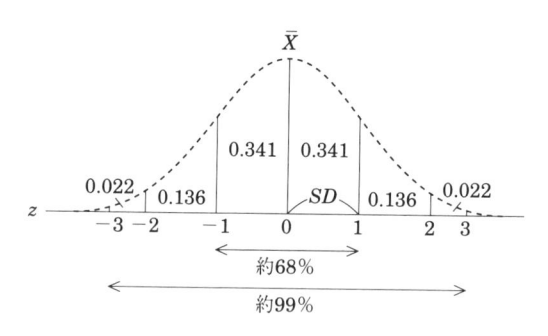

図 3・11 a　正規分布と標準偏差

例題 ⑨　標準（単位）正規分布表の利用

次の図は A 社の 1 年間の欠勤時間の度数分布曲線であり，$\overline{X}=80$（時間），$SD=4$（時間）の正規曲線になっている。A 社の全雇用者数を 185 人とすれば，

① 80～88 時間の欠勤者
② 78～82 時間の欠勤者
③ 70～90 時間の欠勤者

はそれぞれ何 % で何人か。

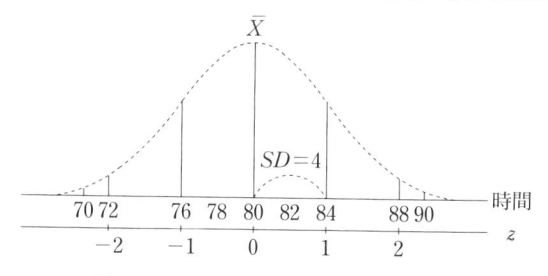

図 3・11 b　年間欠勤時間の度数分布

① 80～88（時間）は $\bar{X}=80$ より右へ SD の 2 つ分 ($z=2.00$) の範囲であるから，付表 1 より

$$p=0.477(47.7\%) \quad 185 \times 0.477 = 88.245（約 88 人）$$

② 78～82 は $\bar{X}=80$ より左へ SD 半分 ($z=-0.50$) までと右へ SD 半分 ($z=0.50$) までの範囲であるから，付表 1 より

$$p=0.191 \times 2 = 0.382(38.2\%) \quad 185 \times 0.382 = 70.67（約 71 人）$$

③ 70～90 は $\bar{X}=80$ より左へ $2.5\,SD$ (($70-80$)/4=2.5) までと，右へ $2.5\,SD$ までとを合わせた範囲であるから，付表 1 より

$$p=0.494 \times 2 = 0.988(98.8\%) \quad 185 \times 0.988 = 182.78（約 183 人）$$

3.12　分布の歪度と尖度

（1）実際のデータから得られる度数分布の形が正規分布のような対称形からずれて非対称となるのには，2 通りの場合がある（図 3・12 a）。1 つは最頻値の山が平均値より左側寄りになって緩い方の斜面が右側にくる場合であり，これは**正の歪み**と呼ばれる。もう 1 つはこれと反対に最頻値の山が右側に寄り，緩い方のすそが左側にくる場合であり，これは**負の歪み**と呼ばれている。

図 3・12 a　分布の歪み

歪度 (skewness, S_k) の指標のとり方にはいろいろあるが，最も簡単でわかりやすいのは次の方法である。平均値 ($\bar{X}$)，中央値 (Me)，標準偏差 (SD) を用いて

$$S_k = \frac{3(\bar{X}-Me)}{SD} \qquad [3-12-1]$$

例えば表 3・8 において，$\bar{X}=68.9$，$Me=70$，$SD=12.4$ として，

$$S_k = \frac{3(68.9-70)}{12.4} = -0.27$$

この例で示されるように，S_k の値が負（マイナス）のときは，平均値が中央値より小さく，その形が図 3・12 a の右側のように歪んでいることを示す。逆に S_k の値が正の値のときは，図 3・12 a の左側のように歪んでいることになる。

（2） 分布の形が正規分布より尖鋭であるか扁平であるかを示す値を**尖度**（kurtosis, K_u）という。尖度の指標のとり方にはいろいろあるが，最も簡単でわかりやすい尖度の求め方は次の通りである。

$$K_u = \frac{Q}{R(10\% \sim 90\%)} \qquad [3-12-2]$$

ここで Q は四分位偏差であり，R はレンジである。ただし，3.6 で述べたように，R は両端の値によって著しく影響されるから，両端の 10% ずつを除外して，この式のように 10% 〜 90% の範囲をとるのがよい。この式は，データのレンジに対してその四分位偏差がどれだけの部分を占めるかで尖度を示している。そこでこの値が小さいほど図 3・12 b の(b)のように分布曲線は突出した

(a) $Ku=0.26$（正規分布）
(b) $Ku<0.26$
(c) $Ku>0.26$

図 3・12 b　分布の尖度

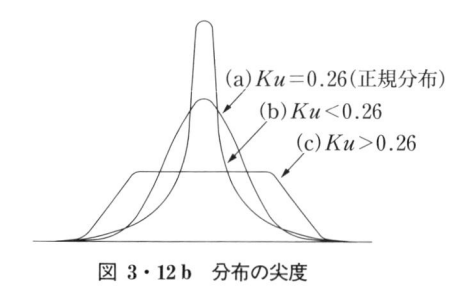

形になり，この値が大きいほど(c)のように扁平になることを示す。

例えば表 3・7（p. 32）で R（10%～90%）を求めるには，p. 32 の②及び③の計算に準じて

$$R_{10\%} = 47.5 + \frac{\left(50 \times \frac{10}{100} - 3\right)}{3} \times 5 = 50.83$$

$$R_{90\%} = 82.5 + \frac{\left(50 \times \frac{90}{100} - 44\right)}{3} \times 5 = 84.17$$

$$\therefore \quad R(10\% \sim 90\%) = 84.17 - 50.83 = 33.34$$

また表 3・7 の計算で $Q=7.66$ であるから式［3-12-2］より

$$K_u = \frac{7.66}{33.34} = 0.23$$

さて正規分布（付表1）における四分位偏差として，$\frac{1}{4} = 0.25$ の確率密度に当たる z 値を読むと

$$Q \fallingdotseq 0.67$$

また $R(10\% \sim 90\%)$ として，中央の80%を求めると，0.40(40%)の確率密度に当たる $z \fallingdotseq 1.28$ の2倍として

$$R(10\% \sim 90\%) = 1.28 \times 2 \fallingdotseq 2.56$$

式［3-12-2］より，正規分布では

$$K_u \fallingdotseq \frac{0.67}{2.56} \fallingdotseq 0.26$$

そこで求められた K_u の値がこの 0.26 より大きければ正規分布より平たくて，上例のようにこれより小さければ正規分布より尖っていることになる。

練習問題

1. 第2章の練習問題 **2**（p.22）の素データ（度数分布表にしないまま）から，次のそれぞれの値を求めよ。
中央値（Me）と四分位偏差（Q）
平均値（$\bar{X}$）と標準偏差（SD）

2. 第2章の練習問題 **2**（p.22）のデータを度数分布表にまとめたものから，次の値を求めよ。
モード（Mo）とレンジ（R）
中央値（Me）と四分位偏差（Q）
平均値（$\bar{X}$）と標準偏差（SD）
相対的散布度（V）

3. 第2章の練習問題 **3**（p.23）のデータの度数分布表から，次の値を求めよ。
モード（Mo）とレンジ（R）
中央値（Me）と四分位偏差（Q）
平均値（$\bar{X}$）と標準偏差（SD）
分布の歪度（S_k）
分布の尖度（K_u）

4. ある学校で3つのクラス（A，B，C）に国語のテストをしたところ、次の結果を得た。これら3クラスを合わせた場合の全体の平均値 ($\overline{X}_t$) と標準偏差 (SD_t) を計算せよ。

	A	B	C
N（人数）	45	52	56
$\overline{X}$（平均）	76.3	70.6	83.4
SD（標準偏差）	12.5	11.3	14.8

5. 第2章の練習問題 **3**（p.23）のデータの度数分布表を正規分布（$\overline{X}=32$，$SD=5$ とする）と見なし、次の範囲に該当する部分を曲線の中で示し、その範囲に入る値の人数とそのパーセントを求めよ。

$z=0.0 \sim 0.5$
$z=-1.5 \sim -0.5$
$z=1.5 \sim \infty$
$z=-\infty \sim -2.0$

第4章
測定値の変換

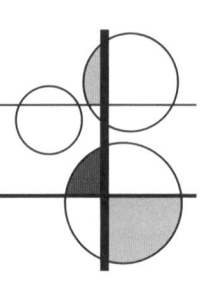

　調査やテストなどによって得られた素データは素点（raw score）または粗点と呼ばれることが多い。心理学や教育学の領域での測定は，比率尺度でないことが多く，そのような場合には，素点をそのまま代数的にとり扱うことができない。また，たとえ比率尺度であっても，測定単位の異なるものどうしをそのまま比較することはできない。

　テストには一般に間隔尺度による測定が多いが，例えば，国語よりも外国語の方が優れているといった課題の異なるものどうしの比較や，同じ外国語のテストでも，測定単位やテストの内容が異なるものの比較をしても，素点のままでは意味がない場合が多い。そこで，できるだけデータを合理的に比較するために，素点に対してなんらかの変換が行なわれている。

4.1　変換の必要性

　素点の変換は，測定から得られたデータ相互の比較を有効にするために行なわれるが，変換の理由として2つのことがあげられる。第1は，刺激強度と感覚の強度を平行関係に近づけるとか，所要時間から速度を求める，などのように，得られた測定値ができるだけ心理量に対応するように変換する場合である。第2は，測定値やグループ間の比較を検討する際の多くの統計的検定が，データの正規性と分散の等質性を前提としているので，できるだけそれに近づけるという統計上の理由である。

　また変換が行なわれる場合，素点と変換された値との関係から線形変換と非線形変換に分けることができる。**線形変換**（linear transformation）とは1次関数による変換で，もとの尺度上での素点間の差が，変換されたあとの素点間の差と等価であるような変換で，標準得点などがこれに含まれる。**非線形変換**（non-linear transformation）とは1次関数以外の変換で，もとの尺度上での2

つの素点間の差が変換後では異なってくる場合で，開平変換・逆数変換・対数変換・角変換などがこれである。以上のことを素点を X，変換された値を X' として例を示すと図 4・1 のようになる。

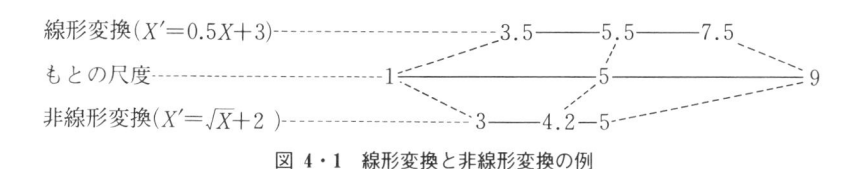

```
線形変換($X'=0.5X+3$)‥‥‥‥‥‥‥‥‥‥‥‥3.5――5.5――7.5
もとの尺度‥‥‥‥‥‥‥‥‥‥‥‥1―――――5―――――9
非線形変換($X'=\sqrt{X}+2$)‥‥‥‥‥‥‥3――4.2―5
```

図 4・1　線形変換と非線形変換の例

　素点を変換する際に注意すべきこととしてまずあげられるのは，第1章で述べたいろいろな尺度をそれぞれほかの尺度に変換する場合に，比率尺度→間隔尺度→順序尺度→名義尺度の順序において，前者から後者への変換は可能であるが，この逆の変換は原則としてできないことである。また，さきに述べた変換の目的としている統計上の理由からの変換は，変換によって検討しようとしている研究目的や心理学的な意味が損なわれないように十分考慮する必要がある。

4.2　順位法

　得点の相対的比較をするうえで，最も簡単な方法は素点に順位をつける方法であり，順位はもちろん離散値である。順位をつけるとき，すべての素点が異なっている場合は，一般に素点の高い方（上位）から1, 2, 3……と順位をつけていけばよい。ただし，例えば 100 m 走の順位などの場合には，所要時間が短いものから順位をつけるのが普通である。

　また，表 4・2 のように，データの中に同順位のものが含まれているときは，次に述べるいくつかの処理法がある。なお，データに含まれる同順位のことを**結び**（tie）または結合といい，同順位のものがいくつあるかということを結びの幅とか広がりという。表 4・2 の例では，同順位の素点が 70 と 80 の2つあるので，結びの数は2で，70 は幅が3の結びであり，80 は幅が2の結びである。

（1） 最初の順位を与える方法

例えば表 4・2 の 80 点が 2 人いる場合に，その順位は 3 位と 4 位にあたるので，その最初の順位である 3 位をいずれにも与える。この方法はスポーツの領域で広く用いられていて，順位づけが簡単である。ただしこの場合，順位の総和は結びの有無によって異なってくる。

（2） 平均順位法

これは順位を間隔尺度と仮定して，与えられる順位の平均をとる方法である。表 4・2 の例では，80 点の 2 人には $(3+4)\div 2=3.5$ を与え，70 点のものは，$(5+6+7)\div 3=6$ を 3 者に与える。この方法は，(1) と違って順位の総和は結びのないときと同じであるが，平方和は等しくならない。また，順位の中に 3.5 のような序数でないものが含まれることがあるという欠点がある。

表 4・2 素点と順位

素点	90	85	80	80	70	70	70	65	60	55	50	45
順位(1)	1	2	3	3	5	5	5	8	9	10	11	12
(2)	1	2	3.5	3.5	6	6	6	8	9	10	11	12

順位法の問題点として，データの数によって，最終の順位が異なることや，同じ順位でもその意味が変わってくること（例えば，10 人中の 3 位と 100 人中の 3 位では同じ 3 位でも意味が違う）などがあげられる。

4．3　パーセンタイル順位

ある得点を標本の全得点の分布に基づいてパーセントの位置に換算したものを**パーセンタイル**といい，それを 100 段階の順位で表わした場合を，**パーセンタイル順位**（PR）と呼ぶ。ただし，前節の順位法と違って，通常は得点の低い方（下位）からの順位を表わす。したがって，$PR=40$ であれば，低い方から順に並べて，40% のところに位置している得点であることを示している。

3.2 に説明した中央値（Me または Q_2）は $PR=50$，Q_1 は $PR=25$，Q_3 は $PR=75$ にあたる。

パーセンタイル順位は，簡単で理解しやすいので，質問紙法による性格検査や適性検査などの結果の表示によく利用されている。

（1） 順位から PR を求める方法

データが素点で示されている場合は，まず素点を平均順位法によって高い値（上位）から順に順位尺度に変換したあとで，パーセンタイル順位に変換する。この際，各順位はそれぞれ上下に 0.5 ずつの幅を持っているものとして，次のように処理するのがふつうである。順位を R とすると，一般式は

$$PR = 100\left(1 - \frac{R-0.5}{N}\right) = 100 - \frac{100R-50}{N} \quad [4\text{-}3\text{-}1]$$

表 4・2 の順位 (2) の例で，65 点のパーセンタイル順位を求めると，$R=8$ なので

$$PR = 100 - \frac{100 \times 8 - 50}{12} \fallingdotseq 38$$

PR の値は，小数点以下を四捨五入して整数で示すのがふつうである。

また，N が 100 以上になると計算上は順位 1 のものは $PR=100$ に近づき，N 番目の順位のものは $PR=0$ に近づく。しかし，下限である $PR=0$ や上限である $PR=100$ の点を想定することは不可能なので，最下位のものを $PR=1$ とし，最上位のものを $PR=99$ とするのが一般的である。

（2） PR から順位を求める方法

求める順位を R とすると，一般式は上の式の逆で，次の通りである。

$$R = (100N + 50 - N \times PR)/100 \quad [4\text{-}3\text{-}2]$$

表 4・2 の例で，$PR=38$ に対応する順位は，$N=12$ として，次のように求められる。

$$R = (100 \times 12 + 50 - 12 \times 38)/100 = 7.94 \fallingdotseq 8$$

(3) 度数分布表から PR を求める方法

データが表 4・3 のように度数分布表にまとめられているときは，次の式を用いる。

$$PR = \frac{1}{N}\left\{F_\ell + \frac{f}{i}(X-\ell)\right\} \times 100 \qquad [4\text{-}3\text{-}3]$$

（ℓ は X の属する級間の下限値，f は X の属する級間の度数，F_ℓ は ℓ までの累積度数，i は級間の幅）

例えば，表 4・3 において $X=58$ とすると，その値は $55\sim59$ の級間にあるので，$\ell=54.5$，$F_\ell=20$，$f=13$，$N=120$，$i=5$ として，次のように求める。

$$PR = \frac{1}{120}\left\{20 + \frac{13}{5}(58-54.5)\right\} \times 100$$
$$= 24.25 \fallingdotseq 24$$

データ数が 100 以上で大きい場合は，図 4・3 に示したような累積度数曲線をつくると，直接グラフによって

表 4・3 累積度数表の例

級間	f	F
35〜39	1	1
40〜44	3	4
45〜49	6	10
50〜54	10	20
55〜59	13	33
60〜64	15	48
65〜69	24	72
70〜74	19	91
75〜79	13	104
80〜84	8	112
85〜89	6	118
90〜94	2	120

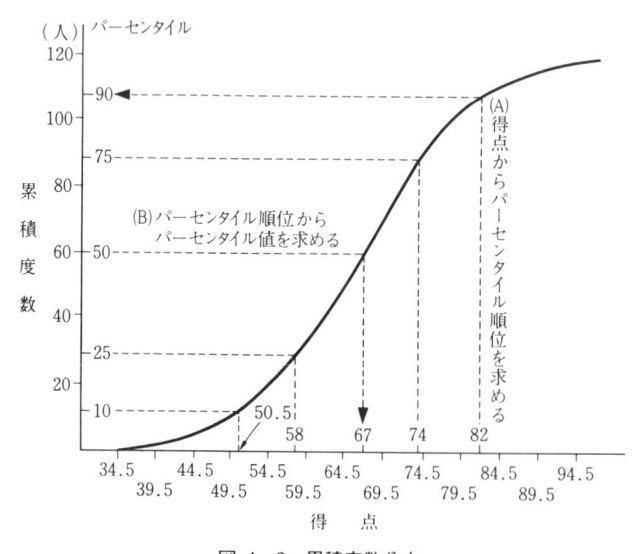

図 4・3 累積度数分布

得点（横軸）からパーセンタイル順位（縦軸）を読みとることができるが，計算上の値と多少ずれることもある。また，図中の(A)で82点は90パーセンタイル順位と読みとれる。

4.4　パーセンタイル値

パーセンタイル値とは，ある PR の位置にある値，つまり，そのパーセンタイル順位に対応する素点のことであり，次のようにして求める。

（1）対象が少ないときの方法

一般式［4-3-1］を準用して求めることになる。例えば，表4・2で $PR=25$ に対する得点 X を求めるには，まず25パーセンタイル $=12\times(25/100)=3$ を求める。そこでその値より下に3個の値のある点で，9番目と10番目の中間の値，$X=(60+55)\div 2=57.5$ が得られる。

（2）度数分布から求める方法

あるパーセンタイル順位 PR から得点 X を求める一般式は［4-3-3］を変換して得られる。

$$X=\ell+\frac{i}{f}\left(\frac{PR}{100}N-F_\ell\right) \qquad [4-4]$$

表4・3のデータで $PR=75$ に対応する得点を求めるには，まず $(PR/100)\times N=(75\div 100)\times 120=90$ を求める。

表の F 欄からその値が70〜74の級間にあるので，$\ell=69.5$，$F_\ell=72$，$f=19$，$i=5$ として，次のように求める。

$$X=69.5+\frac{5}{19}\left(\frac{75}{100}\times 120-72\right)=74.24$$

なお，すでに述べたように（p.48），図4・3の累積度数分布によれば，簡単に PR（縦軸）からそれに対応するパーセンタイル値（横軸）を読みとることができる。例えば，図中の(B)のように，50パーセンタイル順位の点（中央値）は67であることがわかる。

4.5 標準得点

変数の尺度を規準集団の平均値と標準偏差に基づいて変換することを標準化(standardization)といい,その新しい尺度上での得点を**標準得点**(standard score)という。

(1) z 得点

z 得点は平均値を 0,標準偏差を 1 にした標準得点で,次の式で表わされる。

$$z = \frac{X - \bar{X}}{SD} \qquad [4\text{-}5\text{-}1]$$

この式から明らかなように,z の値は,各測定値が平均値に比べ標準偏差の何倍大きい(または小さい)かを示す。例えば,平均値が 12.0,標準偏差が 4.0 であるデータにおける 18 という測定値の標準得点は次のようになり,これはその測定値が平均値より標準偏差の 1.5 倍高い位置にあることを示している。

$$z = \frac{18 - 12.0}{4.0} = 1.50$$

データが間隔尺度の特性を持っているとき,z 得点に変換された値も間隔尺度の特性を持つ。そこで,異なるデータから得られた z 得点を相互に比較したり,加算したりすることができる。

例題 1　標準得点化

ある学年で 1 学期間に数学について 4 回のテストを行なった。各試験での学年の平均値,標準偏差,および A 君と B 君の成績は表 4・5a のようであった。B は A より優れているといえるか。

---

4 回の得点を単純に加算すると,それぞれ 193 と 223 となり,B の得点の方が高い。ところが,z 得点に変換して加算すると,それぞれ 2.22 と 0.18 となり,単純合計の得点とは逆に,A の得点の方が高いことになる。素点で B が A よりも高

表 4・5a　数学のテストの平均値と標準偏差および2人の成績

テスト	$\overline{X}$	SD	Aの得点	Bの得点	Aのz	Bのz
1	58	15	50	80	-0.53	1.47
2	42	6	60	32	3.00	-1.67
3	35	8	43	25	1.00	-1.25
4	60	16	40	86	-1.25	1.63
計			193	223	2.22	0.18

い得点であった1回目と4回目は平均値も高かった。しかし，AがBよりも高得点であった2回目と3回目の平均値が低かったために，相対的な標準得点ではAの方がBよりも高くなったのである。したがって，一般的にはAの方がBよりも優れているといえる。

（2）　Z得点（偏差値）

z得点は平均値を基点（0）にし，標準偏差を単位として変換した得点である。それゆえ，例題1で示したように，平均値や標準偏差が異なる複数のテストの得点を比較したり，結合したりする際に利用できる。しかし，z得点は次のような点で不便である。第1は標準偏差で割るという操作をするため，得点を小数点を伴って表示しなければならなくなることであり，第2は，0を基点にするため得点の半分が負の値になることである。そのためz得点に適当な線形変換を行なって，得点の相対的位置を変えずにこれらの不便を解消する方法として，次の式による変換がある。

$$Z = 50 + 10z = 50 + 10\left(\frac{X-\overline{X}}{SD}\right) \qquad [4\text{-}5\text{-}2]$$

上の値は，基点を50として，10分の1標準偏差を単位とした尺度値である。したがって，平均値が50，標準偏差が10になるように変換された得点がいわゆるZ得点（偏差値）である。例えば，偏差値が65であるということは，それが平均値から標準偏差の1.5倍離れた値であることを示す。この偏差値は，わが国では学力テストや知能テストなどの得点を表示する尺度としてよく利用されている。

例題 2　Z得点（偏差値）の算出

表 4・5b は 120 人の生徒の学力テストの分布である。各級間の中心点を z 得点と Z 得点（偏差値）に変換せよ。

表 4・5b　学力テストの分布の z 変換

級　間	中心点	度数 f	z	Z
35～39	37	1	-2.52	24.8
40～44	42	3	-2.09	29.1
45～49	47	6	-1.66	33.4
50～54	52	10	-1.24	37.6
55～59	57	13	-0.81	41.9
60～64	62	15	-0.38	46.2
65～69	67	24	0.05	50.5
70～74	72	19	0.47	54.7
75～79	77	13	0.90	59.0
80～84	82	8	1.33	63.3
85～89	87	6	1.76	67.6
90～94	92	2	2.18	71.8

① この分布の平均値と標準偏差を式［3-3-3］(p. 27) および［3-8-4］(p. 33) によって求めると $\bar{X}=66.46$, $SD=11.70$ を得る（計算過程は省略）。
② 式［4-5-1］［4-5-2］を用いて，それぞれの級間の中心点の変換をする。
　例えば，90～94 の中心点 92 は
$$z=\frac{92-66.46}{11.70}=2.18 \qquad Z=50+10\times 2.18=71.8$$
③ 同様にしてほかの中心点までの変換値を求めた値が z と Z の欄に示してある。

図 4・5 は，データが正規分布に従う場合の，正規曲線内の面積（データの入る確率）と測定値（素点），z 得点，Z 得点（偏差値）との関係を示したものである。

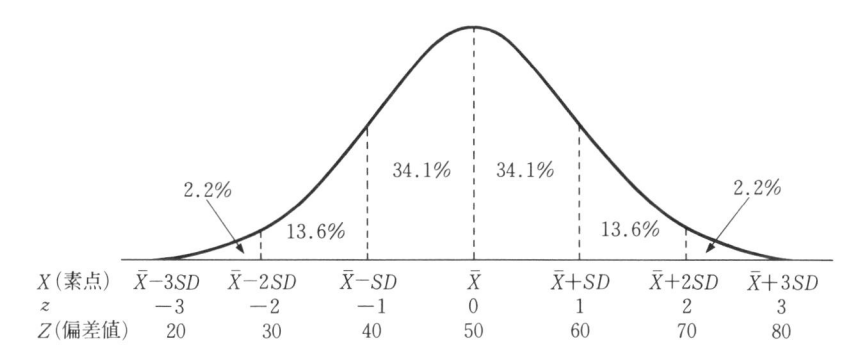

図 4・5 正規分布曲線内の面積および素点，標準得点，偏差値の関係

（3） 5段階評価

心理学におけるデータの多くは，一般に正規分布に従うことが仮定されている。正規分布においては，第3章で述べたように，平均値から標準偏差の任意倍の範囲にデータの個数（測定人数）の入る確率が知られている。これを利用すれば，任意の測定値の標準得点からその測定値の相対的位置を推定することができる。

図 4・5 のようにデータが正規分布に従う場合，$\bar{X} \pm 3SD$，すなわち，$-3.00 \leq z \leq 3.00$ の範囲内にデータの約 99.8% が含まれる。この分布のデータをいくつかの段階に分け，その段階に含まれるデータになんらかの段階値を与えることによって，測定値の相対的位置を示すことができる。比較的よく使用される5段階評価では，$z=0$ を中心に $z \pm 0.50$ の段階を中央にとり，$-1.50 \geq z$，$-1.50 < z \leq -0.50$，$-0.50 < z \leq 0.50$，$0.50 < z \leq 1.50$，$z > 1.50$ の段階に含まれるデータに対して，順に 1，2，3，4，5 の段階値を与える（表 4・5c 参照）。学校教育の場で成績評価に用いられる5段階評価は，この方法によることが多い。

表 4・5c 5段階評価

段階	z	面積(%)	整数値(%)
5	+1.50	6.7	7
4	+0.50	24.2	24
3	−0.50	38.3	38
2	−1.50	24.2	24
1		6.7	7

4.6　T得点（正規化）

データが正規分布に従っていない場合，それを標準得点に変換してもその分布は正規分布にはならない。そこで，本来なら正規分布に従うはずのデータが測定の誤差などによって正規に分布しないような場合には，分布を正規化してから Z 得点を求める。これが **T得点** である。すなわち T得点は，データの分布を正規化して求めた Z 得点（平均値 50，標準偏差 10）のことである。データを T得点に変換する手順を，表 4・6a を用いて説明する。

表 4・6a　テスト得点の度数分布から素点を T得点に変換する手順

① 級間	② 中心点	③ 度数 f	④ 累積度数 F_i	⑤ $F_{i-1}+\dfrac{f}{2}$	⑥ % P	⑦ $P-50\%$	⑧ 正規 z	⑨ T
35〜39	37	1	1	0.5	0.4	−49.6	−2.65	23.5
40〜44	42	3	4	2.5	2.1	−47.9	−2.04	29.6
45〜49	47	6	10	7.0	5.8	−44.2	−1.57	34.3
50〜54	52	10	20	15.0	12.5	−37.5	−1.15	38.5
55〜59	57	13	33	26.5	22.1	−27.9	−0.77	42.3
60〜64	62	15	48	40.5	33.8	−16.2	−0.42	45.8
65〜69	67	24	72	60.0	50.0	0.0	0.0	50.0
70〜74	72	19	91	81.5	67.9	17.9	0.46	54.6
75〜79	77	13	104	97.5	81.3	31.3	0.89	58.9
80〜84	82	8	112	108.0	90.0	40.0	1.28	62.8
85〜89	87	6	118	115.0	95.8	45.8	1.73	67.3
90〜94	92	2	120	119.0	99.2	49.2	2.43	74.3

$N=120$，$\bar{X}=66.46$，$SD=11.70$

(1) 欄①から欄④のような，度数分布表を作成する。

(2) 欄⑤に，それぞれの級間の度数の半分（$f/2$）とその級間より 1 つ前の級間までの累積度数（F_{i-1}）の和を求める。例えば，級間 70〜74 の場合，f は 19，1 つ前の級間までの F は 72 だから，$19/2+72=81.5$ が記入される。

(3) 欄⑥に欄⑤の値を総度数で割って 100 倍した累積百分率を記入する。例えば，70〜74 の級間では $(81.5/120)\times100=67.9$ と記入される。これはそのパーセンタイルである。

(4) 欄⑦に欄⑥の累積百分率(%)から50%を引いた値を記入する。例えば級間70〜74では，67.9−50＝17.9となる。
(5) 欄⑧に，欄⑦の($P-50\%$)に対応する標準得点（正規化されたz）を付表1の正規分布表から記入する。例えば，70〜74の級間の⑦の欄の17.9の場合であれば，付表1で0.179（17.9%）の面積に対応するzの値0.46を読みとればよい。
(6) 最後に，欄⑧の正規化されたzを$50+10z$の式でT得点に変換する。例えば$z=0.46$であれば，$50+(10\times 0.46)=54.6$となる。

これまでと同様の考え方で，段階評定や順位評定の場合にも，次の例のように，それぞれの段階や順位までのP（パーセンタイル）を求めてT得点に変換することができる。

> **例題 3** T得点化
> 表4・6bは80人の学生の論文を2人の教授（XとY）が5段階（A，B，C，D，E）に評定した結果である。評定されている能力はもともと正規分布していると仮定して，2人の評定段階を正規化してT得点で表わせ。

表 4・6b 例題3の評定値とT得点化手順

段階	X 教 授							Y 教 授						
	f	F_i	$F_{i-1}+\frac{f}{2}$	P	$P-50\%$	z	T	f	F_i	$F_{i-1}+\frac{f}{2}$	P	$P-50\%$	z	T
A	10	80	75	93.75	43.75	1.54	65	5	80	77.5	96.88	46.88	1.86	69
B	25	70	57.5	71.88	21.88	0.58	56	12	75	69.0	86.25	36.25	1.09	61
C	27	45	31.5	39.38	−10.62	−0.27	47	33	63	46.5	58.13	8.13	0.21	52
D	14	18	11	13.75	−36.25	−1.09	39	19	30	20.5	25.63	−24.37	−0.66	43
E	4	4	2	2.50	−47.50	−1.96	30	11	11	5.5	6.88	−43.12	−1.49	35

① この場合，各評定段階の中心をとるために度数（f）の半分をFに加えてそのPを求める。例えばA段階では$70+\dfrac{10}{2}=75$ となり，

$$P=\dfrac{75}{80}\times 100=93.75 \text{ となる。}$$

② そのあとの計算は表 4・6a と同じで，最後のTは整数値で示してある。

③ この結果でみるように，Y教授の段階評定はX教授より辛いので，それに与えられるべきT得点がX教授より大きくなるのである。

4.7 角変換

N回中の何回というような，比率pの分布の平均Pは，そのPが1/2に近いほど分散が大きくなるという性質を持っている。この偏りをなくす，つまり，Pの大きさにかかわらず分散を一定にし，分布を正規型に近づけるために，**角変換**（angular transformation，逆正弦変換ともいう）が行なわれる。もとの比率をp，変換後の値をXとすると，変換式は次のようになる。

$$X=\sin^{-1}\sqrt{p} \qquad [4-7]$$

ただし，$p=1.0$ のときは $p=(N-0.25)/N$（Nは比率の分母）

$p=0.0$ のときは $p=0.25/N$ を代入する

$\sin^{-1}\sqrt{p}$ はサインの逆関数（逆正弦関数）で，pを与えると角度Xが，度かラジアンの単位で得られる。例えば，$\sin^{-1}\sqrt{0.36}=\sin^{-1}(0.6)=37$(度)$=0.64$（ラジアン）となる。

練習問題─────────────

1. 第2章の練習問題 **2**（p.22）の20人の成績を順序づけよ。また，その数値がある作業に要した時間だとしたら順序づけはどうなるか。

2. 上で求めた順位から57点および64点の人のパーセンタイル順位を求めよ。

3. 第2章の練習問題 **3**（p.23）で作成した度数分布表より，次の数値を求めよ。
   (1) 38点の人のパーセンタイル順位。
   (2) 40パーセンタイル値。
   (3) 上の(1)・(2)を累積度数分布曲線によって図から求めよ。

4. 第3章の練習問題 **3**（p.42）で求めた平均値 $\overline{X}$ と標準偏差 SD から，その分布における25点と40点の標準得点 (z) を求め，さらにそれぞれの偏差値 (Z) を求めよ。

5. 第2章の練習問題 **3**（p.23）のデータを $N=50$, $\overline{X}=32$, $SD=5$ として5段階評価（A，B，C，D，E）し，各段階の境界，各段階に含まれる％と人員を図表で示せ。

第5章

相　関

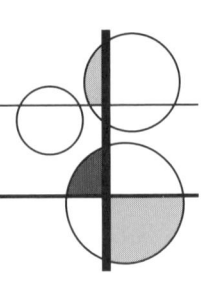

　これまでの章では，1つの変数のみについて，主としてデータの分布・代表値・散布度などについて記述する統計法を述べてきた。しかしながら，実際の研究においては，2つの事象についてそれらの間の関係を調べたいことがしばしば生じてくる。例えば，身長と体重，国語の得点と数学の得点，あるいはまた，双生児の一方と他方の性格や行動などの間にどのような関係があるかを明らかにしたい場合などがこれである。

　このことを一般的にいうと，対になっている2つの変数 X と Y において，X が大きいとき，Y もまた大きいか，その反対に X が大きいとき，Y は小さくなるか，それともそのような関係は何もないか，といった両変数の共変の状況やその程度を分析する場合がこれである。もしこのような関係が統計的に明らかになれば，1つの変数から他方の変数を予測することも可能となる。このような2つの事象間のかかわりは相関 (correlation) とか連関 (association) と呼ばれる。

5.1　散布図

　2つの変数 X と Y の相関関係を視覚的に概観するには，両変数の測定値から**散布図**（scattergram）をつくるのがよい。それには，まず直交する X と Y の両軸を描き，X 軸上には X の値を，Y 軸上には Y の値をとり，それぞれの位置から垂直および水平にたどって，両者の交わる位置にプロットしていけばよい。この例が図 5・1a に $X=7 : Y=7$ の場合について点線で示してある。このようにして5人の得点についてつくられた5種の散布図が図 5・1a～図 5・1e に例示してある。なお X と Y の対の得点がそれぞれの図の右に示してある（図の下に示す r に関しては **5.2** 参照）。

5.1 散布図　59

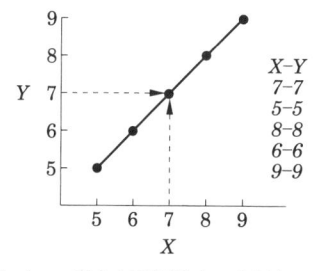

図 5・1a　完全な正相関（$r=1.00$）
X-Y
7-7
5-5
8-8
6-6
9-9

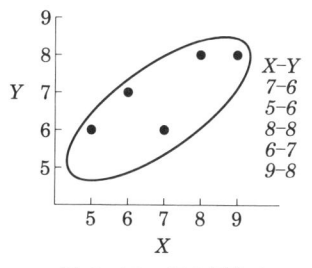

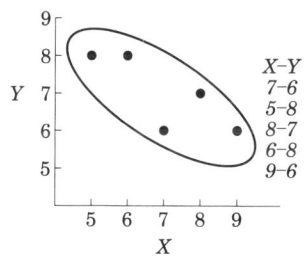

図 5・1b　正の相関（$r=0.79$）
X-Y
7-6
5-6
8-8
6-7
9-8

図 5・1c　負の相関（$r=-0.79$）
X-Y
7-6
5-8
8-7
6-8
9-6

図 5・1d　完全な負相関（$r=-1.00$）
X-Y
7-7
5-9
8-6
6-8
9-5

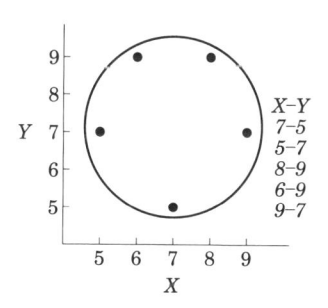

図 5・1e　無相関（$r=0.00$）
X-Y
7-5
5-7
8-9
6-9
9-7

　これらの図を概観すると，その相関関係をある程度推定することができる。例えば図 5・1aではXとYは完全に右上がり方向に直線的に相関しており，図 5・1bでも同じ方向にほぼ楕円形の散布をしていて，かなりの相関を示していることがわかる。このように，一方が大きいほど他方も大きいというよう

に両者の間に同方向の関係がある場合は正（プラス）の相関があるという。これに対して図5・1cではXとYとの間に，一方が大きければ他方は小さいという逆の関係があることがわかるし，図5・1dではXが大きければYは小さいという，完全に逆の関係になっていることがわかる。このような場合には両変数の間に負（マイナス）の相関，あるいは逆相関があるという。ところが図5・1eでは一方の大小と他方の大小の間になんらの関係もみることができず，このような場合は無相関であるというのである。

5．2　偏差積（積率）相関係数

間隔尺度や比率尺度に基づくデータで2つの変数間の直線的相関をみる場合にしばしば用いられるのはピアソンの**偏差積相関係数**（Pearson's product moment coefficient of correlation, r）である。この相関係数 r は，両変数の間に完全な正の相関がある場合は $+1$，完全に負の相関の場合は -1，両者の間になんらの相関もない場合は 0 の値をとる。したがって実際に求められる r の値は ± 1 の間のどこかに位置することになる。

偏差積相関係数の基本式を図5・1bのデータを用いて表5・2aで説明する。この表で X, Y はそれぞれのデータ，$\bar{X}$, $\bar{Y}$ はそれぞれの平均値，S_x, S_y はそれぞれの標準偏差である（計算は第3章参照）。また x, y は得点 (X, Y) とそれぞれの平均値 $(\bar{X}, \bar{Y})$ との差，xy はそれら両差の積であり，$\sum xy$ はそれらの積の総和である。すると偏差積相関係数 r は基本的には式 [5-2-1] によって定義され，それによる計算は表の下に示してある。

表5・2a　偏差積相関係数の基本式の計算

X	Y	x $(X-\bar{X})$	y $(Y-\bar{Y})$	xy
7	6	0	-1	0
5	6	-2	-1	2
8	8	1	1	1
6	7	-1	0	0
9	8	2	1	2

$\bar{X}=7$　$\bar{Y}=7$　$N=5$　$\sum xy=5$
$S_x=1.414$　$S_y=0.894$
式 [5-2-1] より
$$r=\frac{5/5}{1.414\times 0.894}=0.791$$

$$r = \frac{\sum xy / N}{S_x S_y} \qquad [5\text{-}2\text{-}1]$$

式 [5-2-1] におけ
る分子は共分散と呼ば
れる。したがって r は
基本的には、2つの変
数の共分散と両変数の
標準偏差の積との比で
あるということができ
る。しかしながら実際
の計算には次の式を用
いるのが便利であり，
表 5・2a と同じデー

表 5・2b　偏差積相関係数の計算

X	Y	X^2	Y^2	XY
7	6	49	36	42
5	6	25	36	30
8	8	64	64	64
6	7	36	49	42
9	8	81	64	72

$N=5$

$\sum X=35 \quad \sum Y=35 \quad \sum X^2=255 \quad \sum Y^2=249 \quad \sum XY=250$

式 [5-2-2] より

$$r = \frac{5 \times 250 - 35 \times 35}{\sqrt{(5 \times 255 - 35^2)(5 \times 249 - 35^2)}} = 0.791$$

タを用いてその計算過程が表 5・2b に示してある。この式によれば，それぞ
れの変数における得点の総和（$\sum X, \sum Y$），自乗和（$\sum X^2, \sum Y^2$），および
両得点の積和（$\sum XY$）さえ求めておけばよいのである。

$$r = \frac{N \sum XY - \sum X \sum Y}{\sqrt{(N \sum X^2 - (\sum X)^2)(N \sum Y^2 - (\sum Y)^2)}} \qquad [5\text{-}2\text{-}2]$$

例題 1　散布図の作成と相関係数の算出

　中学生 10 人に英語（X）と数学（Y）のテストを実施したところ，
表 5・2c のような結果を得た。この結果に基づいて散布図を作成し，
両テスト得点間の偏差積相関係数を求めよ。

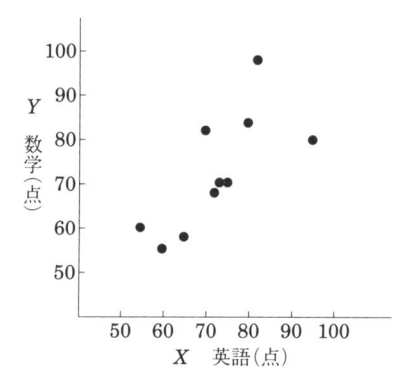

図 5・2 英語 (X) と数学 (Y) のテスト得点の散布図

表 5・2c 英語 (X) と数学 (Y) のテスト得点の相関

生徒	X	Y	X^2	Y^2	XY
1	55	60	3025	3600	3300
2	65	58	4225	3364	3770
3	75	70	5625	4900	5250
4	60	55	3600	3025	3300
5	70	82	4900	6724	5740
6	80	84	6400	7056	6720
7	95	80	9025	6400	7600
8	82	98	6724	9604	8036
9	74	70	5476	4900	5180
10	72	68	5184	4624	4896

$N=10$ $\sum X=728$ $\sum Y=725$ $\sum X^2=54184$ $\sum Y^2=54197$ $\sum XY=53792$

$$r=\frac{10\times 53792-728\times 725}{\sqrt{(10\times 54184-728^2)(10\times 54197-725^2)}}=0.727$$

5.3 相関の大きさの記述

すでに述べたように，一般に相関係数は ±1 の間の値になり，それらの値の正負と大小によって相関の方向と程度が示されるわけである．相関係数の解釈は研究の目的やデータの性質に応じて適切になされねばならず，機械的な解

釈になってはならない。しかしながら一般的には，相関の程度を次のように記述することが多い。

    $0.00 \sim \pm 0.20$ ほとんど相関はない
    $\pm 0.20 \sim \pm 0.40$ 相関はあるが低い
    $\pm 0.40 \sim \pm 0.70$ かなり相関がある
    $\pm 0.70 \sim \pm 1.00$ 高い相関がある

したがってこの表現に従えば，例題1における英語の得点と数学の得点の間には，「高い相関がある」ということができる。

 ここで注意すべきことは，相関値が高いからといって，必ずしも一方が他方の原因あるいは結果であるというような因果関係を示すものではないという点である。上例でいえば，英語と数学の得点は同方向に変動する傾向が強いということは明らかであるが，そのことは英語が原因で数学の得点が高くなったとか，数学が原因で英語の得点が高くなったということを示しているわけではない。そこで相関が高いときには，両変数に共通するなんらかの要因（例えばこの場合なら，知能とか努力）によって両者ともに同じように影響されたと考え，相関が低いときには，両変数に共通でない別の要因によって一方だけが影響されるかまたは両変数がそれぞれに異なった影響を受けていると考えた方がいい場合がある。しかしいずれにしても相関係数だけでは因果関係は確かにできないのであるから，原因と結果についての詳しい分析には，さらに精密な実験計画が必要とされる。

5.4 相関係数 r の有意性の検定

（有意性検定の意味に関しては第6章参照）

 標本から得られた相関係数 r の有意性は，その相関値が0（ゼロ）であるかどうかを調べる**無相関検定**で確かめられる。これは標本から実測された r に対応する母数（ρ）が0であると考えられるか否かを推測統計的に検定するのであり，次の式による t 検定が用いられる。

$$t_0 = \frac{r\sqrt{N-2}}{\sqrt{1-r^2}} \qquad df = N-2 \qquad\qquad [5-4]$$

例題1で求めた $r=0.727$ をこの式によって検定すると

$$t_0 = \frac{0.727\sqrt{10-2}}{\sqrt{1-0.727^2}} = 2.99 \qquad df = 10-2 = 8$$

そこで付表3 (p.223) の t 分布より,有意水準1%の場合,この自由度における t の臨界値は2.90であるから,上に求めた t の値はそれよりも大きく,したがって両者の間には1%水準で有意な相関があるということになる。しかしながら,ここで有意な水準というのは,それが0ではないという判断の正確さのレベルをいうのであって,この相関関係そのものの高い低いのことではない。そこで例えば $N=500$ で $r=0.20$ の場合,上式より $t=2.75$ となり,これは付表3によると1%水準で有意な相関があるということができるが,この相関関係そのものは前のページに述べた一般的基準でいえば,ほとんど相関はないという程度なのである。

なお付表8 (p.230) は,帰無仮説 ($\rho=0$) を棄却する場合の有意水準と自由度 ($df=N-2$),およびそのときの r の臨界値を示している。例えば,$df=16$ (18人で求めた相関) のとき,5%の水準なら $|r|=0.468$,1%の水準なら $|r|=0.590$ 以上で有意であることがわかる。したがってこの表を用いれば,上のように t 値を算出しなくても,大まかではあるが,r の有意性の検定をすることができて便利である。

5.5 名義尺度・順序尺度における連関 (ノンパラメトリックな相関)

2組のデータがあって,両者の間に意味のある関係がみられるか否かを検討するには,ふつう **5.2** で述べたピアソンの相関係数 r が使われる。けれども r を用いるには,データが間隔尺度または比率尺度の水準で測られていなければならないという制約がある。したがって名義尺度上のデータや順序尺度上のデ

ータの場合には，それとは違った指標を用いる必要がある。ここでは，それらの中から名義尺度上のデータの相関係数としての φ（ファイ）係数，順序尺度上のデータの場合に用いられるスピアマンの順位相関係数 r_s およびケンドールの順位相関係数 r_k をとりあげて解説する。これら3つの係数は絶対値で0と1の間の値をとり，2組のデータ間に相関関係がまったくなければ0で，関係が強くなればなるほど1に近づく性質を持っている。またこれらの相関は，一般にノンパラメトリックな相関と呼ばれ，**連関**と呼ばれることも多い。

5.6　φ（ファイ）係数

　名義尺度におけるカテゴリー（属性）間の相関は，表5・6a の各セルに a, b, c, d の記号をつけた場合，φ係数によって次のように求められる。

$$\phi = \frac{|ad-bc|}{\sqrt{(a+b)(a+c)(b+d)(c+d)}} \qquad [5\text{-}6]$$

この式の用い方は次の例題で示す。

例題 2　　φ係数の算出

　未婚，既婚の女性をそれぞれ100人ずつ選び，ダイエットに関心があるか否かの調査を行ない，結果を表5・6aのようなクロス表（分割表）にまとめた。この結果にみられる結婚経験の有無とダイエットへの関心との間の関係をφ係数で示せ。

　表5・6a より未婚女性の65%，既婚女性の35%がダイエットに関心を持っていることがわかる。この関係をφ係数で示すと，$a=35$, $b=65$, $c=65$, $d=35$ を式[5-6]に代入して

$$\phi = \frac{|65 \times 65 - 35 \times 35|}{\sqrt{100 \times 100 \times 100 \times 100}} = 0.30$$

となる。このように，表5・6aの

表5・6a　結婚経験の有無とダイエットへの関心のクロス表

	未婚女性	既婚女性	計
関心なし	35 (a)	65 (b)	100 ($a+b$)
関心あり	65 (c)	35 (d)	100 ($c+d$)
	100 ($a+c$)	100 ($b+d$)	200 (N)

データにおいては、未婚か既婚かということと、ダイエットへの関心との間にϕ係数で0.3の相関関係がみられる。これは、未婚女性の65%がダイエットに関心を持っているが、既婚女性ではその割合が35%であったという関係を1つの数値で示したものである。

さて、表5・6aのデータで「関心あり」「関心なし」の人数が変わることによって、結婚経験の有無との相関関係はどのように変わるかを、ϕ係数の値とともに検討しよう。表5・6bの（Ⅰ）から（Ⅴ）をみれば明らかなように、(a), (b), (c), (d)の各セルに入れられた度数によって、相関関係が決まってくる。すなわち、2組の変数間にまったく関係がないといえるのは（Ⅲ）のように$a:b=c:d$つまり、$ad=bc$のときで、（Ⅰ）や（Ⅱ）のように$(a)>(b)$かつ$(c)<(d)$であれば、未婚者はダイエットに関心がなく、既婚者は関心があるという相関がみられ、（Ⅳ）と（Ⅴ）あるいは表5・6aのように$(a)<(b)$かつ$(c)>(d)$であれば、その反対に未婚者は関心があり、既婚者は関心がないという相関がみられることになる。

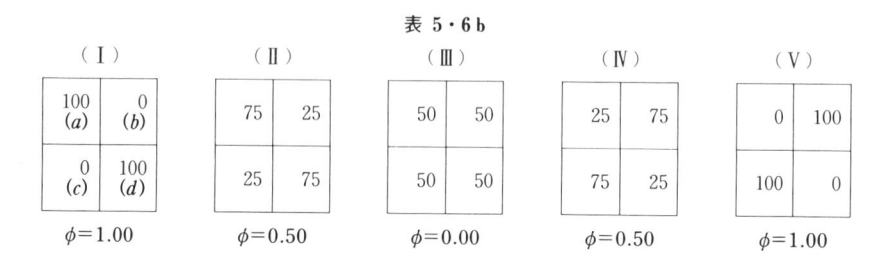

表 5・6 b

（Ⅰ）	
100 (a)	0 (b)
0 (c)	100 (d)

$\phi=1.00$

（Ⅱ）	
75	25
25	75

$\phi=0.50$

（Ⅲ）	
50	50
50	50

$\phi=0.00$

（Ⅳ）	
25	75
75	25

$\phi=0.50$

（Ⅴ）	
0	100
100	0

$\phi=1.00$

ϕ係数のみでなく、本章で説明するすべての相関係数についていえることであるが、相関関係を分析していく研究においては、その相関が見かけ上の関係である場合がある。求められた相関関係が見かけ上のものであるかどうかは、相関係数だけから分析できるものではなく、データをいろいろな角度からみる必要がある。例えば、表5・6aの結婚の有無とダイエットへの関心のデータを吟味する際に、年齢にも意味があるのかもしれないと考えて被調査者を25歳で分けて整理してみたとする。この年齢の要因を加えて表5・6aを整理しなおしたのが表5・6cである。この表をみると、結婚前の女性はダイエット

に関心があるが,結婚後には関心がなくなるという,さきの結論が誤りであることがわかる。そこで考えてみると,未婚者100人中の80人が25歳未満であり,そのうちの60人つまり75%がダイエットに関心を持っているが,一方既婚者でも25歳未満の20人のうち15人はダイエットに関心を持っており,これも比率にすると同じく75%である。つまり,ダイエットに関心があるものの75%は25歳未満である。一方,既婚者100人中の80人は25歳以上であり,そのうちの60人,つまり75%はダイエットに関心がなく,未婚者で25歳以上の女性20人のうち15人(75%)はダイエットに関心がない。これはダイエットに関心のないものの75%が25歳以上であることを示している。このことから,ダイエットに関心があるかないかは,未婚か既婚かということよりも,年齢が25歳以上かどうかに,より密接に関係していることがわかる。そこでダイエットへの関心を年齢で分けたのが,表5・6dで,この表からϕ係数を求めると,以下のようになる。

$$\phi = \frac{|75 \times 75 - 25 \times 25|}{\sqrt{100 \times 100 \times 100 \times 100}} = 0.50$$

この例はいささか極端だが,変数間の関係をみるために相関を求める際には,得られた結果が妥当な関係を示しているかどうかをよく検討することが重要である。

表 5・6c 年齢の要因を加えて表5・6aを再整理した表

	未婚者		既婚者		合計
	25歳未満	25歳以上	25歳未満	25歳以上	
関心なし	20	15	5	60	100
関心あり	60	5	15	20	100
合 計	80	20	20	80	200

表 5・6d 年齢とダイエットへの関心の関係を示すクロス表

	25歳未満	25歳以上	
関心なし	25(a)	75(b)	100
関心あり	75(c)	25(d)	100
	100	100	200

5.7 φ係数の有意性検定

（有意性検定の意義に関しては第6章参照）

φ係数と χ^2 の間には，$\phi^2 = \chi^2/N$ という関係があるので，表5・6dによって得られた φ 係数 0.5 の有意性を次の式の χ^2 検定によって行なう（χ^2 検定に関しては第8章参照）。

$$\chi_0^2 = \frac{N(ad-bc)^2}{(a+b)(c+d)(a+c)(b+d)} \quad [5-7]$$

$$= \frac{200(25 \times 25 - 75 \times 75)^2}{100 \times 100 \times 100 \times 100} = 50$$

2×2のクロス表の場合の自由度（df）は1であり，$df=1$ のときの χ^2 の表（付表4，p.224）の臨界値は有意水準1%で6.63であり，ここで算出された χ_0^2 の値はこれより大きいので，得られた φ 係数の値 0.5 は有意水準1%で有意である。

5.8 順位相関

なお，同順がある場合の順位づけは平均順位法（p.46）で行なう。順位間の相関は**順位相関**と呼ばれ，次の2つの方法が用いられている。

(1) スピアマンの順位相関係数（r_s）

> **例題 3** スピアマンの順位相関係数
> （Speaman's rank correlation coefficient, r_s）の算出
>
> 2人の学生 A，B がコーヒー，紅茶，日本茶，中国茶の4つの飲み物について，それぞれ自分の好きな順に並べたところ表5・8aのようになった。この結果から，2人の嗜好がどの程度似ているかを検討したい。

5.8 順位相関

スピアマンの順位相関係数 (r_s) の計算式の1つは，表5・8aにおいて，カテゴリーの数をn，各カテゴリーの順位の差をdとしたときに次のようになる。

$$r_s = 1 - \frac{6\sum d^2}{n(n^2-1)} \qquad [5\text{-}8\text{-}1]$$

表5・8aのデータでは，$n=4$，$\sum d^2 = 1+0+1+0 = 2$ であり，これを上式に代入して，

$$r_s = 1 - \frac{6 \times 2}{4(4^2-1)} = 0.80$$

表5・8a　評定者AとBが飲み物につけた順位

	コーヒー	紅茶	日本茶	中国茶
評定者A	1	3	2	4
評定者B	2	3	1	4
d	-1	0	1	0
d^2	1	0	1	0

$\sum d^2 = 2$

(2) ケンドールの順位相関係数 (r_k)

同じ例題でケンドールの順位相関係数（Kendall's rank correlation coefficient, r_k）を求める。

① まず評定者AあるいはBのどちらか一方の順位に従って，他方を並べかえる。ここでは評定者Aのつけた順に並べかえると，その結果，表5・8bが得られる。

② 次に評定者Bがつけたそれぞれの飲み物の対の順位の方向について，評定者Aのつけた順位の

表5・8b　r_kの計算過程

	コーヒー	日本茶	紅茶	中国茶
評定者A	1	2	3	4
評定者B	2	1	3	4
		−	+	+
			+	+
				+

方向と同方向（＋）になっているか，逆方向（−）になっているかを，表5・8bの下に示すように符号をつけていく。例えばコーヒーと日本茶ではAは1-2，Bは2-1で逆方向になっているので −の符号がつけてある。またコーヒーと紅茶ではAは1-3，Bは2-3で同方向であるから ＋ になる。このようにしてすべてのペアについて符号をつけると，同方向の数 (P) は5，逆方向の数 (Q) は1となる。ケンドールの順位相関係数は，次の式で求められる。

$$r_k = (P-Q)/(P+Q) = \frac{2(P-Q)}{n(n-1)} \qquad [5\text{-}8\text{-}2]$$

$$= \frac{2(5-1)}{4(4-1)} = 0.67$$

この式では，カテゴリーの2つずつの組み合わせの総数（$n(n-1)/2$）の中で，同方向のペアの数と逆方向のペアの数の差の占める割合が算出されている。

5.9 ノンパラメトリックな相関とピアソンの積率相関係数との関係

この章でとりあげたϕ係数，スピアマンのr_s，ケンドールのr_kがノンパラメトリックな相関係数の中でも比較的多く用いられるのは，それらの係数の絶対値がピアソンの積率相関係数rの絶対値と同じように0から1の範囲の値をとることにある。単に2組のデータの関係を表わすだけなら，その指標のとりうる値がピアソンの積率相関係数rと同じでなければならない理由はない。例えば初めにとりあげたϕ係数にしても，χ^2の値（第8章参照）がわかれば十分である。それではノンパラメリックな相関係数にピアソンの相関係数と同じ性質を持たせるのはなぜだろうか。それは何組ものいろいろな尺度で測定したデータがあって，そこからできるだけ有効な情報を得るには，その方が都合がよいからである。

なお，実際に計算をして確かめればわかることだが，この章でとりあげた3つのノンパラメトリックな相関係数とピアソンの積率相関係数の間には以下のような関係がある。

① ϕ係数とピアソンのrの関係

表5・6aにおいて，結婚歴の有無とダイエットへの関心の有無にそれぞれ1，0の値を与えると，このデータは，既婚で関心あり（1, 1），既婚で関心なし（1, 0），未婚で関心あり（0, 1），未婚で関心なし（0, 0）の4タイプに分けられる。これを200人から得られた2組のデータと考えピアソンのrを計算すると，$|r|=\phi$となる。

② スピアマンのr_sとピアソンのrの関係

表5・8aのような順位データをそのまま使ってピアソンのrを計算した結

果（$r=0.8$）もスピアマンの $r_s=0.8$ と一致する。

③　ケンドールの r_k とピアソンの r およびスピアマンの r_s との関係

上の2つとは異なりケンドールの r_k の値は，ピアソンの r と一致するとは限らない。表5・8aのようなA, Bそれぞれ4個のデータの場合には，とりうる順位は24組ある。そこであらゆる組み合わせをとり出してスピアマンの r_s とケンドールの r_k とをそれぞれ計算すると，前者は0，±0.2，±0.4，±0.6，±0.8，±1 の11個の値をとるのに対し，後者は0，±0.33，±0.67，±1 の7個の値しかとらないことがわかる。このことは，ケンドールの r_k は確かに順序情報に基づいた相関係数ではあるが，精度の点ではスピアマンの r_s の方が優れていることを示している。

5．10　　順位相関係数の有意性検定
（有意性検定の意義に関しては第6章参照）

順位相関を求めた2組の順序データ間に有意な関係があるかどうかは，どのように判断したらよいのであろうか。もし，それぞれの組のデータ数が多ければ（$n>10$），ピアソンの相関係数 r の検定表（付表8）をそのまま使って判断すればよい。しかし，データ数が少ない場合には，データ数から1を引いて，ピアソンの検定表をみれば概ね間違いのない判断が下せる。なお，表5・8aのデータでは $r_s=0.80$，$r_k=0.67$ でかなり高い相関のようにみえるが，$n=4$ なので，付表8の r 検定では有意でなく，したがって2人の嗜好が似ているとはいえないことになる。

練習問題

ランダムに選ばれた20歳の女性10人の身長と体重を調べたら，次のようになった。

	A	B	C	D	E	F	G	H	I	J
身長(cm)	155	152	154	161	160	148	153	150	158	160
体重(kg)	44	45	48	61	44	40	42	45	51	59

1. 身長を横軸に，体重を縦軸にとった散布図を描け。

2. 身長と体重のピアソンの相関係数 (r) を求めよ。

3. 次の表は「きき手」について男子60人，女子40人を調べた結果である。この表から，ϕ 係数を算出せよ。

	右きき	左きき
男	53	7
女	37	3

4. 身長，体重のそれぞれに順位をつけて，スピアマンの r_s を計算せよ．

5. 次の表は，8人の生徒（A，B，C，…H）の作品を2人の教師（X，Y）が評定した順位である．このデータからケンドールの r_k を求めよ．

	A	B	C	D	E	F	G	H
X	2	3	1	5	4	6	8	7
Y	3	1	2	4	7	5	8	6

6. 上に得られた相関係数（r, ϕ, r_s, r_k）の有意性を検定せよ．

第6章

推計学の基礎

　前章までは，得られたデータの特徴を，度数分布表・ヒストグラムなどの図表や，代表値・散布度などに関する種々の指標を用いて表現する方法である記述統計学（descriptive statistics）について説明を行なってきた。しかし，心理学では，通常，得られたデータを越えて，一般的な問題としてなんらかの結論を下そうとする。その際に用いられるのが，これから述べる**推測統計学**（推計学）である。

6.1　母集団と標本

　得られたデータを越えて一般化した結論を求めるというのは，例えば，「きょうだい構成および出生順位によって人の性格はどのように影響を受けるか」とか「教師が生徒に対して視線を多く向けるほど生徒の授業中の私語は減少するか」などの問題を設定する場合がこれである。このような場合，検討しようとしている研究対象全体を**母集団**（population）といい，母集団から抽出された測定値の集まり（すなわち，実験・調査・観察などによって得られた一群のデータ）を**標本**（sample）という。われわれの扱う直接のデータは通常この標本から得られたものである。

　なお，標本の数（number of samples）という用語と標本の大きさ（sample size）という用語があるが，前者は標本がいくつあるのかを意味し，後者は1つの標本の中に含まれる測定値の数を意味する。

　研究において標本が用いられるのは次のような理由による。

① ある一時点における特定の人間集団（例えば，1990年11月における日本人の全有権者）の意識を問うような世論調査などの場合もあるが，一般に心理学の研究対象となる人間は，女性一般とか児童一般というように，現在そこ

にいる者だけではなく，人間の普遍的特性や行動の原理について究明しようとしているのである。このような意味では，心理学の研究対象となる人間の数は無限であるといえる。

② 1人ひとりの人間の反応は，その時どきの個人の心理状態や環境条件によって変化する。したがって，ある時点で，ある条件のもとで測定された個人の反応は，本来無限に存在するその個人の反応の中の1事例にしかすぎない。

　以上の①・②のように，一般に心理学の研究対象となる母集団は，そこに含まれる人間や物の数が無限（無限母集団）であることが多く，このような場合には母集団全体について測定することは理論的に不可能である。

③ たとえ母集団の大きさが有限（有限母集団）であっても，一般にそれは極めて大きく，その全体について調べるためには，膨大な経費・労力・時間を要する。また，例えば世論調査などのように結果を早く知る必要がある場合には，時間をかけて母集団全体について調べるわけにはいかない。

④ 母集団全体に関する膨大なデータを得ようとすれば，あまり訓練されていない実験者や調査員を用いたり，1人ひとりの対象についての実験や調査が粗雑になるなどというように，得られるデータの信頼性の低下を招いたり，結果の集計や分析にミスが生じる可能性なども大となる。このように，いたずらに多くのデータを得ようとすることは，かえって不正確な結果を手にすることにつながる危険性を多分に含んでいる。

以上のような理由で，実際の研究では，母集団の中から標本を取り出し，その標本から確率論的に母集団全体について推論をし，一般的な結論を下そうとするのである。このように標本から母集団について推測する方法を総称して**推測統計学**または**推計学**（inferential statistics）という。

6.2　標本の無作為抽出（単純無作為抽出法）

例えば日本人の有権者全体での，ある政党に対する支持率を推定するために標本調査を行なう際，コストなどの都合により特定の地域（例えば東京都）に住んでいる者のみを対象としたのでは，一般に都会と農村では支持政党が異な

ることなどから考えて，正しい推定をすることはできない。また，仮に研究者の側が選んだ対象がどのような点においても偏りがなかったとしても，通常の調査では選ばれたすべての者から回答が得られることはない。例えば，性や収入などに関する調査では，そのことについての自分の経験や事実が人に知られることを恥ずかしいとか不都合であると考える者は回答を拒否する傾向がある。そのため，このような場合には，最終的に得られる測定値の集まりである標本は母集団の実相を正しく反映したものとはいえず，このようにして得られた標本から推定される母集団の特性には，なんらかの歪みが生じている可能性が多分に存在する。

　以上のように，標本から母集団についての推論を行なう際には，標本は母集団から偏って選ばれていてはならず，標本抽出は無作為でなければならない。いいかえれば，本来，無作為に抽出された測定値の集まりのみを標本と呼ぶのである。ここで**無作為抽出**（random sampling）とは，意図的であれ予期しない場合であれ，偶然でないなんらかの原因によって母集団から偏った要素が選ばれることがないようになされる標本の抽出法である。無作為抽出においては，母集団に含まれるどの要素も，ほかにどんな要素が選ばれたかにかかわりなく，すべて等しい確率で選ばれる可能性のあることが保証されていなければならない。すなわち，個々の要素の抽出は相互に独立に，さきの要素の抽出によって後続の要素の抽出が影響されることなく，行なわれなければならない。それゆえ，意図的にバリエーションがあるように選んだり，逆に同じ学校や学級に属する者ばかりを対象とする調査のように，なんらかの共通点を有する要素をまとめて抽出するような場合には，それらは無作為標本とはいえないのである。

　ここで，有限母集団から無作為標本を抽出するための手続きについて説明する。例えば，大きさ（含まれる要素の数）が7000の母集団から，$N=100$の無作為標本の抽出を行なうものとする。このような場合，まず，母集団の各要素（各調査対象）に1〜7000の番号を任意につけておく。そして，以下に説明する乱数表，乱数サイ，コンピュータなどを用いて，1〜7000の数値の中から無作為に100個の数値を抽出し，それらの数値の番号がつけられた要素を標本とするのである。

6.2 標本の無作為抽出（単純無作為抽出法）

　乱数表とは，正確には0～9の整数値に関する一様乱数表と呼ぶべきものであり，0～9の数字がなんらの規則性や偏りもなく並べられたものである（付表2，p.222）。したがって，乱数表では，0～9の数字が，そのまま1桁の数値としても，また隣接する数字をつなげた場合の2桁以上の数値としても，偶然でない原因によって偏って出現することがない。

　無作為標本の抽出に乱数表を用いる場合には，まず，乱数表のどこの数字を最初に用いるかという出発点を，作為的でない方法によって決定する必要がある。具体的には，例えば，通常のサイコロや次に記す乱数サイを用いて，何ページの何行何列目を出発点とするかを決めればよい。ここでは，付表2における28行11列目の4という数字を出発点にすることになったとする。次に，この出発点から上下左右のいずれの方向に数字をたどっていくかを，サイコロやコインなどを用いて決定する。ここでは，右方向に数字をたどっていくことになったとする。さらに，この例の場合，母集団の大きさが4桁の数値（7000）であるから，出発点の4を千の位，その右の5を百の位，次の9を十の位，その次の4を一の位の数値として，まず4594という数値を抽出する。そして，2067，0617（＝617），……というように，さきに用いられた4つの数字の次の4つの数字をそのまま4桁の数値として順次抽出し，抽出された数値の個数が100になるまでこのような手続きを繰り返すのである。ただし，つなぎ合わされた数値が母集団の大きさよりも大きな値（この場合は7001以上）であったり，すべて0である場合や，一度抽出された数値が再び出てきた場合には，その数値は無視し，次の4つの数字に移ればよい。

　乱数サイというのは，正20面体の20個の面に0～9の数字が2つずつ書かれたサイコロをいう。この乱数サイを母集団の大きさの桁数と同じ数だけ（上の例では4個）用意して，それぞれのサイコロがどの桁を示すかを任意に決めておく。そして，それらの乱数サイを振って出た目の数値を抽出するという操作を，抽出された数値の数が，あらかじめ決めておいた標本の大きさに達するまで繰り返す。

　コンピュータには，BASICなどの言語を用いて，実用上乱数と見なして差し支えのない数列（**疑似乱数**）を容易に発生させることができる機能が組み込

まれている。この機能を利用して疑似乱数を発生させ，あとは乱数表の場合と同様の方法で母集団の大きさの桁数と同じ桁数の数値を順次抽出していく。

以上が最も基本的な無作為抽出法であるが，以下に述べるその他の標本抽出法もこの原理に準じており，それらとの対比から，上に述べた方法を**単純無作為抽出法**（simple random sampling）とも呼ぶ。

6.3　層化無作為抽出法

なんらかの変数によって母集団をいくつかの層に分け，母集団においてそれぞれの層に含まれる要素の数に比例した大きさの無作為標本を層ごとに抽出していく方法を**層化無作為抽出法**と呼ぶ。この方法は社会的な調査研究などにおいてしばしば用いられている標本抽出法であり，**層化比例抽出法**とも呼ばれる。

さて，層化無作為抽出法では，どのような変数によって層の構成（母集団の層分け）を行なうかが重要なポイントになる。具体的には，層の構成に用いる変数は，測定値の分散（一般に個人差）が，各層内では小さく，層間では大きくなるであろうことを基準として選択される。すなわち，測定値の変動に大きな影響を与えていると考えられる変数に基づいて層分けを行なうのであり，そうすることにより，結果に大きな影響を与える可能性の高い重要な変数（例えば調査対象の年齢とか居住地域）に関して偏った特性を持つ者（例えば老人や都市居住者）ばかりが偶然に選ばれる危険性を排除し，一般に単純無作為標本抽出の場合よりも精密に母集団についての推論を行なうことができるのである。

例題 1　層化無作為抽出法の適用

ある大学の文学部の学生全員（3469 人）を母集団とし，大学祭のあり方についての意見を知るため，層化無作為抽出法による 200 人の標本調査をしたい。どのように標本を抽出したらよいであろうか。

① どのような変数に基づいて層の構成を行なうかに関してはいろいろ考えられようが，この調査の目的から考えると，学科と学年の2つの変数によって層化するのが適切であろう。そこで，この大学の学科別・学年別の人員構成をみると次の表の通りである。

表 6・3 層化無作為抽出の例

学科 学年	国 文	英 文	仏 文	社 会	計
I	266(15)	275(16)	115(7)	279(16)	935(54)
II	258(15)	259(15)	119(7)	255(15)	891(52)
III	266(15)	268(16)	109(6)	280(16)	923(53)
IV	193(11)	210(12)	103(6)	214(12)	720(41)
計	983(56)	1012(59)	446(26)	1028(59)	3469(200)

② 文学部全員に対する各学科および学年の人員の比率から算出した，各セルに割りあてられるべき人数（標本の大きさ）が（ ）の中に示されている。例えば，国文科の1回生における標本の大きさは，200(266／3469)≒15 という式によって求められる。

③ 各セルの中で，それぞれに割りあてられた人数の学生を無作為に抽出し，これらを合わせた200人を対象として標本調査を行なう。

6.4　その他の標本抽出法

　有限母集団の場合に，アルファベット順などのように無作為な順で母集団の中のすべての要素に番号をつけたリストをつくり，ランダムに決定した番号の要素を起点として，等しい間隔で標本をとり出していく方法を**系統抽出法**という。例えば，学校で出席表を利用して任意の番号の生徒から何人目かごとに生徒を抽出して，求める大きさの標本をつくる場合などがこれである。この方法は比較的容易で便利であるが，母集団の全員のリストが必要なので，あまり大きい母集団には適用できない。

　また有限母集団であるといっても，例えば全国の有権者を対象とする調査のように，その母集団が極めて大きい場合には，これまで述べたような方法は適

用できない。そこで，このような場合には，次のような**多段抽出法**が用いられている。例えば上記のような世論調査の場合，全国の都道府県の中から，いくつかを無作為に抽出し，次にそれぞれの中で，いくつかの市町村などを無作為に抽出し，またそれぞれの中でいくつかの投票区を抽出する，というように抽出を何段階かに分け，最後の段階で実際に調査の対象になる人を無作為に抽出する。このようにして同じ地区に住んでいる者を標本の中に何人かずつ含めることにより，調査に要する労力をなるべく低減しようとするのである。

以上いくつかの標本抽出法について述べたが，標本抽出においては，抽出された標本が母集団の代表として適切であるか，偶然ではない原因によりなんらかの点で偏ってはいないか，などについてよく考え，最も適切で実施可能な方法を選択しなければならない。

6．5　統計的検定の基本的考え方

抽出された標本の平均値や分散など，標本の特徴を記述するためにデータから算出される値を**統計量**（statistics）という。これに対して，標本の統計量に対応する母集団での値を**母数**（parameter）といい，**母平均**（population mean），**母分散**（population variance）などと表現する。これまでは，統計量と母数を区別せずに話をすすめてきたが，統計量から母数を推定する推計学においては両者は区別されるべきものであり，通常，統計量はこれまでのように $\overline{X}$（または M），SD などとローマ字で表記され，母数は μ（ミュー），σ（シグマ）のように，一般にそれぞれの統計量のローマ字に対応するギリシャ文字で表記される。

さて，無作為抽出が行なわれたことが仮定できる場合には，ある母数を持つ母集団から繰り返し抽出された標本の統計量がどのように分布するのかを数学的に導き出すことができる。そのため，このことを利用して，逆に標本から算出された統計量に基づいて，それに対応する母数を推定したり，2つ以上の集団（または条件）の母数に差があるか否かを判断したりすることが可能になる。そして，得られた標本の統計量に基づいて，「それらに対応する母数が，ある

特定の定数と異なるか否か」とか「2つ以上の集団（ないし条件）の母数の間に差があるか否か」などについて確率論的に判断を下すための手法を**統計的検定**（statistical test）という。統計的検定は，推計学の中心をなすものであり，**有意性検定**（test of significance）とも呼ばれる。

それでは，統計的検定の基本的な考え方について，日常的な例を使って説明しよう。S君とT君という，女性にもてることを自負している2人の若い男性が，どちらの方がよりもてるかについて言い争いをし，実際に実験をして勝負することになったとしよう。具体的には，対象とする年代の女性を何人か無作為に選び，それぞれの女性を2人が同時にデートに誘って，どちらがより多くの女性からOKされるかを競ったとする。ただし，話を簡単にするため，1人の女性から両方ともがOKされたり，逆に両方ともが拒否されることはないものとする。

さて，3人の女性に実験したところ，S君の3戦全勝であった。そこで，S君は，「どうだ，やっぱりオレの方がもてるじゃないか」といい，3人の女性に対する結果で結論を下して実験を打ち切ろうとした。これに対して，T君は，「まだ3人しか試していない。たで食う虫も好きずきというじゃないか。たまたま趣味の悪い女ばかりが選ばれたのさ」と反論し，「もっと実験を続けなければ確かなことはわからない」と主張した。このような場合，統計的検定では両者の主張にどのような判断を下すのであろうか。

さきに記したように引き分けがないとすれば，3人の女性に実験した場合に考えられる2人の勝敗のパターンは，表6・5のような8通りである。そして，S君とT君のもてる程度に差がなければ（すなわち，各女性においてそれぞれが勝つ確率がともに0.5であるとするならば），表6・5の8つのパターンはすべて等しい確率（$0.5 \times 0.5 \times 0.5 = 0.125$）で起こることが予測される。したがって，2人のもてる程度が同じであっても，3人の女性に実験したときに偶然いずれかが3戦全勝となる確率は，S君が3連勝する場合とT君が3連勝する場合を加えて，$0.125 \times 2 = 0.25$（25%）である。すなわち，偶然でも4回に1回はこのようなことが起こり得るのである。そこで，統計的検定では，「両者のもてる程度に差がない」という仮定のもとでもこの程度起こり得るよ

うな実験結果では、「差がある」というS君の主張はまだ受け入れず、判断を保留するのである。

それでは、実験で得られたデータでの2人の勝敗に「2人のもてる程度に差がない」という仮定のもとでどの程度まれにしか生じない差が開いたときに、「そのような差の開きは偶然ではなく、一方が他方よりもてる」と結論を下すのであろうか。

表6・5 3人の女性に実験したときの2人（S君，T君）の勝敗について考えられるすべてのパターン

パターン	勝者 1人目	2人目	3人目	S君の勝敗
1	S	S	S	3—0
2	S	S	T	2—1
3	S	T	S	2—1
4	S	T	T	1—2
5	T	S	S	2—1
6	T	S	T	1—2
7	T	T	S	1—2
8	T	T	T	0—3

心理学における統計的検定では、通常、ある仮定のもとでは5％以下しか起こり得ないような事象が実験や調査によるデータ（標本）において生じた場合、「両者に差がない」という仮定は確率論的に考えておかしいと判断して、「一方が他方よりもてる」と結論する。

つまり、統計的検定では、「差がある」ということを主張するために、それとは逆の（すなわち背反する）「差がない」という仮定をおく。そして、データから算出された統計量（上記の例では、S君またはT君の勝ち数）が「差がない」という仮定のもとでは確率的にほとんど起こり得ない値であることを根拠として、「差がある」という主張を正当化し、そのような結論を下すのである。

6.6　統計的検定に関する基本用語

（1）　帰無仮説と対立仮説および両側検定と片側検定

前節で説明したように、統計的検定では、まず実験や調査のデータに基づいて研究者が何を主張したいのかを表わす仮説を立てる。これは、さきのS君

とT君の例では「両者のもてる程度には差がある」または「S君の方がT君よりもてる」というS君の主張にあたるものであり，**実験仮説**（experimental hypothesis）という。次に，実験仮説が正しいことを証明するために，実験仮説と背反する仮定をおく。これは，さきの例では「両者のもてる程度には差がない」という仮定であり，自らの立てた実験仮説を実証するために実験や調査を行なっている研究者の立場からすれば，あとで否定する（すなわち，無に帰する）ことを前提として立てるものであることから，**帰無仮説**（null hypothesis）と呼ばれる。帰無仮説は通常，H_0という記号で表わされ，さきの例では，S君，T君が各試行において勝つ確率の母数をそれぞれP_1, P_2とした場合，$H_0 : P_1 = P_2$などと記述される。また実験仮説は帰無仮説と背反する二者択一（取るか捨てるか）のものであることから，統計学上は**対立仮説**（alternative hypothesis）と呼ばれることが多い。対立仮説は，帰無仮説（H_0）と対比してH_1と表記され，さきの例では，$H_1 : P_1 \neq P_2$または$H_1 : P_1 > P_2$（あるいは$P_1 < P_2$）などと記述される。

ここで，$H_1 : P_1 \neq P_2$のように，2つ以上の母数の値，またはある母数の値とある定数が等しくないことを示す対立仮説は，$P_1 > P_2$の場合と$P_1 < P_2$の場合の両方を想定したものであることから，**両側仮説**（two-tailed hypothesis）と呼ばれ，両側仮説のもとで行なわれる検定を**両側検定**（two-tailed testまたはtwo-sided test）と呼ぶ。これに対して，$H_1 : P_1 > P_2$とか$H_1 : P_1 < P_2$などというように差の方向を特定した対立仮説を**片側仮説**（one-tailed hypothesis）といい，片側仮説のもとで行なわれる検定を**片側検定**（one-tailed testまたはone-sided test）という。ただし，心理学では片側検定よりも両側検定が行なわれる場合が多い。

(2)　**有意水準および臨界値**

データから算出された統計量の値が帰無仮説のもとでどの程度起こり得ない値であればそれを棄却し，対立仮説を採択するかといった，帰無仮説を棄却するか否かを判断する際の基準となる確率を**有意水準**（significance level）という。そして，検定に用いている統計量の値が，帰無仮説のもとで，データから

算出された値以上に対立仮説に合致する方向の値になる確率が設定した有意水準以下である場合，帰無仮説を棄却し，「検定の結果は**統計的に有意である**（statistically significant）」と表現する。これに対して，帰無仮説のもとでも有意水準よりも高い確率で起こり得る値である場合には，帰無仮説を棄却することはできず，検定の結果は**有意ではない**（nonsignificant）と表現し，一般に *n. s.* と略して記述されることが多い。ここで，両側検定の場合には，前節でS君が連勝した場合の確率とT君が連勝した場合の確率とを加えたように，分布の両すその確率を加えた確率を有意水準と比較する。それに対して，片側検定の場合には，その対立仮説に合致する側のすその確率だけを有意水準と比較することになる（図 6・6a 参照）。

さらに，データから算出された統計量の値がそれ以上であれば帰無仮説を棄

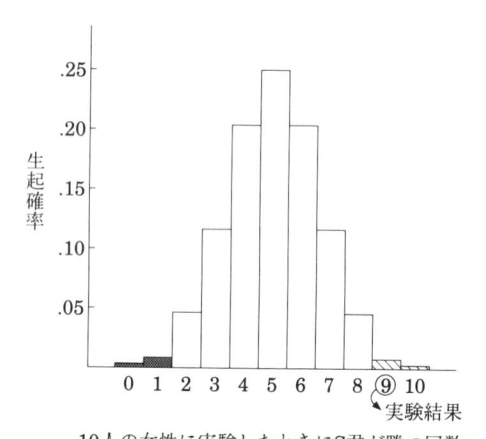

10人の女性に実験したときにS君が勝つ回数

対立仮説に合致した方向（片側仮説）

$H_0 : P_1 = P_2$
$H_1 : P_1 \neq P_2$ （両側検定）
$H_1' : P_1 > P_2$ （片側検定）

ただし，P_1, P_2 は各女性においてS君，T君が勝つ確率の母数である。
＊片側検定では，右すその部分の確率だけを有意水準と比較する。
＊両側検定では，右すそと左すその両方を加えた確率を有意水準と比較する。

図 6・6a　両側検定と片側検定

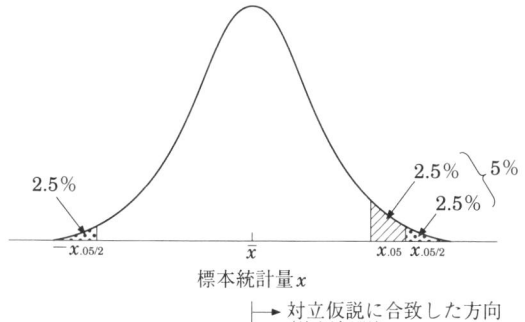

図 6・6b　片側検定と両側検定における臨界値

$x_{.05}$：片側検定における有意水準5％の臨界値
$x_{.05/2}, -x_{.05/2}$：両側検定における有意水準5％の臨界値

却し，それよりも小さければ帰無仮説を棄却しないという意味で境目となる値，すなわち，有意水準に対応した統計量の値を**臨界値**（critical value）という（図 6・6b 参照）。実際に検定を行なう場合には，設定した有意水準に対応する臨界値を付表1および付表3～付表8のような確率表を利用してあらかじめ求めておき，それとデータから算出された統計量の値とを比較するという手続きがとられることが多い。

なお，有意水準の値は必ずしも前節で記したように5％に設定しなくてはならないものではなく，研究の目的などによっては10％，1％，0.1％などに設定する場合もある。

（3）第1種の誤りと第2種の誤り

これまで説明してきたように，統計的検定は帰無仮説が誤りであるか否かをあくまで確率論的に推測し，判断を下すものである。そのため必然的に，そのような判断（統計的検定の結果）が，次の2つの誤りのうちのいずれかである危険性を伴っている（表 6・6参照）。

その1つは，「本当は帰無仮説が正しい（差がない）にもかかわらず，それを棄却し，対立仮説を採択してしまう（差があると判断してしまう）誤り」で

あり，これを**第1種の誤り**（type I error）という。すなわち，データから算出された統計量の値が設定された有意水準の臨界値以上（対立仮説によっては臨界値以下）である場合に，確率的にそれはおかしいと考えて帰無仮説を棄却するのであるが，見方を変えれば，本当は帰

表6・6 統計的検定における判断の正誤のパターン

		真実[†]	
		H_0 が正しい	H_0 が誤り
検定の結果	H_0 を棄却しない	正しい判断 $(1-\alpha)$	第2種の誤り (β)
	H_0 を棄却する	第1種の誤り (α)	正しい判断 $(1-\beta)$

[†] これは神のみが知る。
（ ）内はそれぞれの場合の確率

無仮説が正しい場合にもそのような結果が生じることが，低い確率ではあるが，その有意水準の分だけ存在するのである。そのため，この第1種の誤りをおかす危険性がその有意水準の確率だけあるという意味で，有意水準のことを**危険率**ともいう。また，以上のような第1種の誤りに対して，「本当は対立仮説が正しい（帰無仮説が誤りであり，差がある）にもかかわらず，それを採択しない（帰無仮説を棄却せず，差があると判断しない）誤り」を**第2種の誤り**（type II error）という。一般に，第1種の誤りをおかす確率，すなわち，有意水準ないし危険率は α（アルファ）で表わされ，第2種の誤りをおかす確率は β（ベータ）で表わされる。

6．7 統計的検定を用いる際の留意点

① 統計的検定は，あくまで研究者がデータからある事柄について結論を下す際の1つの手がかりとなるものであり，けっして唯一絶対的なものではない。例えば，心理学の研究で一般に採用されている5％という有意水準には，なぜその値でなければならないかに関する明確な理由があるわけではなく，有意水準は本来，研究者の考え方によって任意に設定できるものである。また，第7章～第9章で紹介する種々の統計的検定を適用する際には，厳密にはそれぞれいくつかの前提条件が満たされている必要がある。しかし，**6．2**で記した無作為抽出の問題に代表されるように，それらの条件を

完全に満たすことは現実には不可能であり，そのため統計的検定の結果は，常に近似的なものになる。

② 統計的検定は，一般に「差が0であるか否か」だけを判断するためのものであり，「差の大きさ」について検討することを目的としたものではない。したがって，ある要因の効果が統計的に有意である（効果が0ではない）ことは，必ずしもその要因の効果が大きく，それが心理学的に意味がある（ある事柄を説明するうえで重要である）ことを示すものではない。また，有意水準が1％，0.1％というように小さな確率であることは，差が大きいことと無関連ではないが，直接それを反映するものではない。例えばデータ数が多い場合などには，たとえ母数の真の差が極めて小さくても，有意差が検出されやすいようになっている。

③ 統計的検定では，帰無仮説が棄却できなかった場合の解釈が困難である。例えば，ある変数についての男子の平均値が4.0，女子の平均値が3.2でその差が0.8の場合，それらの母平均の間に有意な差が見出されなかったとする。このような場合，この研究の結果のみから，平均値に性差がないという結論が下されることがある。しかし，このような結果は，男子の母平均（μ_1）と女子の母平均（μ_2）が等しいという帰無仮説（$H_0: \mu_1 = \mu_2$）のもとで有意水準以上の確率で起こり得るだけでなく，$H_1: \mu_1 \neq \mu_2$ という対立仮説の一部分である $H_1: 0 < \mu_1 - \mu_2 \leq 0.8$ という範囲の対立仮説のもとでも，有意水準以上の確率で起こり得るのである。したがって，帰無仮説が棄却できなかった場合には，結局，帰無仮説が正しいのか対立仮説が正しいのかが判断できないのであり，「有意な差が検出されなかったこと」＝「差がない（等しい）」というわけではないのである。

練習問題

1. 乱数表（p.222，付表 2 ）を用いて，第 2 章の練習問題 **3**（p.23）の50人のデータから10人のデータをランダムに選び，その10人の標本について平均値と標準偏差を算出せよ。

2. 学生の意識調査をするために，全学から300人を選んで層化比例抽出法による面接調査を行なうことにした。層を構成する際に用いる変数を学科と学年とにしたところ，それらの変数による母集団の構成人数は下の表のようであった。

(1) それぞれの学科，学年から何人ずつ選べばよいか。

(2) 全学からまったくランダムに300人を選ぶ方法より合理的である理由を述べよ。

学科・学年別人数表

学年 ＼ 学科	A	B	C
I	469	511	303
II	503	480	316
III	496	456	298
IV	512	478	325

3. 付表 1 （p.221）の標準正規分布を利用した統計的検定（両側検定および片側検定）における，有意水準10％，5％，1％の z の臨界値を求め，整理せよ。

4. 東京都民と大阪府民のA政党に対する支持率に差があるか否かを判断するために，統計的検定を適用したい。この場合の帰無仮説，対立仮説（両側仮説），第1種の誤り，第2種の誤りを具体的に記せ。

第7章

平均値に関する検定

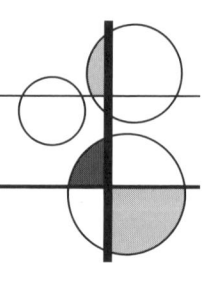

　前章においては，標本から得られたデータの特性から，その標本のもととなる母集団の特性を推測する推計学の基本的考え方が示された。本章では，これを標本から得られた平均値に適用して，母集団の平均値の推定や2つの平均値の差の検定を行なう方法を述べる。

7.1　統計量の標本分布

　標本の特徴を表わす平均値や標準偏差などは，前章で説明したように一般に統計量と呼ばれ，母集団の特徴を表わす母数とは区別される。われわれが実験や調査によって知るのは，ふつうは統計量であるが，本当に知りたいのは，たまたま得られた統計量ではなく，一般性や普遍性を持つ母数の方である。したがって，母数がわからない場合には，統計量から母数を推定することになる。しかし，統計量は必ずしも母数を常に正確に代表するわけではない。標本によっていくらかの変動があり，母数とのズレ，すなわち**標本誤差**を持つ。

　統計量の変動のしかたには法則性が認められ，理論分布の形で表わすことができ，これを**標本分布**（sampling distribution）と呼ぶ。したがって平均値や分散などの統計量の分布はそれぞれ平均値の標本分布，分散の標本分布と呼ぶことになる。そしてこの標本分布がわかればそれに基づいて，推定した母数がどの程度正確で信頼できるかを判断できる。

　標本データから得られた統計量の期待値がその母数に一致する場合，その統計量は母数の**不偏推定値**であるという。これを平均値の場合でいうと，母集団から抽出された無限回の標本の平均値の平均は母平均に一致するのである。このことは，期待値を E で表わすと次の式で示される。

$$E(\bar{X}) = \mu \qquad [7\text{-}1\text{-}1]$$

このように標本平均値に不偏性があるということは，標本から母集団の特性を推測するうえで極めて重要なことなのである．

次に標準偏差については，第5章までの記述統計では，標本とか母集団とかを考えないで一般に SD という符号を用いた．その基本式は [3-8-1] p.33 に示した．しかし第6章からの推測統計では，標本としてのデータの標準偏差という意味で，s という符号を用いることにする．これは次の式で求める．

$$s = \sqrt{\frac{\sum(X-\bar{X})^2}{N-1}} \qquad [7\text{-}1\text{-}2]$$

この式は前の式 [3-8-1] に比べると，分母の N が $N-1$ になっているだけであるから，N が大きくなれば両者に大差はないが，母標準偏差の不偏推定値になっているという点で考え方に違いがある．

また，標準偏差の2乗（s^2）である**分散**（variance）も，それに対応してこれからは式 [3-8-3] ではなく，次の式を用いる．

$$s^2 = \frac{\sum(X-\bar{X})^2}{N-1} \qquad [7\text{-}1\text{-}3]$$

7.2　平均値の標本分布

前項で述べたことをさらに具体的に考えてみよう．平均値が μ，標準偏差が σ の母集団から，大きさ N の標本をランダムに抽出してそれぞれの標本平均値（$\bar{X}$）を算出する手続きを無限に反復したとしたら，$\bar{X}$ はどのような分布をするだろうか．このような $\bar{X}$ の標本分布は，平均値（$\mu_{\bar{X}}$）が μ，標準偏差（$\sigma_{\bar{X}}$；**標準誤差**と呼ばれている）が $\sigma/\sqrt{N}$ になることがわかっている．すなわち，

$$\mu_{\bar{X}} = \mu \qquad [7\text{-}2\text{-}1]$$
$$\sigma_{\bar{X}} = \sigma/\sqrt{N} \qquad [7\text{-}2\text{-}2]$$

またすでに学んだように，分散は標準偏差の2乗なので，$\bar{X}$ の標本分布の分散（$\sigma_{\bar{X}}^2$；**誤差分散**と呼ばれている）は，次のようになる．

$$\sigma_{\bar{X}}^2 = \sigma^2/N \qquad [7\text{-}2\text{-}3]$$

式 [7-2-2] あるいは [7-2-3] より明らかなように，$\bar{X}$ の変動の大きさ（すなわち標準誤差や誤差分散）は，母集団の標準偏差（σ）が大きくなれば

大きくなり，標本の大きさ (N) が大きくなれば小さくなる。

ここで，母集団の分布と平均値の標本分布との関係を例によって確かめてみよう。いま100人の高校生を母集団としたとき，その成績が表 7・2 の(a)のようになっているとする。この成績の分布は，$\mu=4.50$, $\sigma=1.88$ でほぼ正規分

表 7・2 母集団の成績 (X)，$N=5$, 10 の標本とその平均値 ($\bar{X}$)，および，その $\bar{X}$ の平均値と標準偏差（標準誤差）

(a) 100人の高校生の成績（母集団の成績 X）

4	5	3	6	5	4	1	5	7	5	3	4	6	6	2	2	5	4	3	3
7	3	3	6	1	4	2	6	3	8	6	4	5	4	7	5	7	8	4	0
4	5	4	4	5	2	5	6	9	5	3	6	2	4	1	7	8	5	4	9
5	0	1	9	3	7	5	5	5	3	3	6	5	4	2	6	4	7	5	4
5	6	2	4	2	6	4	4	4	5	3	8	7	4	5	4	3	6	6	3

母集団（100人）　$\mu=4.50$, $\sigma=1.88$

(b) 上の母集団より無作為に抽出した標本の平均値とその標準偏差

$N=5$ の場合	$N=10$ の場合
[4 4 5 4 8]→$\bar{X}_1=5.0$	[3 7 2 5 8 4 7 4 4 4]→$\bar{X}_1=4.8$
[9 5 5 3 5]→$\bar{X}_2=5.4$	[4 6 1 4 3 4 7 4 6 4]→$\bar{X}_2=4.3$
[4 5 8 7 6]→$\bar{X}_3=6.0$	[4 7 4 6 7 5 6 8 4 5]→$\bar{X}_3=5.6$
[7 7 3 4 7]→$\bar{X}_4=5.6$	[3 4 4 6 8 4 5 2 5 0]→$\bar{X}_4=4.1$
[5 5 7 3 1]→$\bar{X}_5=4.2$	[4 6 5 7 6 2 3 4 3 3]→$\bar{X}_5=4.3$
[4 6 5 3 2]→$\bar{X}_6=4.0$	[6 1 3 4 2 3 5 3 5 5]→$\bar{X}_6=3.7$
[5 3 2 5 3]→$\bar{X}_7=3.6$	[5 5 5 5 6 5 3 3 3]→$\bar{X}_7=4.5$
[4 5 6 5 4]→$\bar{X}_8=4.8$	[5 3 5 5 6 4 3 5 5 2]→$\bar{X}_8=4.3$
[6 5 5 4 4]→$\bar{X}_9=4.8$	[5 5 4 5 6 2 4 6 2 7]→$\bar{X}_9=4.6$
[6 4 1 3 2]→$\bar{X}_{10}=3.2$	[5 5 6 4 3 6 4 4 8 4]→$\bar{X}_{10}=4.9$
⋮	⋮
[6 1 7 5 5]→$\bar{X}_{100}=4.8$	[5 4 5 9 8 7 4 5 5 1]→$\bar{X}_{100}=5.3$
$\bar{X}$ の平均値 $=4.51$	$\bar{X}$ の平均値 $=4.51$
$\bar{X}$ の標準偏差 $=0.81$	$\bar{X}$ の標準偏差 $=0.51$

(c) 期待値（理論上の平均値と標準偏差）

平均値の期待値 $\mu_{\bar{x}}=4.50$	$\mu_{\bar{x}}=4.50$
標準誤差 $\sigma_{\bar{x}}=\dfrac{1.879}{\sqrt{5}}=0.84$	$\sigma_{\bar{x}}=\dfrac{1.879}{\sqrt{10}}=0.59$

図 7・2a　平均値の標本分布

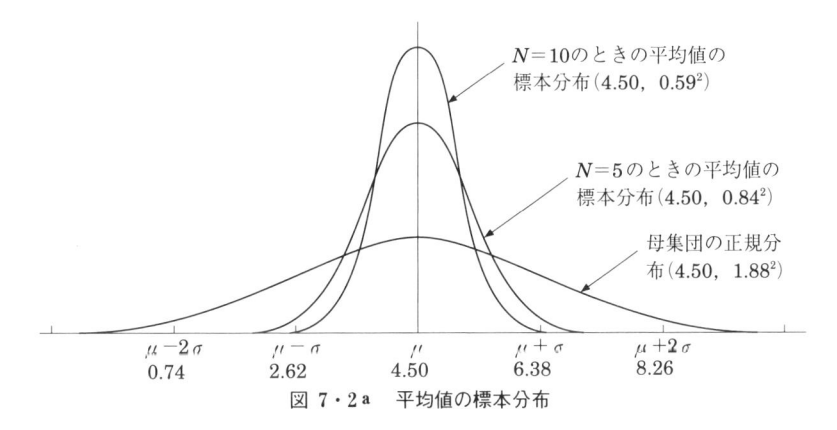

図中注記:
- $N=10$ のときの平均値の標本分布 $(4.50, 0.59^2)$
- $N=5$ のときの平均値の標本分布 $(4.50, 0.84^2)$
- 母集団の正規分布 $(4.50, 1.88^2)$

横軸: $\mu-2\sigma$ (0.74), $\mu-\sigma$ (2.62), μ (4.50), $\mu+\sigma$ (6.38), $\mu+2\sigma$ (8.26)

布と見なし得る。この中からランダムに5人ずつの標本を選び出し，その平均値 ($\overline{X}$) を算出する作業を繰り返したとしたら，$\overline{X}$ はどのように分布するだろうか。コンピュータの乱数を使って実際にこの作業をしてみよう。最初の標本では，41，96，68，44，57番目の生徒が抽出された。この5人の成績は，それぞれ4，4，5，4，8であるから，その平均値 $\overline{X}_1=5.0$ となる。次の標本は49，42，68，51，5番目の生徒が選ばれ，その成績は 9，5，5，3，5で，$\overline{X}_2=5.4$ となった。このような作業を100回繰り返した結果が表 7・2 の(b)に示してある。また標本の大きさを10人にした場合について，同じく表 7・2 の(b)の右側に示してある。標本平均値 ($\overline{X}$) は標本によっていくらかの差異があるが，これを多数回反復して算出してみると，$\overline{X}$ は母集団の平均値 ($\mu=4.5$) に近い値をとるものが多く，μ から遠ざかるに従って少なくなることがわかるだろう。

また，$\overline{X}$ の平均値と標準誤差を100個の平均値から直接算出した結果は，表 7・2 の(b)の下方に，そしてこれらを式 [7-2-2] の理論式によって計算した結果は，表 7・2 の(c)に示してある。標本平均値に基づいた計算結果と理論式から計算した結果とは近似であることがわかるだろう。またその理論分布は図 7・2a のとおりである。

ところで，母集団が正規分布 (μ, σ^2) の場合には，平均値 ($\overline{X}$) の標本分布もまた正規分布 (μ, σ^2/N) となる。また母集団が正規分布に従わない場合で

も，標本の大きさ(N)が大きくなると，$\overline{X}$の標本分布は正規分布に近づいていくことがわかっており，これを**中心極限定理**という。この定理は母集団の分布とは無関係に成立するので便利である。母集団の分布が著しく歪んでいたり，多モード型であったりしても，Nが30以上になれば，$\overline{X}$の標本分布は正規分布と見なして差し支えなくなる。さらに，母集団の分布が左右対称でありさえすれば，Nがもっと少なくても，平均値($\overline{X}$)の標本分布は正規分布に近似する。

しかし標本が小さく，母集団の標準偏差(σ)がわかっていない場合には，$\overline{X}$の標本分布は正規分布と見なすわけにはいかない。しかしその場合でも，母集団が正規分布していると仮定できるときには，その標本の標準偏差をsとすると$s=\sqrt{\sum(X-\overline{X})^2/(N-1)}$（[7-1-3]式）であり，$\overline{X}$の標本分布は，平均値の期待値$\mu_{\bar{x}}=\mu$，標準誤差は，

$$s_{\bar{x}}=s/\sqrt{N} \qquad [7\text{-}2\text{-}4]$$

のt分布に従うと見なすことができる。このt分布は，平均値と標準誤差だけでなく，自由度（df; この場合には$N-1$）によっても変わってくる。

ここで**自由度**(degree of freedom, df)とは，統計量の算出にあたって自由に値を変化し得るデータの個数であり，$df=$[データ数]$-$[式中の統計量の数]で表わされる。例えば分散の計算式$s^2=\sum(X-\overline{X})^2/(N-1)$（[7-3-2]式）では，平均値($\overline{X}$)がこの式にすでに組み込まれているので，自由に変化し得るデータ数(df)は($N-1$)個となる。残りの1個は平均値と他のデータによって決定されることがわかるだろう。上記の標準誤差（したがってt分布）の場合には，計算式に含まれる統計量は$\overline{X}$だけなので，やはり$df=N-1$

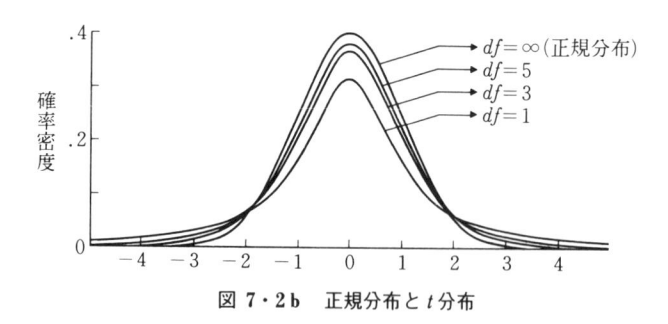

図7・2b　正規分布とt分布

となる。

t 分布は正規分布と比べると，両端が広がった分布をしている。しかし，自由度が30以上になれば，正規分布とほとんど差がなくなる。このような関係は，図 7・2b で確かめることができるだろう。

7.3 平均値が特定の値以上あるいは以下である確率

ランダムに抽出された１つの観測値 (X) が特定の値をとる確率は，その母集団が正規分布 (μ, σ^2) する場合には，X を $z=(X-\mu)/\sigma$ によって標準得点に変換し，これを標準正規分布の確率密度にあてはめて推定する。

同様に，標本平均値 ($\overline{X}$) がある値をとる確率についても，平均値の標本分布がわかれば，これを利用して推定することができる。すなわち，いま母集団が正規分布 (μ, σ^2) するなら，その平均値 ($\overline{X}$) の標本分布は，$\mu_{\overline{x}}=\mu$, $\sigma_{\overline{x}}=\sigma/\sqrt{N}$ の正規分布に従う。それゆえ，$\overline{X}$ の標準得点 (z) は，

$$z=\frac{\overline{X}-\mu_{\overline{x}}}{\sigma_{\overline{x}}}=\frac{\overline{X}-\mu}{\sigma/\sqrt{N}} \qquad [7-3]$$

この z は標準正規分布 (0, 1^2) するので，正規分布の表（付表 1，p.221）より，z がこれ以上あるいは以下になる確率を求めれば，その $\overline{X}$ がその特定の値以上あるいは以下になる確率の推定値だということになる。

> **例題 1** 平均値の推定
> ある標準学力検査を単元の学習終了後に行なうと，$\mu=62$, $\sigma=15$ になることがわかっているとしよう。それでは，ランダムに抽出した36人の同条件の生徒にこの検査を実施したとき，$\overline{X}\geqq 65$ となる確率はいくらになるだろうか。また，$\overline{X}\leqq 58$ になる確率はいくらであろうか。

この場合には標準学力検査の成績は正規分布 (62, 15^2) していると見なせるので，平均値 ($\overline{X}$) の標本分布も，

$$\mu = 62$$
$$\sigma_{\bar{X}} = \sigma / \sqrt{N} = 15 / \sqrt{36} = 2.5$$

となり,正規分布 $(62, 2.5^2)$ すると考えることができる。したがって,この問題の $\bar{X}=65$ を標準得点 (z) に変換すると,

$$z = \frac{\bar{X} - \mu}{\sigma_{\bar{X}}} = \frac{65 - 62}{2.5} = 1.20$$

となり,中心 ($z=0$) からそこ ($z=1.20$) までの面積は,付表1より 0.385 となる。そこで,$\bar{X} \geq 65$ になる確率は,$0.500 - 0.385 = 0.115$ であると推定できる (図 7・3 右半分参照)。

同様に,$\bar{X} \leq 58$ の確率は,

$$z = \frac{58 - 62}{2.5} = -1.60$$

$z \leq -1.6$ の確率であるから,付表1よりその確率は,$0.500 - 0.445 = 0.055$ となる (図 7・3 左半分参照)。このように,$\bar{X}$ の標本分布がわかれば,$\bar{X}$ がある値以上あるいは以下の値をとる確率を簡単に推定できる。

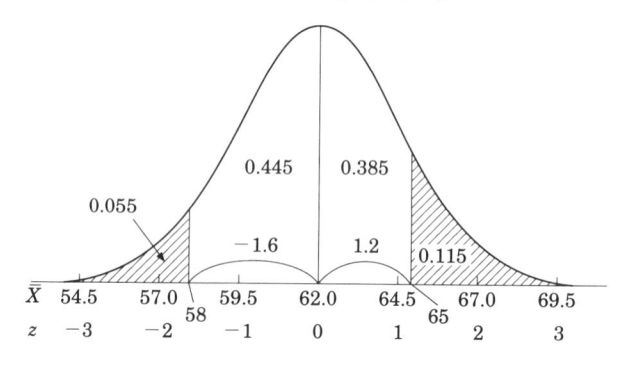

図 7・3 平均値の標本分布 $N(62, 2.5^2)$ における確率

7.4 平均値の信頼区間

以上のような確率の推定法を利用すれば,母平均 (μ) の推定を,1つの数値 ($\bar{X}$) で表わす**点推定**だけでなく,μ をはさむ区間を2つの数値で示す**区間推定**することができる。この区間は通常,95%あるいは99%の確率で μ が含まれるように推定し,これを95%あるいは99%の**信頼区間**と呼んでいる。また,区間

の両端を示す2つの数値は**信頼限界**と呼ぶ。点推定は極めて有用な方法ではあるが，それがどれくらい正確で信頼性があるかが明確でないという弱点を持つ。これに対して区間推定は，それを明示できるという長所を持つ。当然のことながら，この区間が極めて狭い場合には，有用性も高いということになる。

平均値の信頼区間は，その標本分布がわかれば簡単に推定できる。いま，母集団が正規分布 (μ, σ^2) に従うなら，その平均値 $(\bar{X})$ の標本分布も上述のように，$\mu_{\bar{X}} = \mu$，$\sigma_{\bar{X}} = \sigma/\sqrt{N}$ の正規分布に従う。ただし，このような推定をする場合には母数がわかっていないのが普通なので，標準誤差は，$\sigma_{\bar{X}}$ ではなく，$S_{\bar{X}} = \dfrac{S}{\sqrt{N}}$ をもってその推定値とする。したがって，$\bar{X}$ を標準得点 (z) に変換すると，式 [7-3] に示したように，

$$z = \frac{\bar{X} - \mu_{\bar{X}}}{S_{\bar{X}}} = \frac{\bar{X} - \mu}{S/\sqrt{N}}$$

となる。この場合 N が十分大きければ，この z は標準正規分布 $(0, 1^2)$ することになる。よって，付録の正規分布の表（付表1）より，$z = 1.96$ のとき，$p = 0.475$ であるから $0.475 \times 2 = 0.95$ となり，z の95％は±1.96の範囲内に入ることがわかる。いいかえれば，$z \leq -1.96$ および $z \geq 1.96$ の値をとる確率は，この分布の両すその2.5％ $(0.500 - 0.475 = 0.025)$ ずつ，計5％であることがわかる。

したがって，95％の信頼区間は次のようになる。

$$\bar{X} - 1.96 S/\sqrt{N} \leq \mu \leq \bar{X} + 1.96 S/\sqrt{N} \qquad [7\text{-}4\text{-}1]$$

同様に，z の99％は付表1より±2.58の範囲に入るので，信頼度99％の信頼区間は，

$$\bar{X} - 2.58 S/\sqrt{N} \leq \mu \leq \bar{X} + 2.58 S/\sqrt{N} \qquad [7\text{-}4\text{-}2]$$

例題 2　平均値の信頼区間

EPQ（アイゼンク人格検査）を400人の男子高校生に実施したところ，この外向性尺度では，$\bar{X} = 12.30$，$s = 4.00$ になった。平均値の信頼区間はどうなるであろうか。

この場合には，母集団が正規分布をすると仮定でき，また，標本の大きさも十分大きいので $\bar{X}$ の標本分布は正規分布と見なすことができる。したがって式 [7-4-1] より，95％の μ の信頼区間は，

$$12.30 - 1.96 \times 4.00/\sqrt{400} \leq \mu \leq 12.30 + 1.96 \times 4.00/\sqrt{400}$$
$$11.91 \leq \mu \leq 12.69$$

すなわち μ は 95％ の信頼度で，11.91 〜 12.69 の区間に落ちると推定できる。同様に式 [7-4-2] を用いると，99％ の信頼区間は，$11.78 \leq \mu \leq 12.82$ となる。

しかし標本の大きさが小さい（25 以下）場合には，式 [7-4-1] [7-4-2] は正規分布ではなく自由度 $N-1$ の t 分布に従う。理論分布に違いはあっても，区間推定の考え方は基本的には正規分布の場合と同じである。したがって，t 分布の左右のすその確率密度が各 2.5％（計 5％）になる t 値を $t_{0.025}$ と表わすなら，t 分布に基づく μ の 95％ の信頼区間は，

$$\bar{X} - t_{0.025} s/\sqrt{N} \leq \mu \leq \bar{X} + t_{0.025} s/\sqrt{N} \qquad [7-4-3]$$

ただし $t_{0.025}$ の値は自由度によって異なる。

同様に，μ の 99％ の信頼区間は，t 分布の両すその確率密度が各 0.5％，計 1％ になる t 値を $t_{0.005}$ とすると，

$$\bar{X} - t_{0.005} s/\sqrt{N} \leq \mu \leq \bar{X} + t_{0.005} s/\sqrt{N} \qquad [7-4-4]$$

例題 3　平均値の区間推定

あるスーパーでトイレットペーパーを目玉商品として売り出すと，お客は1人平均 1.80 個買っていくといわれている。しかし，売場主任はこれが意外に早く売り切れてしまうので，実際にはもっとたくさん買い込む人がいるのではないかと考えて，25 人のお客がそれぞれいくつずつ買っていくのかを調べてみた。その結果は，平均 1.85 個，標準偏差 (s) 0.56 個であった。1日のお客は，多くても 800 人までだということがわかっている。そこで彼は在庫を $1.80 \times 800 = 1440$ から $1.85 \times 800 = 1480$ に 40 個だけ増やすことにした。これで十分であろうか。

売場主任は μ の推定値を点推定により 1.85 としたが，実際の μ はこれより大きいかもしれない。そこで，点推定ではなく，区間推定をして，売り切れる心配が 95% ないようにすることにする。いま，$df=N-1=25-1=24$ のとき $t_{0.025}$ を t 表（付表 3）により探してみると，片側確率で，$t_{0.025}=2.06$ なので，μ の 95% の信頼区間は，式［7-4-3］より

$$1.85-2.06\times 0.56/\sqrt{25} \leq \mu \leq 1.85+2.06\times 0.56/\sqrt{25}$$
$$1.62 \leq \mu \leq 2.08$$

お客の平均購買数（μ）の 95% の信頼区間は，1.62～2.08 個と推定できる。したがってこの上限値に人数を掛けた $2.08\times 800=1664$ 個売れる可能性があるということになる。よって，95% の信頼度で売り切れないようにするには，1664 個以上の在庫がなければならないので，40 個ではなく，あと 224 個（$1664-1440=224$）増やさねばならない。

7.5　標本平均と母平均の差の検定

以上の推定の考え方は，そのまま次のような統計的検定にも使うことができる。初めに，ここでいう検定とはどのようなものかを容易に理解できるように，平均値が $\overline{X}$ である標本が母集団（μ_0, σ_0^2）からの 1 標本と見なし得るか否か，の検定から考えてみよう。

（1）母分散がわかっている場合

> **例題 4**　標本平均値と母平均の差の検定（母分散が既知の場合）
>
> 　ランダムに抽出した 36 人の生徒に新しい教授法で教え，その効果を標準学力検査でみたところ，$\overline{X}=66.5$ となった。今までの標準的な教授法で教えた場合には，$\mu_0=62$, $\sigma_0^2=15^2$ になることがわかっているとすると，新しい教授法は旧来の教授法より優れているといえるだろうか。

新しい教授法で教えた結果（$\overline{X}=66.5$）は旧来の教授法で教えた平均値（$\mu_0=62$）より 4.5 点高かった。しかし，この $\overline{X}=66.5$ 程度の平均値なら，旧来の教授法で

教えても，標本誤差の範囲内で得られるかもしれない。いいかえれば，この $\bar{X}=66.5$ で推定される新教授法の平均値 (μ) と，旧教授法の平均値 ($\mu_0=62$) との差は，単なる標本誤差によると考えられなくもない。

一般に，$\bar{X}$ と μ_0 との差がごく小さい場合には，$\bar{X}$ は標本誤差の範囲内にあり，この標本は μ_0 の母集団からの1標本であると見なすことができる。しかし，$\bar{X}$ が μ_0 から大きくかけ離れてくると，標本誤差の範囲内にあると見なすよりもむしろ，平均値 μ_0 の母集団とは異なる別の母集団からの標本だと考える方が合理的である。しかしそれでは，$\bar{X}$ と μ_0 との差がどの程度までなら $\bar{X}$ は標本誤差の範囲内にあり，どれくらい以上になればそうではないと考えればよいのだろうか。この客観的，合理的な判断基準を提供するのが統計的検定である。

この場合にはまず，旧教授法の平均値の標本分布において，$\bar{X} \geq 66.5$ の平均値が出現する確率を求める。そして，この確率が一定基準（有意水準，かりに5％とする）より高くなれば，この $\bar{X}$ が標本誤差の範囲内にある可能性が高いので，新旧の教授法の平均値には有意差はないと判断する。しかし，この確率が5％の基準以下なら，この $\bar{X}$ が標本誤差によって出現する可能性がほとんどないので，有意な差があると判断すればよい。この確率計算は，新教授法の平均値 ($\bar{X}$) を旧教授法の平均値の標本分布にあてはめることによってすすめる。このことは，新旧の教授法の母平均値間には差がない ($\mu=\mu_0$) という帰無仮説 (H_0) を立てていることになる。この仮説を前提とすることによって，旧教授法の平均値の標本分布における $\bar{X} \geq 66.5$ の出現確率を求めることができるのである。計算の結果，この確率が5％以下なら，$\bar{X}$ を旧教授法の1標本とは見なしがたいので，帰無仮説 ($\mu=\mu_0$) を棄却して，新旧教授法の平均値には有意な差があると判断する。しかし，この確率が5％より高い場合には，この $\bar{X}$ が標本誤差の範囲内にある可能性が高いので，帰無仮説は棄却できない。

次にこの計算をしてみよう。旧教授法による母集団の成績が正規分布 $(62, 15^2)$ しているなら，その平均値の標本分布は，

$$\mu_{\bar{x}} = \mu_0 = 62$$
$$\sigma_{\bar{x}} = \sigma_0 / \sqrt{N} = 15 / \sqrt{36} = 2.5$$

の正規分布になる。したがって，$\bar{X}$ を標準得点に変換した値を z_0 とすると，

$$z_0 = \frac{\bar{X} - \mu_{\bar{x}}}{\sigma_{\bar{x}}} = \frac{66.5 - 62}{2.5} = 1.80$$

ところで，帰無仮説は，$\bar{X}$ が μ_0 よりも極端に大きい場合にも小さい場合にも棄却されねばならない。したがって，棄却域を5％に定めるということは，平均値

の標本分布（したがって，これを z 変換した標準正規分布）において，出現頻度の低い両端の各 2.5％，計 5 ％ を棄却域に定めるということになる。これを付表1の正規分布の確率密度の表で調べると，この値は $z=\pm 1.96$ である。したがって図 7・5 の(a)のように，$|z_0|\geqq 1.96$ であれば，$\overline{X}$ と μ_0 の差は標本誤差によるのではなく，有意な差であると見なすことになるし，$-1.96<z_0<1.96$ の範囲にあれば，この $\overline{X}$ は標本誤差の範囲内にあり，有意差はないとみる。この例では $z_0=1.8$ なので，上記の 5 ％ の棄却域には入らない。よって帰無仮説は棄却できない。すなわち，統計的検定の結果からは新教授法の標本平均値（$\overline{X}=66.5$）と旧教授法の母平均値（$\mu_0=62$）との差は標本誤差による可能性が否定できず，2つの平均値の間に有意な差があるとは判断しがたい。いいかえれば，新教授法は旧教授法より有効であるとはいえないということになる。

ところでこの検定では，帰無仮説（H_0）に対する対立仮説（H_1）として，新しい教授法が旧来の教授法よりも優れている可能性（$\mu>\mu_0$）と，劣る可能性（$\mu<\mu_0$）の両方（$\mu\neq\mu_0$）を考慮して，両側検定を行なった。しかし研究者は，新しい教授法が旧来の教授法より劣っているなどという可能性は考えられないというかもしれない。この場合には，帰無仮説（H_0）は $\mu\leqq\mu_0$，対立仮説（H_1）は $\mu>\mu_0$ の片側検定となる。したがって，5 ％ の棄却域は図 7・5 の(b)のように，理論分布の右端の 5 ％ のみを考えればよいことになり，棄却値は，付表1より $z=1.65$ となる。この例では $z=1.8$ なので，片側検定ならこの 5 ％ の棄却域に入り，帰無仮説は棄却されることになる。このように，一方の可能性だけを考える場合には，片側検定の方が棄却域が広がるので，それだけ有意差が出やすくなる。しかし，このことは第1種の誤りをおかす危険性が増すことでもある（表 6・6 参照）。

なお，ここでは棄却域を 5 ％ と定めたが，もっと厳しく，例えば 1 ％ とすることもある。この場合でも，棄却域が小さくなるだけで，基本的な考え方は変わらない。

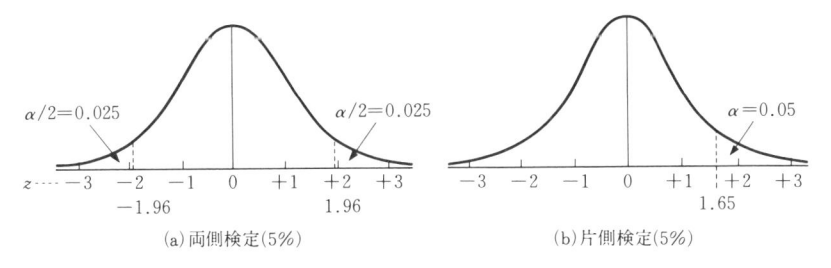

図 7・5 標準正規分布における帰無仮説の棄却域

（2） 母分散がわからない場合

　それでは，「母分散 (σ_0^2) がわからない場合」にはどうすればよいのだろうか。この場合には，標本から得た標準偏差 (s) を σ_0 の推定値とする。すると，$\bar{X}$ の標準誤差 ($\sigma_{\bar{X}}$) は式［7-2-4］$s_{\bar{X}} = s/\sqrt{N}$ によって推定できる。これを使って $\bar{X}$ を標準得点に変換すると，

$$t_0 = (\bar{X} - \mu_0) / (s/\sqrt{N}) \quad\quad [7-5]$$

（t_0 は計算された t の値を示す）

これは正規分布ではなく，$df = N-1$ の t 分布に従う。この df の t 分布において両端の確率が各2.5％，計5％になる t 値（$t_{0.05}$）を t 表（付表3の両側確率）で求めると，それが5％の棄却域（両側検定）になるので，ここで計算した t 値の絶対値がこの臨界値以上であれば，帰無仮説を棄却して有意差ありとすることになる。もちろん，片側検定なら，一方の端に5％の棄却域をとり，計算した t 値がその棄却域に入れば帰無仮説を棄却し有意差があると見なす。なお，5％の有意水準で有意差があった場合には $p < 0.05$，1％の水準では $p < 0.01$，有意差がないときには $n.s.$ と略記される。

例題 5　標本平均と母平均の差の検定（母分散が未知の場合）

　ある組合の婦人部が性別による賃金差別をなくするようにと，会社側に要求をつきつけた。これに対して会社の給与担当者は次のように回答した。「例えば入社10年後の大卒男子の基準給与は35万円であるが，同じ経験年数の大卒女子10人の給与を調べてみたら，次の表の通りであった。男子の平均より高い給与をもらっている女子社員もいるので，性差別はない」。組合婦人部はなお，性別による給与差があると主張できるだろうか。

　28　34　38　26　29　33　35　31　36　27（単位　万円）

　組合婦人部では，たまたま男子の平均より高い給与をもらっている女子社員がいるかどうかではなく，あくまでも男女の給与の平均値に差があるかどうかが問題な

のだと考えた。そこで，2つの母平均値間には差がない（$\mu=\mu_0$）という帰無仮説（H_0）を立てて検定を行なうことにした。この場合には，対立仮説（H_1）は，女子の給与平均値の方が低い（$\mu<\mu_0$）ということになろうが，高い（$\mu>\mu_0$）という可能性も考慮して，両側検定をすることにした。ここで，男子の母平均値（μ_0）はわかっているが，母標準偏差（σ_0）は明らかでない。このために，上に示した女子の標本より得られる標準偏差（式[7-1-2]によるs）をσ_0の推定値とした。すると女子の平均値と標準偏差は，$\bar{X}=31.7$万円，$s=4.1$万円となるので，式[7-5]より

$$t_0=(31.7-35.0)/(4.1/\sqrt{10})=-2.54 \quad df=10-1=9 \quad p<0.05$$

となる。ここでt表の$df=9$のところをみると，$t_{0.05}=2.26$（両側検定）であるから，このt_0値（$|t_0|=2.54$）は5％の棄却域に入る。したがって，帰無仮説は棄却され，男女の給与には有意差があることになる。すなわち，女子の給与の方が男子より有意に低いと認められる。

7.6 対応のある2つの平均値の差の検定

次に，2つの標本の平均間に差があるかどうかの検定について考えてみよう。この場合にも，たまたま得られた2つの標本平均の差に基づいて，それぞれの標本が代表する母集団の平均に差があるといい得るかどうかを検定することになる。

まず，対応のある2つの平均の差の検定について述べることにしよう。ここで，**対応**とは，①同一被験者を異なる条件下で観察・測定する「繰り返し」と，②異なる被験者であっても，同一条件下で観測すれば従属変数の値が等しくなるような，類似した特性をもつ被験者の「対（ペア）」をつくり（マッチング），対になった2人を別々の条件に無作為に割りあてる手続きをいう。よく使われる対には1卵性双生児の対があるが，実験や調査によっては，きょうだいや同レベルの知能，社会的地位などでマッチングしたものも使われる。こうして厳密な「対応」関係をつくっておくと，多くの場合「繰り返し」や「対」の間にわずかでも観測値の差が見出せれば，それはほかの要因によるのではなく，実験条件の違いによって生じたものだと見なすことができ，それだけ敏感に条件差をとらえることができる。

例題 ⑥　2つの平均値の差の検定（対応のある場合）

ランダムに選んだ16人の被験者に，強い騒音を聞かせる「ストレスあり条件」と，騒音のない「ストレスなし条件」で，各1時間ずつ仕事をさせ，その作業量を比較したところ，表 7・6 のようになった。この結果から，「ストレスなし条件」と「ストレスあり条件」との平均の間に差があるといえるだろうか。また，「ストレスなし条件」の方が，「ストレスあり条件」よりも成績がよいといえるだろうか。

各被験者は2回ずつ作業量を測定されているので，それぞれに1対の測定値 (X_1, X_2) がある。したがって表 7・6 の右列のように，被験者ごとに測定値の差 ($D=X_1-X_2$) を計算できる。「ストレスなし条件」の方が「ストレスあり条件」より成績がよいなら，その差の平均値 ($\bar{D}$) は正の値になり，逆なら負の値に，また差がないなら，$\bar{D}$ はゼロになるはずである。

さて，条件ごとの得点 X_1 と X_2 が正規分布 (μ_1, σ_1^2)，(μ_2, σ_2^2) しているなら，その差の得点 ($D=X_1-X_2$) も正規分布 (μ_D, σ_D^2) する。したがって，差の平均値 ($\bar{D}$) の標本分布も正規分布 ($\mu_{\bar{D}}$, $\sigma_{\bar{D}}^2$) することになる（もちろん，差の平均は平均の差でもあるので $\bar{D}=\bar{X}_1-\bar{X}_2$)。

ここで，母集団では2つの平均間に差がなく，その差 (D) の平均 ($\bar{D}$) はゼロである ($\mu_D=\mu_1-\mu_2=0$) という帰無仮説 (H_0) を立ててみる（対立仮説は $\mu_D=\mu_1-\mu_2\neq 0$)。すると，その差の平均値 ($\bar{D}$) の標本分布は，平均値の期待値 $\mu_{\bar{D}}=\mu_D=\mu_1-\mu_2=0$，標準誤差 $\sigma_{\bar{D}}=\sigma_D/\sqrt{N}$ の正規分布に従うことになる。したがって，この $\bar{D}$ の標準得点 (z) は，$z=(\bar{D}-\mu_{\bar{D}})/\sigma_{\bar{D}}=\bar{D}/(\sigma_D/\sqrt{N})$ となる（$\mu_{\bar{D}}=0$ であるから）。

表 7・6　ストレスの有無による作業量の差

被験者	ストレス なし (X_1)	ストレス あり (X_2)	差 (D)
1	9	8	1
2	13	10	3
3	10	7	3
4	7	9	-2
5	11	10	1
6	8	8	0
7	9	10	-1
8	8	8	0
9	10	6	4
10	9	9	0
11	10	8	2
12	15	13	2
13	11	11	0
14	6	7	-1
15	12	10	2
16	9	8	1
Σ	157	142	15
$\bar{X}$	9.81	8.88	0.94
s	2.26	1.75	1.65

ここで差の有無のみを問題とする両側検定として棄却域を5％と定めると，付表1の正規分布の表より，$|z|≧1.96$ なら，帰無仮説を棄却して，2つの平均値の差（差の平均値）は有意だと判断する。また，$|z|<1.96$ なら，この差が偶然の差である可能性を否定できないので，帰無仮説を棄却できず，有意差はないと結論することになる。また片側検定として考えると，正規分布表より $|z|≧1.65$ ならば有意とする。これが対応のある場合の平均値の差の検定の基本的な考え方である。

ただし，この例でもそうであるが，母集団の $σ_D$ はふつうはわからない。このため通常は，$σ_D$ の代わりに s_D を用いて $\bar{D}$ を標準得点に変換する。この場合には，$s_{\bar{D}}=s_D/\sqrt{N}$ であり，また上に述べたように $μ_{\bar{D}}=0$ であるから，

$$t_0=(\bar{D}-μ_{\bar{D}})/s_{\bar{D}}=\bar{D}/(s_D/\sqrt{N}) \qquad [7\text{-}6\text{-}1]$$

この分布は $df=N-1$ の t 分布に従う。

これを直接ロー・データから計算する場合には，

$$t_0=\frac{|\sum D/N|}{\sqrt{\dfrac{N\sum D^2-(\sum D)^2}{N^2(N-1)}}} \qquad [7\text{-}6\text{-}2]$$

したがって，あとは t 表によって，この t 値が5％の臨界値以上になっているかどうかを確かめれば，帰無仮説を棄却し得るかどうかの判定が下せる。

表7・6の例について実際に計算してみると，ここではすでに $\bar{D}$ と s_D が計算ずみなので，これを式［7-6-1］に代入すると，

$$t_0=0.94/(1.65/\sqrt{16})=2.28 \quad (df=16-1=15) \quad p<0.05$$

となる。ここで付表3の t 表をみると，両側検定で $df=15$ のときの5％の棄却値は $t_{0.05/2}(15)=2.13$ なので，計算した t_0 値はこれより大きい。したがってこの場合には，帰無仮説を棄却し，2つの平均値には有意差があると判断する。また，片側検定の場合にも，表の t の臨界値は1.75であるから，差は有意となり，「ストレスなし条件」の方が「ストレスあり条件」より作業量が大であったと結論を下すことになる。なお，式［7-6-2］を用いても同じ結果になる。

また，この例では「繰り返し実験」を行なっているが，もちろん「対」をつくることもできる。この場合には当然のことながら，当該の作業能力が等しいと期待される被験者どうしを対にすることになる。被験者をマッチングできる場合には，あらかじめ対をつくっておくと，一般に，被験者をランダムに2条件に割り振る場合よりも，対間のわずかの差異でも敏感にとらえられるので，それだけ検定力が高まる。

7.7　独立した2つの平均値の差の検定

次に対応がない場合，すなわち2つの独立した平均値の差の検定について考えてみよう。この場合には，2つの平均値の差 ($\overline{X}_1-\overline{X}_2$) の標本分布を考え，その理論分布に照らして，$\overline{X}_1-\overline{X}_2$ が特定の値をとる確率を求めることができれば，それで検定が可能だということがわかるだろう。

そこで，平均値の差 ($\overline{X}_1-\overline{X}_2$) の標本分布について考えてみると，2つの母集団が，それぞれ正規分布 (μ_1, σ_1^2), (μ_2, σ_2^2) しているとき，それぞれの母集団から独立に大きさ N_1, N_2 の標本を抽出して，その平均値 $\overline{X}_1$, $\overline{X}_2$ を算出すると，その差 ($d=\overline{X}_1-\overline{X}_2$) の標本分布の平均値が，

$$\mu_d = \mu_1 - \mu_2$$

であり，その標準誤差が2つの誤差分散の和の平方根となり，正規分布する（図7・7 参照）。

$$\sigma_d = \sqrt{\sigma_{\overline{X}_1}^2 + \sigma_{\overline{X}_2}^2} = \sqrt{\sigma_1^2/N_1 + \sigma_2^2/N_2} \qquad [7\text{-}7\text{-}1]$$

	X_1の分布	X_2の分布	
	$\overline{X}_{11}$	$\overline{X}_{21}$	$\overline{X}_{11}-\overline{X}_{21}$
	$\overline{X}_{12}$	$\overline{X}_{22}$	$\overline{X}_{12}-\overline{X}_{22}$
	⋮	⋮	⋮
平均値	μ_1	μ_2	$\mu_1-\mu_2$
誤差分散	$\dfrac{\sigma_1^2}{N_1}$	$\dfrac{\sigma_2^2}{N_2}$	$\dfrac{\sigma_1^2}{N_1}+\dfrac{\sigma_2^2}{N_2}$
標準誤差	$\dfrac{\sigma_1}{\sqrt{N_1}}$	$\dfrac{\sigma_2}{\sqrt{N_2}}$	$\sqrt{\dfrac{\sigma_1^2}{N_1}+\dfrac{\sigma_2^2}{N_2}}$

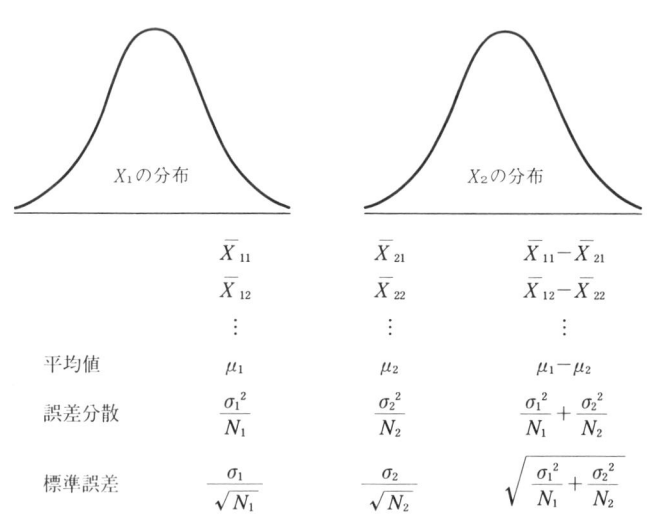

図7・7　2つの母集団から抽出した平均値と平均値の差の標本分布

ただし，一般には母標準偏差 σ_1, σ_2 はわからないので，$\bar{X}_1-\bar{X}_2$ の標本分布の標準誤差 (σ_d) は，次のように統計量 s_1, s_2 からの推定値 (s_d) を使う。この場合には，$\bar{X}_1-\bar{X}_2$ の標本分布は正規分布ではなく，t 分布となる。

$$s_d = \sqrt{s_{\bar{X}_1}^2 + s_{\bar{X}_2}^2} = \sqrt{s_1^2/N_1 + s_2^2/N_2} \qquad [7\text{-}7\text{-}2]$$

ここで，今までの検定の場合と同様に，2つの母集団の平均値間には差がないという帰無仮説 ($\mu_1-\mu_2=0$) を立てる。すると，平均値の差 ($\bar{X}_1-\bar{X}_2$) の標本分布における平均値は，帰無仮説により，$\mu_d=\mu_1-\mu_2=0$ であるから，

$$t_0 = \frac{|(\bar{X}_1-\bar{X}_2)-\mu_d|}{s_d} = \frac{|\bar{X}_1-\bar{X}_2|}{\sqrt{s_1^2/N_1+s_2^2/N_2}} \qquad [7\text{-}7\text{-}3]$$

もちろんこの式は，2つの母集団は正規分布しており（**正規分布仮説**），2つの標本は独立に抽出されている（**独立仮説**）ことを前提として成立する。

ここでさらに，**等分散仮説**，すなわち両母集団においては分散が等しい ($\sigma_1^2=\sigma_2^2$) という仮説を立てると，その分散推定値 (s^2) は，$s^2=s_1^2=s_2^2$ となり，式 [7-7-2] より，$\bar{X}_1-\bar{X}_2$ の標準誤差は，

$$s_d = \sqrt{s^2(1/N_1+1/N_2)} \qquad [7\text{-}7\text{-}4]$$

この場合には，s^2 は次式のように s_1^2 と s_2^2 を自由度で重みづけた加重平均によって推定できる。

$$s^2 = \frac{(N_1-1)s_1^2+(N_2-1)s_2^2}{(N_1-1)+(N_2-1)}$$

したがって t_0 の式は，

$$t_0 = \frac{|\bar{X}_1-\bar{X}_2|}{\sqrt{\frac{(N_1-1)s_1^2+(N_2-1)s_2^2}{N_1+N_2-2}\left(\frac{1}{N_1}+\frac{1}{N_2}\right)}} \qquad [7\text{-}7\text{-}5]$$

これは $df=N_1+N_2-2$ の t 分布に従う。よって，この df の t 分布において，計算した t 値が5％の両側確率の臨界値 ($t_{0.05}$) 以上になるかどうかを付表3の t 表によって確かめればよい。

なお素データからの計算には，次の式を用いればよい。

$$t_0 = \frac{|\overline{X}_1 - \overline{X}_2|}{\sqrt{\dfrac{\sum X_1^2 - (\sum X_1)^2/N_1 + \sum X_2^2 - (\sum X_2)^2/N_2}{N_1 + N_2 - 2}\left(\dfrac{1}{N_1} + \dfrac{1}{N_2}\right)}}$$

[7 - 7 - 6]

例題 7　2つの平均値の差の検定（独立の場合）

　先入観が対人認知に及ぼす影響を見るために，20人の被験者をランダムに10人ずつ2群に分け，どちらの群にも「1人の中年の男性が1人の青年に面接をしている」同じビデオを見せた。ただし，ビデオを見せる前に，一方の群には「この青年はカウンセリングを受けているところです」という情報を教示によって与え，他方の群には「この青年は就職面接を受けているところです」という情報を与えた。このビデオを見たあとで，被験者は被面接者の青年の不安の強さを評定させられた。その評定結果が表 7・7 である。先入観は不安の評定に影響を与えているといえるだろうか。

表 7・7　認知した不安の強度

									計	平均	標準偏差(s)
カウンセリング条件	7	8	5	6	9	7	8	5	7	6	68	6.8	1.3
就職面接条件	6	4	7	5	3	5	6	5	4	2	47	4.7	1.5

　この場合には，教示によって認知した不安の強度に教示によって有意な差が生じたかどうかを検定することになる。一見しただけでも，平均値にはかなりの差が認められるが，2つの平均値間には差がないという帰無仮説を立てて，式 [7 - 7 - 5] より t 値を計算してみよう。

$$t_0 = \frac{|6.8 - 4.7|}{\sqrt{\dfrac{(10-1)\times 1.3^2 + (10-1)\times 1.5^2}{10+10-2}\left(\dfrac{1}{10} + \dfrac{1}{10}\right)}} = 3.33$$

$$df = 10 + 10 - 2 = 18 \quad p < 0.01$$

式［7-7-6］を用いて素データから求めれば，

$\sum X_1^2 = 7^2 + 8^2 + \cdots + 6^2 = 478$, $\sum X_2^2 = 6^2 + 4^2 + \cdots + 2^2 = 241$ として

$$t_0 = |6.8 - 4.7| \Big/ \sqrt{\frac{478 - 68^2/10 + 241 - 47^2/10}{10 + 10 - 2}\left(\frac{1}{10} + \frac{1}{10}\right)} = 3.33$$

t 表をみると，この t 値は $t_{0.01}(18) = 2.88$（両側確率）を上回っている。このことは，帰無仮説が成立する可能性が 1% 以下だということであるから，この場合には帰無仮説を棄却し，2つの平均値間には 1% 以下の有意水準で差があると判断される。すなわち被験者は，「カウンセリングを受けている青年だ」と教示された場合には，「就職面接を受けている青年だ」と教示された場合よりも，その青年の不安の強さをより強いと認知しており，先入観の影響が見られることがわかった。

例題 8　2つの平均値の差の検定

2つの新設公立高校 A，B があり，両校の生徒の学力はその高校の入試成績でみる限り差がない。さて A 校は厳格な生徒指導を特色とし，B 校は生徒の自主性を尊重することで特色を出している。このような生徒指導の違いが生徒の学力にどのような影響を及ぼすのかを，開設 3 年後の標準学力検査で調べてみた。その結果，5 教科の総合成績の平均値が，A 校は $N_1 = 1213$，$\overline{X}_1 = 317.8$，$s_1 = 39.5$ であり，B 校は $N_2 = 1186$，$\overline{X}_2 = 314.6$，$s_2 = 40.6$ であった。両校の生徒の学力に差があるといえるだろうか。なお，満点は 500 点である。

両校の平均値間には，$317.8 - 314.6 = 3.2$ 点の差があるが，これを 100 点満点に換算してみると，わずかに 0.64 点の差にすぎない。これは問題にするほどの差ではないが，一応念のために t 検定をしてみよう。平均値と標準偏差が算出ずみなので，これを式［7-7-5］に代入すると，

$$t_0 = \frac{|317.8 - 314.6|}{\sqrt{\frac{(1213-1) \times 39.5^2 + (1186-1) \times 40.6^2}{1213 + 1186 - 2} \times \left(\frac{1}{1213} + \frac{1}{1186}\right)}} = 1.96$$

$$df = 1213 + 1186 - 2 = 2397 \quad p < 0.05$$

付表3のt表をみると,このt値は両側確率5%の臨界値$t_{0.05}(\infty)=1.96$に等しい。したがって,2つの平均値間には5%の有意水準で差があるということになる。しかし,有意差があったといっても,両群の平均値の差は極めてわずかであり,これをもってA校の先生が得意になるわけにはいくまい。この例のように標本数が多いと,平均値間にわずかの差しかなくても,統計的には有意となりやすいのである。統計的検定を行なう場合には,このようなことにも留意することが必要である(**6.7**の②,p.87参照)。

7.8 分散の等質性の検定

上記のようにt検定は,2つの母集団が正規分布しており,その分散が等質であること($\sigma_1^2=\sigma_2^2$)を前提としてすすめられる。しかしすでに述べたように,母集団の正規性が保証されなくても,標本の大きさ(N)が大になれば,$\bar{X}$の標本分布は中心極限定理により正規分布に近づくので,t分布へのあてはまりもよくなり,t検定は問題なく実行できる。また等分散仮説についても,Nが十分大で,N_1とN_2に大きな違いがなければ,検定の結果にはあまり影響しない。

しかし小標本の場合には,正規分布や等分散の仮説が重要な意味を持ってくる。とくに分散の等質性は,t検定に先立って確認しておくべきだと考えられている。

分散の等質性の検定は,分散の比がF分布(図7・8参照)するという性質を利用して行なわれる。すなわち,分散の等しい($\sigma_1^2=\sigma_2^2$)2つの母集団から,それぞれ大きさN_1,N_2の標本を抽出し,その分散をs_1^2,s_2^2とすると分散比は次の式で表わされる。

$$F=s_1^2/s_2^2 \qquad [7\text{-}8\text{-}1]$$

このF値は分子の自由度がN_1-1,分母のそれがN_2-1のF分布(付表6-1,6-2参照)に従うことがわかっている。もちろん等分散仮説が成立するなら,このF値は1前後になるだろう。2つの分散に違いがあるなら,分子の方が大きいときは1より大きな値をとり,分母の方が大きいときは0に近く

なる。したがってこの理論分布からこの F 値の得られる確率を推定すればよい。

ところで，図 7・8 をみればわかるように，F 分布は，2つの自由度によってその形状が変わり，正規分布や t 分布とは異なって，左右対称ではない。右すそがなだらかに尾をひいた形をしており，その確率密度は，0～1 の間に 50%，1 以上が 50% となっている。当然のことながら，0～1 間の確率密度は F 値のわずかの違いで大きく変わるので読みとりにくい。したがって，分散比の検定の場合には慣例的に，大きい方の分散を分子に，小さい方の分散を分母にして F 値を計算し，読みとりやすい右すその分布の確率をみるようにしている。この確率は付表 6‐1（F 分布表）で読みとる。分子の自由度を n_1（表の上側），分母の自由度を n_2（表の左側）にとって，両者の交差する位置をみると，2つの数値が示されている。例えば $n_1=5$，$n_2=10$ の場合には，上の方に細字の 3.33，下の方に太字の 5.64 が認められる。これらの数値は，それぞれ 5% と 1% の有意水準で帰無仮説を棄却しうる片側検定の場合の臨界値を表わしている。

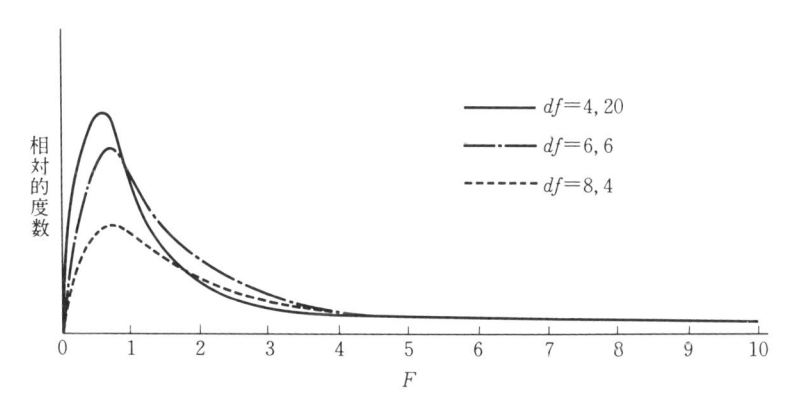

図 7・8　F 分布の確率密度曲線

ただしこのような計算法をとっても，等分散仮説の棄却の際には，$\sigma_1^2 > \sigma_2^2$ だけでなく，$\sigma_1^2 < \sigma_2^2$ の可能性も考慮しなければならない。したがって，この場合の F 検定は両側検定となり，その確率を 2 倍にしたものが等分散仮説の

成立する確率となる。今までの検定の場合と同様に、これが5％以下つまり付表6-2で2.5％で棄却できるなら等分散仮説を棄却することになる。

> **例題 ⑨　分散の等質性の検定**
>
> 「芸術家は非同調的で、あまり他者の判断に影響されない」という仮説を検証するために、画家9人と、サラリーマン10人に「判断の独立性尺度」を実施した。その結果は次の通りとなった（数値は大きいほど独立性が高いものとする）。t 検定を行なうつもりであるが、両群の分散は等質といえるだろうか。
>
> 芸術家群　　　　32　25　53　27　18　40　47　56　22
> サラリーマン群　27　24　28　15　17　29　10　18　30　25

各群の平均値と標準偏差を計算すると、芸術家群では、$\bar{X}_1=35.6$, $s_1=14.0$, サラリーマン群では、$\bar{X}_2=22.3$, $s_2=6.8$ であった。$s_1^2 > s_2^2$ なので、大きい方を分子にした分散比（F）は、

$$F_0 = \frac{s_1^2}{s_2^2} = \frac{14.0^2}{6.8^2} = 4.18 \quad \left(\text{ただし} \quad \begin{matrix} df_1 = 9-1 = 8 \\ df_2 = 10-1 = 9 \end{matrix} \right)$$

ここで、付録の F 表により5％の臨界値を探すことになるが、前述のようにこの場合には両側検定をしなければならない。ということは、片側の確率が2.5％（したがって両側なら、$0.025 \times 2 = 0.05$）になるところをみることになる。そこで付表6-2で分子の自由度（$df_1=8$）と分母の自由度（$df_2=9$）とが交差する部分をみると、4.10という数値を読みとることができる。これが両側検定の場合の5％の臨界値である。もし F 値がこの5％の臨界値より小さければ、等分散仮説は棄却できず、2つの分散は一応等質であると見なして、［7-7-5］式（p.107）による t 検定をすすめることになる。しかし、上に計算した $F_0=4.18$ は5％の臨界値 $F_{0.05}(8, 9)=4.10$ より大きい。したがって、等分散仮説は5％水準で棄却され、この例ではそのまま t 検定するのは不適切だということになる。

7.9 等分散仮説が成立しない場合の平均値の差の検定

それでは，等分散仮説が F 検定によって棄却されたとしたら，どうすればよいのだろうか。ここで，等分散を仮定する前の式 [7-7-3] にまでもどると，

$$t_0 = \frac{|\bar{X}_1 - \bar{X}_2|}{\sqrt{s_1^2/N_1 + s_2^2/N_2}} \qquad [7\text{-}7\text{-}3]（再掲）$$

この t 値は，前に $df = N_1 + N_2 - 2$ の t 分布に従うと述べたが，等分散仮説が成り立たない場合には，t 分布には従わない。しかし，ウェルチ（Welch, B. L.）によると，自由度を次のように修正すれば t 分布に従うものと見なしうる。

$$df = \frac{(s_1^2/N_1 + s_2^2/N_2)^2}{\dfrac{(s_1^2/N_1)^2}{N_1 - 1} + \dfrac{(s_2^2/N_2)^2}{N_2 - 1}} \qquad [7\text{-}9]$$

この値は，$N_1 - 1$ あるいは $N_2 - 1$ の小さい方と，$N_1 + N_2 - 2$ との中間に位置する。なお，小数以下は切り捨てて整数にすればよい。したがって，このあとは通常の t 検定と同様に，t 表を参照して帰無仮説を棄却し得るかどうかの判定を下せばよいのである。

例題 10　2つの平均値の差の検定（分散が等しくない場合）

例題9の芸術家群とサラリーマン群の「判断の独立性」の差をウェルチの方法で検定せよ。

すでに例題9で計算した平均値と分散を上式に代入すると，

$$t_0 = \frac{|35.6 - 22.3|}{\sqrt{14.0^2/9 + 6.8^2/10}} = 2.58$$

$$df = \frac{(14.0^2/9 + 6.8^2/10)^2}{\dfrac{(14.0^2/9)^2}{9-1} + \dfrac{(6.8^2/10)^2}{10-1}} = 11.35 \fallingdotseq 11 \quad p < 0.05$$

すなわちこの場合，$df = 11$，$t = 2.58$ であり，これは付表3の t 分布表による $t_{.05}$

(11)＝2.20（両側検定の場合）より大きいので，両群の平均値には5％水準で有意差があるということになる。したがって，芸術家群（$\bar{X}_1=35.6$）の方がサラリーマン群（$\bar{X}_2=22.3$）より判断の独立性が有意に高いと結論できる。

練習問題

1. WISC 知能検査では，IQ が $\mu=100$, $\sigma=15$ の正規分布になるとされている。
(1) $N=64$ のとき，平均値の標本分布はどのようになるか。
(2) 平均値の標本分布の分散を減少させるにはどうすればよいか。
(3) $\sigma_{\bar{X}}=1.00$ とするには，N をいくらにすればよいか。

2. ある大学で使われている教科書の価格を調べてみたら，平均 2300 円，標準偏差が 850 円であった。
(1) ランダムに 16 種類の教科書を標本として抽出したとき，価格の平均値の標本分布はどのようになるか。
(2) ランダムに抽出した 16 種類の教科書の平均価格が 1800 円以下になる確率はどれくらいか。

3. ある学生が年度初めに購入した教科書は全部で 9 冊で，その価格は次の通りであった。
　　　2500　3000　950　1380　3900　2200　1980　2620　1030（円）
(1) このデータから平均値とその 95％の信頼区間を求めよ。
(2) この標本は，前問の母集団から抽出した標本と見なすことができるか。

4. 自己意識理論によれば,「自己意識が高まる(注意が自己に焦点づけられる)と,自己を厳しく評価するようになって,自己評価が低下する」といわれている。そこでこの仮説を検証するために,実験群 ($N=15$) には鏡に対面させて自己意識を高めた状態で自己評価をさせ,対照群 ($N=16$) には鏡なしで自己評価をさせて,自己評価得点に差が生じるか否かを検討した。その結果,両群の自己評価得点は次の通りとなった(高得点ほど自己評価が高いものとする)。2 群の平均に差があるといえるか。

実験群　12　26　35　18　43　25　26　37　19　28　36　24　29　23　30
対照群　23　35　28　49　37　30　26　45　29　33　41　38　25　34　33　42

5. 自己意識と自己評価との関係をみるために,問題 **4** とまったく同じ条件を設定して実験を行なった。ただし今回は 10 人の被験者に,まず鏡なしの対照条件で自己評価をさせ,つづいて鏡ありの実験条件で自己評価をさせて,どちらの条件で自己評価が高いかをみた。その結果は次の通りである。

被験者	1	2	3	4	5	6	7	8	9	10
対照条件	30	32	44	26	40	17	21	29	35	43
実験条件	29	32	43	27	37	16	21	28	35	41

(1) 2 つの条件の平均に差があるといえるかどうか検定せよ。
(2) この解析結果と問題 **4** との間に違いがあるとすれば,それにはどういう理由が考えられるか。
(3) この実験手続きには不適切なところがある。それを指摘し,どのように改善すればよいか述べよ。

第 8 章

ノンパラメトリック検定

　一般に母集団の分布に依存しないで行なう検定方法を、ノンパラメトリック検定法と呼ぶ。われわれが入手できるデータでは、正規分布などの特定の分布がいつも仮定できるとは限らない。とくに、心理学・社会学・教育学などの人文科学系のデータでは、分布が偏っていたり、測定が間隔尺度や比率尺度の量でなくて、名義尺度や順序尺度によるものであることも多い。そこで、そのような場合にはノンパラメトリック検定法が用いられ、この検定法では、標本がどのような分布をなす母集団から抽出されたかを問う必要はなく、また分布の形には依存していても、それに含まれる母数の値には関係しない。

8.1　カイ自乗（χ^2）検定

　第1章で述べたように、われわれの扱うデータにはさまざまなレベルのものがあるが、**カイ自乗（χ^2）検定**は、それらの中で質的なデータに関する検定法である。そこで例えば、性別・年齢別・地域別・課題別といった質的変数に与えられる計数値としての人数、個数、回数などの度数やそれらから算出される比率の差はこの方法によって検定される。

　カイ自乗検定をコイン投げの例によって説明しよう。コインを100回投げたところ、表が45回、裏が55回出たとする。コインに特別な仕掛けや歪みがないとすると、表と裏の出現確率は等しいという帰無仮説から理論的に期待

表 8・1a　コイン投げの結果

	観察度数（O）	期待度数（E）
表	45	50
裏	55	50
	100	100

7.9　等分散仮説が成立しない場合の平均値の差の検定

それでは，等分散仮説が F 検定によって棄却されたとしたら，どうすればよいのだろうか。ここで，等分散を仮定する前の式 [7-7-3] にまでもどると，

$$t_0 = \frac{|\overline{X}_1 - \overline{X}_2|}{\sqrt{s_1^2/N_1 + s_2^2/N_2}} \quad \text{[7-7-3]（再掲）}$$

この t 値は，前に $df = N_1 + N_2 - 2$ の t 分布に従うと述べたが，等分散仮説が成り立たない場合には，t 分布には従わない。しかし，ウェルチ（Welch, B. L.）によると，自由度を次のように修正すれば t 分布に従うものと見なしうる。

$$df = \frac{(s_1^2/N_1 + s_2^2/N_2)^2}{\dfrac{(s_1^2/N_1)^2}{N_1 - 1} + \dfrac{(s_2^2/N_2)^2}{N_2 - 1}} \quad \text{[7-9]}$$

この値は，$N_1 - 1$ あるいは $N_2 - 1$ の小さい方と，$N_1 + N_2 - 2$ との中間に位置する。なお，小数以下は切り捨てて整数にすればよい。したがって，このあとは通常の t 検定と同様に，t 表を参照して帰無仮説を棄却し得るかどうかの判定を下せばよいのである。

例題 10　2つの平均値の差の検定（分散が等しくない場合）

例題9の芸術家群とサラリーマン群の「判断の独立性」の差をウェルチの方法で検定せよ。

すでに例題9で計算した平均値と分散を上式に代入すると，

$$t_0 = \frac{|35.6 - 22.3|}{\sqrt{14.0^2/9 + 6.8^2/10}} = 2.58$$

$$df = \frac{(14.0^2/9 + 6.8^2/10)^2}{\dfrac{(14.0^2/9)^2}{9-1} + \dfrac{(6.8^2/10)^2}{10-1}} \fallingdotseq 11.35 \fallingdotseq 11 \quad p < 0.05$$

すなわちこの場合，$df = 11$，$t = 2.58$ であり，これは付表3の t 分布表による $t_{.05}$

(11)＝2.20（両側検定の場合）より大きいので，両群の平均値には5％水準で有意差があるということになる。したがって，芸術家群（$\overline{X}_1=35.6$）の方がサラリーマン群（$\overline{X}_2=22.3$）より判断の独立性が有意に高いと結論できる。

練習問題

1. WISC 知能検査では，IQ が $\mu=100$, $\sigma=15$ の正規分布になるとされている。
 (1) $N=64$ のとき，平均値の標本分布はどのようになるか。
 (2) 平均値の標本分布の分散を減少させるにはどうすればよいか。
 (3) $\sigma_{\overline{X}}=1.00$ とするには，N をいくらにすればよいか。

2. ある大学で使われている教科書の価格を調べてみたら，平均 2300 円，標準偏差が 850 円であった。
 (1) ランダムに 16 種類の教科書を標本として抽出したとき，価格の平均値の標本分布はどのようになるか。
 (2) ランダムに抽出した 16 種類の教科書の平均価格が 1800 円以下になる確率はどれくらいか。

3. ある学生が年度初めに購入した教科書は全部で 9 冊で，その価格は次の通りであった。
　　　　2500　3000　950　1380　3900　2200　1980　2620　1030（円）
 (1) このデータから平均値とその 95 ％の信頼区間を求めよ。
 (2) この標本は，前問の母集団から抽出した標本と見なすことができるか。

4. 自己意識理論によれば,「自己意識が高まる(注意が自己に焦点づけられる)と,自己を厳しく評価するようになって,自己評価が低下する」といわれている。そこでこの仮説を検証するために,実験群 ($N=15$) には鏡に対面させて自己意識を高めた状態で自己評価をさせ,対照群 ($N=16$) には鏡なしで自己評価をさせて,自己評価得点に差が生じるか否かを検討した。その結果,両群の自己評価得点は次の通りとなった(高得点ほど自己評価が高いものとする)。2 群の平均に差があるといえるか。

実験群　12　26　35　18　43　25　26　37　19　28　36　24　29　23　30
対照群　23　35　28　49　37　30　26　45　29　33　41　38　25　34　33　42

5. 自己意識と自己評価との関係をみるために,問題 **4** とまったく同じ条件を設定して実験を行なった。ただし今回は 10 人の被験者に,まず鏡なしの対照条件で自己評価をさせ,つづいて鏡ありの実験条件で自己評価をさせて,どちらの条件で自己評価が高いかをみた。その結果は次の通りである。

被験者	1	2	3	4	5	6	7	8	9	10
対照条件	30	32	44	26	40	17	21	29	35	43
実験条件	29	32	43	27	37	16	21	28	35	41

(1) 2 つの条件の平均に差があるといえるかどうか検定せよ。
(2) この解析結果と問題 **4** との間に違いがあるとすれば,それにはどういう理由が考えられるか。
(3) この実験手続きには不適切なところがある。それを指摘し,どのように改善すればよいか述べよ。

第8章

ノンパラメトリック検定

　一般に母集団の分布に依存しないで行なう検定方法を，ノンパラメトリック検定法と呼ぶ。われわれが入手できるデータでは，正規分布などの特定の分布がいつも仮定できるとは限らない。とくに，心理学・社会学・教育学などの人文科学系のデータでは，分布が偏っていたり，測定が間隔尺度や比率尺度の量でなくて，名義尺度や順序尺度によるものであることも多い。そこで，そのような場合にはノンパラメトリック検定法が用いられ，この検定法では，標本がどのような分布をなす母集団から抽出されたかを問う必要はなく，また分布の形には依存していても，それに含まれる母数の値には関係しない。

8.1　カイ自乗（χ^2）検定

　第1章で述べたように，われわれの扱うデータにはさまざまなレベルのものがあるが，**カイ自乗（χ^2）検定**は，それらの中で質的なデータに関する検定法である。そこで例えば，性別・年齢別・地域別・課題別といった質的変数に与えられる計数値としての人数，個数，回数などの度数やそれらから算出される比率の差はこの方法によって検定される。

　カイ自乗検定をコイン投げの例によって説明しよう。コインを100回投げたところ，表が45回，裏が55回出たとする。コインに特別な仕掛けや歪みがないとすると，表と裏の出現確率は等しいという帰無仮説から理論的に期待

表 8・1a　コイン投げの結果

	観察度数 (O)	期待度数 (E)
表	45	50
裏	55	50
	100	100

される度数（**期待度数**）は，表と裏それぞれ50回であり，これを表に表わすと，表8・1aのようになる。

このような場合，観察度数（O）と期待度数（E）との差の平方和の期待度数に対する比の和はχ^2分布に従う。これを式に表わすと，kをカテゴリー数として

$$\chi_0^2 = \sum_{i=1}^{k} \frac{(O-E)^2}{E} \qquad df = k-1 \qquad [8\text{-}1]$$

（χ_0^2は計算されたχ^2値を示す）

この式の計算過程を示したのが表8・1bであり，この表の右下に求めた1.00が式[8-1]によるχ^2値となる。

表 8・1b　式 [8-1] の計算過程

	O	E	$O-E$	$(O-E)^2$	$(O-E)^2/E$
表	45	50	-5	25	0.50
裏	55	50	$+5$	25	0.50
					1.00

この場合，表と裏の出現回数は，両方で100回になるのであって，互いに独立の値ではない。つまり，片方の値（例えばX）が決まればもう一方の値（$100-X$）も決まる，という形で片方の値のみが自由に変化する。そこで，この場合，自由度（df）=2-1=1 である。

上述のようなコインの100回投げのたびにそれぞれχ^2の値が得られ，これを何回もくり返すと，自由度1の場合のχ^2の値の分布が得られる。またコインの代わりにサイコロを投げるとすると，サイコロの目は6個あるから自由度が$df=6-1=5$の場合のχ^2分布が得られる。

いろいろな自由度に応じたカイ自乗分布を理論的に算出した

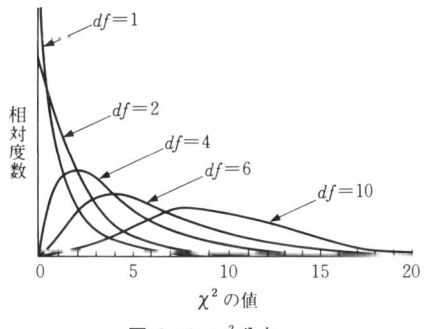

図 8・1　χ^2分布

ものが付表4 (p.224) であり，図 8・1 はさまざまな自由度におけるカイ自乗分布の曲線である。

8.2　χ^2 検定の手順

χ^2 検定を行なうにあたっての実際の手順は次の通りである。

① 2つ以上のカテゴリーの観察度数あるいは比率には差はない，という帰無仮説を立てる。

② 有意水準 (α) を決める。この場合，他の有意差検定と同様に，5％や1％の水準がよく用いられる。

③ χ^2 の値を式 [8-1] に基づいて算出する（これは基本式であり，簡単な場合は，この公式のまま計算できるが，その他の場合の実際の計算式は，それぞれの個所で説明する）。

④ 自由度を求める（表 8・1a では $df=2-1=1$）。

⑤ 付表4のカイ自乗分布より，求められた χ_0^2 の値が，その自由度において有意水準 (α) で棄却域に入るときは，その水準で帰無仮説を棄却する。また，もし χ_0^2 の値が棄却域に入らない場合は，判断を保留する。

8.3　カテゴリー数が k の場合の χ^2 検定

> **例題 1**　χ^2 検定（カテゴリー数 $k=2$ の場合）
> 　ある町で，町民の中から300人を任意に抽出して，新しい施設の建設について意見をきいたところ，賛成が133人，反対が167人であった。賛成率（133/300）と反対率（167/300）を比べて，回答が一方に偏っているといえるだろうか。

まず，結果を表 8・3a のようにまとめる。

表 8・3a

	賛成	反対	計
O	133	167	300
E	150	150	300

① 賛成意見と反対意見の率に差はないという帰無仮説を立てる。
② 有意水準は5%もしくは1%とする。
③ 式[8-1]によってχ_0^2を計算すると、2つの比率に差がないと仮定したときの期待度数は、それぞれ、$E=300/2=150$であるから、

$$\chi_0^2 = \frac{(133-150)^2}{150} + \frac{(167-150)^2}{150} = 3.85$$

④ 自由度は、賛成と反対の2分類であるので、$df=2-1=1$
⑤ 巻末の付表4をみると、$df=1$のとき、有意水準5%の場合$\chi_{0.05}^2=3.84$、1%の場合は$\chi_{0.01}^2=6.63$である。そこで、計算によって得られた$\chi_0^2=3.85$の値は、$p<0.05$では帰無仮説を棄却できるが、$p<0.01$では棄却されない。すなわち、5%の有意水準で意見が一方に偏っており、反対の意見の方が多いということができる。

例題 2　χ^2検定（カテゴリー数$k \geq 3$の場合）

遊びにおける玩具の機能について検討するために、5歳の子ども数人ずつに観察室に入ってもらい、玩具箱を出して自由に遊ぶように言った。室内にはA～Dの4つの玩具箱が用意され、それぞれ異なる玩具が入れてあり、箱の配列は子どもの入れ替え時にランダムに変えられた。193人の子どもが最初に出してきて遊びはじめる箱がいずれかを観察した結果、それぞれの箱を選んだ人数の分布は表8・3bのようになった。分布に偏りがみられるだろうか。

表 8・3b　各玩具箱の選択人数と期待度数

タイプ	A	B	C	D	計
O	45	70	56	22	193
E	48.25	48.25	48.25	48.25	193

① この分布には偏りがない，という帰無仮説を立てると，各カテゴリーの期待度数はすべて 193／4＝48.25 となる。

② 式［8-1］によって χ_0^2 を算出すると，

$$\chi_0^2 = \frac{(45-48.25)^2 + \cdots\cdots + (22-48.25)^2}{48.25} = 25.55$$

③ 自由度は，$df=4-1=3$ で，付表4より有意水準1％で $\chi_{0.01}^2 = 11.34$ であり，②に算出された χ_0^2 の値の方が大きい。したがって帰無仮説は棄却され，1％以下の有意水準で，この分布には偏りがみられるといえる。したがって，もちろん5％水準においても有意である。

8.4　イェーツの修正

χ^2 検定で総度数 N が小さい場合（50以下）には，離散型の χ^2 分布を連続型に近似させるための修正として次の式によるイェーツ（Yates）の修正をする。

$$\chi_y^2 = \frac{\sum(|O-E|-0.5)^2}{E} \qquad [8-4]$$

ここで χ_y^2 は修正された χ^2，O, E は式［8-1］と同様にそれぞれ観察度数，期待度数であり，｜　｜は絶対値という意味である。この修正式は，$df=1$ の場合，次のような点を考慮して使うことがすすめられている（Siegel, S., 1956）。

① 総度数 N が50以下で40以上のとき，修正式［8-4］を用いる。
② N が20と40の間のときで，期待度数がすべて5以上のときにも修正式［8-4］を用いる。期待度数に5より小さいものがある場合には，フィッシャー（Fisher）の正確確率検定（p.127）を用いる。
③ $N<20$ のときにはいつでもフィッシャーの正確確率検定を用いる。

例題 3　イェーツの修正による χ^2 検定

コイン投げを20回試みて，表12回と裏8回となった。この結果は偶然ではない，といえるか。χ^2 検定をせよ。

① 結果をまとめると表 8・4 のようになる。

表 8・4 コイン投げの結果

	表	裏	計
O	12	8	20
E	10	10	20

② まったく偶然であるとすれば，期待度数はいずれも 10 となる。N が 20 以下で E が 5 以下のものがないのでイェーツの修正をして式［8-4］より，

$$\chi_\nu^2 = \frac{(|12-10|-0.5)^2 + (|8-10|-0.5)^2}{10} = 0.45 \quad df = 2-1 = 1$$

③ 付表 4 より有意性なし ($n.s.$) となり，帰無仮説を棄却することはできないので，この結果は偶然の範囲内にあると考えられる。

8.5　正規分布との適合度の χ^2 検定

これはカイ自乗分布を利用して標本での分布が特定の分布に適合しているか否かを検定する場合である。この場合は，帰無仮説が棄却できないときに標本分布が特定の分布に適合していると考えることになる。次の例題では，観察された分布と正規分布の適合度の検定について説明する。

例題 4　正規分布との適合度の χ^2 検定

次の表の O はある学校で 200 人の生徒の学力を 5 段階に評定した結果である。この学力評定が正規分布に適合しているかどうかを検定せよ。

表 8・5　5 段階学力評定の正規性の検定

	A	B	C	D	E	計
O	18	37	79	45	21	200
E	14	48	76	48	14	200

① **4.5**の(3)(p.53)に示したように，正規分布の5段階評定では，それぞれの段階に 7％, 24％, 38％, 24％, 7％ が含まれることが期待される。そこで，$N=200$ に対するこれらの％を度数にしたのが，表 8・5 の E である。

② 式［8-1］から

$$\chi_0^2 = \frac{(18-14)^2}{14} + \frac{(37-48)^2}{48} + \frac{(79-76)^2}{76} + \frac{(45-48)^2}{48} + \frac{(21-14)^2}{14} = 7.47$$

$$df = 5-1 = 4 \qquad 付表4より\ n.s.$$

したがって，この評定の分布は正規分布と見なしうる。

8.6　対応のある場合の χ^2 検定

例題 5　χ^2 検定（対応のある場合；変化性の検定）

学校の方針への賛否を 100 人の教師に求めたところ，40％ の人が「賛成」であった。その後，校長の説明を加えてから再度の賛否を求めたところ，52％ の人が「賛成」となった。このうちで，前とあととで変わらず両回とも賛成であった者は 35 人であった。この結果から，校長の説明の前後で，この方針への賛成率に変化があったといえるか。

この例は，1つの標本（N 人）を，説明の「前」と「あと」とでそれぞれ「賛」と「否」に 2×2 分割した場合である。したがって，あるグループが2つの時点（または2つの課題など）で，その反応が変わるかどうかの検定になり，**変化性の検定**とも呼ばれる。

① 例題の内容を表示すると，表 8・6 のようになる。

表 8・6　意見の変化

		説　明　後		
		賛	否	
説明前	賛	35(A)	5(B)	40
	否	17(C)	43(D)	60
		52	48	100(N)

② この表でみるように，観察度数（A, B, C, D）の中で，「前」「あと」ともに「賛」であった35人がわかっていると，その他の度数（17, 5, 43）は必然的に決まってくる。つまり，この場合4つのセル値の中でどれか1つ（この場合は35）が決まればほかはすべて決まってくるので，自由度 $df=1$ である（ほかのどれか1つが決まっている場合も同様である）。そこで一般にカテゴリー数を m とすると，自由度は次の式で求められる。

$$df = m-1 \qquad [8-6-1]$$

この例では，$m=2$ であるから，

$$df = 2-1 = 1$$

③ 説明の前とあととで賛成率に変化があったか否かの検定は，前に賛成であとで反対になったもの（セル B）と，前に反対であとで賛成になったもの（セル C）がどれだけあるかの問題になる。それで，この両者に差がなければ賛成率には変化はなく，両者の開きが大きくなれば変化があったことになる。したがって，この場合，この両セルが同数であるという帰無仮説が立ち，その期待値は両セルともに $E=\dfrac{B+C}{2}$ （この場合は $\dfrac{5+17}{2}=11$）である。すると，これを χ^2 の基本式 [8-1] に代入して整理すると次のように簡単になる。

$$\chi_0^2 = \frac{(B-C)^2}{B+C} \qquad [8-6-2]$$

④ 表8・6の値を式 [8-6-2] に適用すると，

$$\chi_0^2 = \frac{(17-5)^2}{17+5} = 6.55 \qquad df=1$$

付表4より，$p<0.05$

すなわち，説明の前と後とで賛成率に変化があり，賛成が増えたことになる。

8.7　2×2分割表の χ^2 検定（対応のない場合）

表8・7aは，観察度数が行と列に2つずつ（ⅠとⅡ，1と2）に分類される2×2分割表である。この表で A, B, C, D は各セルの観察度数であり，$(A+B)$, $(C+D)$, $(A+C)$, $(B+D)$ は周辺度数と呼ばれ，N は総度数である。

表 8・7a　2×2 分割表の観察度数と周辺度数の一般的表記

分類	1	2	
I	A	B	$A+B$
II	C	D	$C+D$
	$A+C$	$B+D$	N

例題 ❻　χ^2 検定（対応のない 2×2 分割の場合；独立性の検定）

3 歳児の父母の養育態度について調べた。自分が厳しい方だと答えたのは母親 96 人のうち 72 人，父親 32 人のうち 15 人であった。母親と父親では自分が厳しいと答えた比率に差があるといえるだろうか。

① 結果をまとめると，次の表のようになる。

② この例では，父親と母親とはそれぞれ独立した 2 つのグループであり，この場合両者の回答に差があるというのは，例えば母親では「厳しい」と答えた者が多いのに，父親では「厳しくない」と答えた者が多い，というように，親の性

表 8・7b　父母の養育態度

	厳しい	厳しくない	
母	72(A)	24(B)	96
父	15(C)	17(D)	32
	87	41	128(N)

別と回答（自分が厳しいと答えた比率）が関係し合っていることになる。つまりこのような場合には，両グループが相互にどの程度に関連しているか，あるいは逆にいうと独立であるかを検定することになるので，**独立性の検定**とも呼ばれる。

③ この検定では，両グループの回答（厳しいと答えた比率）には差がないという帰無仮説が立ち，その場合の各セルの期待値はその周辺度数から求められる。例えば上の表のセル A の期待値を A' とすれば，

$$A' = \frac{96 \times 87}{128} = 65.25$$

として求められ，これが決まればほかの B'，C'，D' は必

8.7 2×2 分割表の χ^2 検定（対応のない場合）

然的に決まる．したがって観察度数 A, B, C, D と，A', B', C', D' を用いて基本式［8-1］から χ_0^2 が求められる．

④ しかし実際の計算には基本式［8-1］と上に示した期待値から導かれた次の計算式が用いられる．

$$\chi_0^2 = \frac{N(AD-BC)^2}{(A+B)(C+D)(A+C)(B+D)} \qquad [8\text{-}7\text{-}1]$$

⑤ 表 8・7b に式［8-7-1］を適用して計算すると，

$$\chi_0^2 = \frac{128(72 \times 17 - 24 \times 15)^2}{96 \times 32 \times 87 \times 41} = 8.72$$

$$df = (2-1) \times (2-1) = 1$$

⑥ 巻末の付表 4 をみると，$df=1$ のとき $\chi_{0.01}^2 = 6.63$ で，上に求めた χ_0^2 値はこれより大きい．それで $p<0.01$ の有意水準で帰無仮説は棄却され，父親と母親の養育態度には有意差がある．つまり，「厳しい」と答えた者の比率が母親の方で高いということになる．

2×2 分割の場合，イェーツの連続のための修正式は次のようになる（適用のしかたは，p.120 を参照）．

$$\chi_\gamma^2 = \frac{N(|AD-BC|-N/2)^2}{(A+B)(C+D)(A+C)(B+D)} \qquad [8\text{-}7\text{-}2]$$

例題 7　イェーツの修正の適用

あるテレビ番組の好き嫌いについて，男児 18 人と女児 27 人について調べたところ，男児では 15 人，女児では 18 人が好きであると答えた．この番組を好きだと答えた比率に，男児（15/18）と女児（18/27）で違いがあるといえるであろうか．

---

① この結果を 2×2 分割表にする．

表 8・7c　テレビ番組の好き嫌い調査

	好き	嫌い	計
男児	15	3	18
女児	18	9	27
	33	12	45

② 総度数 N が 50 より小さく 40 より大きいので，式［8-7-2］を適用して，イエーツの修正をする。

$$\chi_y^2 = \frac{45\left(|15\times 9 - 3\times 18| - \frac{45}{2}\right)^2}{18\times 27\times 33\times 12} = 0.80 \qquad df=1 \qquad n.s.$$

③ 付表4より，この値は帰無仮説を棄却することができないので，この番組で男児と女児の好き嫌いに違いがあるとはいえない。

8.8　$m\times k$ 分割の場合の χ^2 検定

行と列との分割数が多くなって，一般に $m\times k$ 分割の場合には，次のように χ^2 値を求める。ただし各データが相互に独立であるのは，**8.7** の 2×2 分割の場合と同じである。

$$\chi_0^2 = N\left(\sum\sum \frac{O_{ij}^2}{M_i\times K_j} - 1\right) \qquad [8\text{-}8]$$

$$df=(m-1)(k-1)$$

この公式で，N は総度数，M_i と K_j は，行と列の周辺度数，O_{ij} は各セルにおける観察度数，m，k はそれぞれ行と列の数である。

このような $m\times k$ 分割表の場合，期待度数が5またはそれ以下のセルが20%以下のときは，そのまま χ^2 値を求めてよい。それ以上になると，セルを合併するなどの操作をする。

例題 8　χ^2 検定（$m \times k$ 分割の場合）

次の表は男子 60 人と女子 40 人に，ある質問をした結果である。この結果から，この質問項目において男子と女子の反応の比率に差があるといえるか。χ^2 検定せよ。

表 8・8　ある質問に対する男女の回答

	はい	わからない	いいえ	計	
男子	30	11	19	60	
女子	15	9	16	40	(M)
	45	20	35	100(N)	
		(K)			

① 男女の別（$m=2$）と回答別（$k=3$）の 2×3 分割として，それぞれの値を式 [8-8] に代入すると，

$$\chi_0^2 = 100\left(\frac{30^2}{60 \times 45} + \frac{15^2}{40 \times 45} + \frac{11^2}{60 \times 20} + \frac{9^2}{40 \times 20} + \frac{19^2}{60 \times 35} + \frac{16^2}{40 \times 35} - 1\right)$$

$= 1.52$　　$df = (2-1) \times (3-1) = 2$　　$n.s.$

② 付表 4 より，この χ_0^2 の値は帰無仮説を棄却できない。したがって，この質問項目は両者を弁別する項目とはいえない。

③ この例では，2×3 分割となったが，m と k がそれより大きい場合でも計算は同じである。しかし m, k が大きくなると，全体としての χ^2 検定はできるが，その中のどの部分にどのような差や偏りがあるのかをみるのが困難になる。

8.9　フィッシャーの正確確率検定

多くの検定法は標本の大きさが小さいときには利用できないか，あるいは検出力が低下して実用的ではなくなるが，このようなとき**フィッシャー**（Fisher）の**正確確率検定**[注]が用いられる。

注）従来，この検定の名称としては「フィッシャーの直接確率計算法」または「直接確率法」が一般的であったが，訳としてより適切であると考えられる「正確確率検定」を採用した。

この検定はどの尺度においても利用可能であり，総度数や期待度数が小さくて χ^2 検定が使えない場合の独立性の検定などに使われる。2 組の独立な標本からのスコアが 2 つのカテゴリーに分けられるようなとき，例えば男性と女性の意見を賛成と反対に分けたり，実験群と統制群のネズミの寿命を中央値で分けたりというような 2×2 分割表において，2 つのグループが 2 つのカテゴリーに対してとる比率に差があるかないかといった検定がこれにあたる。2×2 分割表の場合，総度数が 20 以下，あるいはそれ以上でも期待度数が 5 以下のセルがあるときには，正確確率検定を用いるべきである。

前に **8.7** であげた基本表で考えよう。

表 8・9 a

	分類 1	分類 2	
グループ I	A	B	$A+B$
グループ II	C	D	$C+D$
	$A+C$	$B+D$	N

ある特定の 2×2 分割表の組み合わせが生じる確率 (P) は，周辺度数を固定すると，次の式で与えられる。！は階乗を表わし，例えば 5!＝5×4×3×2×1＝120 である。

$$P = \frac{(A+B)!(C+D)!(A+C)!(B+D)!}{N!A!B!C!D!} \qquad [8-9]$$

帰無仮説を検定するためには，次の例題に示すように，与えられた組み合わせだけではなく，周辺度数を固定した条件で，さらに極端なすべての組み合わせの生じる確率を加算しなければならない。

この検定法は通常は片側検定として用いられるが，同じ考え方で両側検定にも適用することができる。その場合，「より極端なすべての組み合わせ」をあげることが多少煩わしくなるのはしかたがない。

例題 ❾ フィッシャーの正確確率検定

ハワイにおける日系3世は1世に比べて政治的には保守的（共和党支持）であるという予想のもとに支持政党調査を実施した。ところが，χ^2検定に要求されるサンプル数に足りず，現時点で一応の結論を出すか，あるいは調査を継続してサンプル数を増やすかという判断を迫られた。その結果を表 8・9b の 2×2 分割表に示す。正確確率検定を行なえ。

表 8・9b

	共和党支持	民主党支持	計
3世	10	4	14
1世	1	4	5
計	11	8	19

① 支持政党による分類は名義尺度であり，標本の大きさが小さいので正確確率検定が適切である。帰無仮説は，3世と1世の政党支持に差がない，対立仮説は3世の方が共和党支持の確率が高い，となる。差の方向を予測しているので，片側検定である。

② この組み合わせが生じる確率は式 [8-9] から，
$$P = \frac{14!\,5!\,11!\,8!}{19!\,10!\,4!\,1!\,4!} = 0.0662$$

③ 周辺度数を固定して，表 8・9b より極端に3世の共和党支持を示す組み合わせを考えると，次のような 2×2 分割表があげられる。

表 8・9c

	共和党支持	民主党支持	計
3世	11	3	14
1世	0	5	5
計	11	8	19

この組み合わせに対する確率は同じく式 [8-9] から

$$P = \frac{14!\,5!\,11!\,8!}{19!\,11!\,3!\,0!\,5!} = 0.0048$$

④ この2つの分割表から，与えられた組み合わせより以上に極端な共和党支持が生起する確率は，

$$P = 0.0662 + 0.0048 = 0.0710$$

このPを帰無仮説を棄却するかどうかの判断に用いるのであるが，有意水準を0.05とすれば帰無仮説は棄却できず，3世と1世に違いがあるとはいえないと判断するべきであろう。ただし，サンプルを増やせば有意な結果を得られるという可能性もうかがわれる値である。

正確確率検定は適用する上での制約がなく，最も検出力が高いという利点をもつ。その反面，分割表の中の最小の観察度数が大きくなればなるほど，計算しなければならない組み合わせの数が増えていくために計算過程が煩雑で，総度数が大きい場合には，χ^2検定を用いるほうがよいと考えられていた。統計ソフトウェアの普及によってこの問題は事実上解消され，この検定の実用性もより高まったといえる。

8.10　中央値検定

順序尺度以上で与えられたスコアを持つ2つの独立したグループが，同じ中央値を持つ母集団から得られたものかどうかを検定する手法として，**中央値検定**が利用できる。この場合の帰無仮説は，2つの母集団の中央値が等しい，対立仮説は，両側検定の場合は2つの母集団の中央値が異なる，片側検定ならば一方の中央値が他方より大きい，となる。

① まず2つのグループをこみにして全体の中央値を求める（**3.2**参照）。
② 次にそれぞれのグループを全体の中央値（Me）で2分し，度数を求めて表8・10 a のような2×2分割表をつくる。

このとき，全体の中央値とたまたま一致するスコアが含まれることがある。この場合，Nが大きく中央値に一致するスコアの数が少ないときは，これらのスコアを除外するか，あるいは，中央値に一致するスコアを中央値より下のスコアと同じカテゴリーに入れるとよい（岩原，1964　p.26）。

8.10 中央値検定

表 8・10 a

	グループI	グループII	計
Me より上	A	B	$A+B$
Me より下	C	D	$C+D$
計	$A+C$	$B+D$	N

③ 2つのグループを合わせた総度数 ($N=n_1+n_2$) が40より大きいとき，あるいは20より大きくて5より小さい期待度数がないときは連続補正（イェーツの修正）を施した $df=1$ の χ^2 検定を適用する。これ以外の場合，つまり N が20以下か，もしくは5より小さい期待度数が1つでもあるときは，前項で述べたフィッシャーの正確確率検定による（p.120 参照）。

例題 10 中央値検定

単身赴任者は自分の健康に不安を持ちやすいという仮説を検証するために，ある企業で働く（ほぼ同年齢，同階層の）単身赴任者と独身者をランダムに選び出し，不安テストを行なった。その結果に基づいて全員の不安得点の中央値を算出し，次のような2×2分割表を得た。単身赴任者の方が不安を持っているといえるか。

表 8・10 b　不安得点のデータ（カッコ内は期待度数）

	独身者	単身赴任者	計
不安得点の高い者	3(8)	14(9)	17
不安得点の低い者	13(8)	4(9)	17
計	16	18	34

---

① 不安得点が間隔尺度または比率尺度であり，標本となった2つのグループの母集団の分散が等しいという条件を満足させるのはむずかしい。したがって，この例ではノンパラメトリック検定の採用が適切である。

② 帰無仮説 H_0 は，単身赴任者の不安得点の中央値と独身者の不安得点の中央値

間に差異がない，となる．
③ 対立仮説 H_1 は単身赴任者の不安得点の方が高い，となるが，これは差の方向を予測しているので，片側検定を採用する．
④ 標本の総数 N は 20 以上で，5 以下の期待度数がない（p.120 の②参照）．そこで，[8-7-2] のイェーツの修正式を用いて

$$\chi_0^2 = \frac{34 \times (|3 \times 4 - 14 \times 13| - 34/2)^2}{17 \times 17 \times 16 \times 18} = 9.56 \qquad df = 1$$

⑤ 巻末の付表 4 から，$df=1$ における 1 ％水準の χ^2 の臨界値は 6.63 であり，上に求めた $\chi_0^2 = 9.56$ はこれより大きい．したがって帰無仮説は棄却されて，1 ％で有意差あり（$p<0.01$）となる．

8.11　U 検 定

互いに独立な 2 つの標本からの順序尺度以上のデータについては，マン-ホイットニー（Mann-Whitney）の U 検定を用いることができる．2 つの標本の母集団を A, B としたとき，帰無仮説（H_0）は母集団 A, B の母代表値に差がない，対立仮説（H_1）は母集団 A, B の母代表値に差がある（両側検定），となる．

（1） 2 つの標本の大きさがともに 20 以下の場合

例題 11　U 検定（n が 20 以下の場合）

　日本人が個人の意見を発表することが苦手であるといわれる原因のひとつに，学校教育のあり方がかかわっているという仮説を検証するために，帰国子女 4 人と一般の高校生 5 人を集めて討論会を行なった．あるテーマを与えて，一定の時間内にだれが何回発言したかを記録したのが次のデータである．この結果から，帰国子女の方が発言回数が多いといえるか．

　　　　　　　帰国子女(E)　　13　15　 9　17
　　　　　　　高 校 生(C)　　 6　12　 4　10　 8

---

① 帰無仮説：討論会における発言数は帰国子女と一般の高校生の間に差がない。
対立仮説：帰国子女は一般の高校生より発言する回数が多い。
この対立仮説は差の方向について予測しているので，片側検定である。
② 「個人の意見を発表する能力」の指標としての発言数はせいぜい順序尺度のレベルである。標本は独立しており，数も少ないのでノンパラメトリック検定が適切である。
③ 小さい方の標本の大きさを n_1，大きい方の標本の大きさを n_2 とし，2群をこみにして観察値の小さい方から順位をつける。このときタイがある場合には順位の平均値（**4.2**参照）をあてる。

$$E : 7\ 8\ 4\ 9 \quad (n_1=4)$$
$$C : 2\ 6\ 1\ 5\ 3 \quad (n_2=5)$$

④ 各群ごとにつけられた順位の和を求める。

$$R_1 = 7+8+4+9 = 28$$

⑤ 検定統計量 U_1, U_2 を求める。

$$U_1 = n_1 n_2 + n_1(n_1+1)/2 - R_1 \qquad [8\text{-}11\text{-}1]$$
$$U_2 = n_1 n_2 + n_2(n_2+1)/2 - R_2$$

例題では $U_1=2$, $U_2=18$ となる。
また，一方の U の値を求めれば，他方は下の式でも得られる。

$$U_2 = n_1 n_2 - U_1 \qquad [8\text{-}11\text{-}2]$$

U_1, U_2 のうち小さい方が求める U_0 の値になり，例題では $U_0=2$ となる。

⑥ 付表5-1の10%の U の表で，$n_1=4$, $n_2=5$ のところをみると，2と18という2つの値がある。計算から得られた U_0 がこれらの値に等しいか，それより外にある場合に有意となる。この例題での $U_0=2$ は有意となり，帰無仮説は棄却され，帰国子女群の方の発言が多いと判断される。なお，この例では片側検定なので，有意水準は付表5-1の10%を5%としてみることになり，この表(10%)で U_0 の値が有意なら，$p<0.05$ で有意となる。

（2） n が20を超える場合

n_1, n_2 のどちらかが20を超える場合については付表5-1，付表5-2は利用できない。しかし n_1, n_2 の増加につれて，U の分布は急速に正規分布に近づくため，有意性は次の z によって検定することができる。

$$z = |U - \mu_U| / \sigma_U \qquad [8\text{-}11\text{-}3]$$
$$\mu_U = n_1 n_2 / 2 \qquad [8\text{-}11\text{-}4]$$
$$\sigma_U = \sqrt{\frac{n_1 n_2 (n_1 + n_2 + 1)}{12}} \qquad [8\text{-}11\text{-}5]$$

μ_U は U の標本分布の平均，σ_U は標準偏差である。

この z は平均 0，標準偏差 1 の正規分布をし，この値より極端な値の生起確率は付表 1 によって知ることができる。ただしこの表は片側確率であるから，両側検定の場合は表の p の値を 2 倍する。

例題 12　　U 検定（n が 20 以上のとき）

交通事故をたびたび起こす運転者に共通する性格特性を迅速に発見できるテストをつくるため，大規模な MMPI 検査を実施し，それに基づいて50項目を選び出して交通事故尺度という部分尺度をつくった。この部分尺度を，過去 3 年間に 2 回以上事故を起こしている被験者 22 人と，無事故の被験者 21 人に実施した結果が表 8・11 である。2 群間で尺度の得点の大きさに差があるかどうかを検定せよ。

---

① 2 つの集団は互いに独立であり，測度としての得点はせいぜい順序尺度であって，分布についても推測する根拠に乏しい。したがって，ノンパラメトリック検定が適切である。2 群間に差があるかどうかを問うているので，両側検定である。
② 帰無仮説：たびたび事故を起こす運転者と無事故の運転者の間には交通事故尺度の得点の差がない。
　対立仮説：事故を起こす運転者と無事故の運転者の間に交通事故尺度の得点の差がある。
③ 表 8・11 には両群の被験者 43 人それぞれの得点と，両群をこみにした順位が示されている。タイのある場合には順位の平均（**4.2** 参照）があてられている。
④ それぞれの群の人数および順位の和は表 8・11 の下に示す通りである。
⑤ U の値は式 [8 - 11- 1] から，

$U_1 = 21 \times 22 + 21(21+1)/2$
$\qquad - 331 = 362$

⑥ 式〔8-11-5〕より，$\sigma_U = \sqrt{\dfrac{21 \times 22(21+22+1)}{12}} = 41.16$

となり，式〔8-11-4〕より$\mu_U = (21 \times 22)/2 = 231$，式〔8-11-3〕から

$z = (362 - 231)/41.16 = 3.18$

⑦ 付表1を参照すると，$z \geq 3.18$のとき，帰無仮説が支持される確率は$p < 0.002$となる。したがって帰無仮説は棄却され，対立仮説が支持される。

左の③に示したように，U検定ではタイがある場合にはタイがなかったときに与えられるはずの順位の平均をそれぞれの観測値に与える。そこでもしタイが両方のグループにまたがった場合にはUの値に影響を与えるが，これはたいてい無視できる。この影響を修正する方法もあるが，修正しないとしても有意差がいくぶん出にくくなるだけであり，ジーゲル（1956）はタイの占める割合が極めて大きい場合か，pがH_0を棄却するかしないかというたいへん微妙な値の場合のみ修正すべきであるとしている。

表8・11 交通事故者と無事故者との交通事故尺度得点の比較

無事故の運転者		事故経験者	
得点	順位	得点	順位
32	39	35	42.5
30	37	35	42.5
26	32	34	41
24	29	32	39
21	26	32	39
18	23.5	28	36
18	23.5	27	34
16	20	27	34
15	18	27	34
11	13	25	31
11	13	24	29
10	11	24	29
9	10	23	27
7	7	20	25
7	7	17	21.5
7	7	17	21.5
6	5	15	18
5	3.5	15	18
5	3.5	14	16
4	2	13	15
3	1	11	13
		8	9
$R_1 = 331$		$R_2 = 572$	
$n_1 = 21$		$n_2 = 22$	

ノンパラメトリック検定は母集団の分布について仮定せずに行なわれる。心理学で扱われるデータは分布の仮定が疑わしい場合もあり，そのようなデータに対してt検定を適用した場合，結果の信頼性には疑問が残るが，ノンパラメトリック検定ではその心配がない。ノンパラメトリック検定は一般にパラメト

リック決定に比べて効率が悪い，つまり検出力が低いといわれているが，U検定の検出力はほぼt検定に匹敵し，データの分布によってはかえって有利な場合も多い。

練習問題

1. 手づくりのサイコロの目の出かたに歪みがあるかないかを調べるために180回投げたところ，1から6の目の出た回数はそれぞれ次のようになった。このサイコロには歪みがあるといえるだろうか。

サイコロの目	1	2	3	4	5	6
出た回数	34	27	41	25	18	35

2. 次の表は，ある学校で200人の生徒のある科目の成績を5段階評定した結果である。この分布は正規分布からはずれているといえるか，χ^2検定せよ。

5段階評定	A	B	C	D	E
配分	25	57	70	40	8

3. ある項目に対して男子と女子が答えた「はい」「いいえ」の結果が次の表である。この結果から男女の回答の比率に差があるといえるか，χ^2 検定せよ。

	はい	いいえ
男	30	10
女	40	20

4. 次の表は，ある大学で 200 人に教育実習の前とあととで，将来教師になりたいか否かを調べたものである。実習の前後で教師希望者の率に違いがあるといえるか，χ^2 検定せよ。

後 \ 前	教師になりたい	教師になりたくない
教師になりたい	90	50
教師になりたくない	20	40

5. 保健所の乳児検診で，ある年度上半期の受診状況を地域別にまとめたところ，次の表のようになった。地域によって受診率に差があるだろうか。

検診 \ 地域	A	B	C	D	E	F	計
受診	58	45	80	78	51	59	371
未受診	38	44	28	37	44	39	230
計	96	89	108	115	95	98	601

第8章 ノンパラメトリック検定

6. 自閉症児の認知の特徴を調べるために，組み合わせパズルを用い，自閉症と診断された児童26人を健常児30人と比較した。決められた時間内にパズルが完成できた児童の人数は自閉症群が19人，健常群が10人であった。両群は異なる特徴を持つといえるだろうか。χ^2 検定せよ。

7. 精神神経科外来患者156人に行なわれたA，B，Cの3種類の心理療法の効果を比較したところ，下のような結果になった。3種類の心理療法の効果に差異があるだろうか。ただし，複数の療法にまたがって治療を受けた者は除いてある。

効 果 \ 療法	A	B	C	計
変わらない・悪化した	7	20	11	38
少し改善した	17	23	25	65
かなり改善した	8	22	23	53
計	32	65	59	156

8. 例題 ❻（p.124）の③で求めた期待値を用いて基本式 [8 - 1] から χ^2 を算出し，それが式 [8 - 7 - 1] による結果と同じであることを確かめよ。

9. 男子13人，女子6人について，ある色の好き嫌いを聞いたところ，次の表の通りであった。この結果，男子の方がこの色を好んでいる者の率が高いといえるか。正確確率検定によって検定せよ。

	好き	嫌い	計
男 子	10	3	13
女 子	1	5	6
計	11	8	19

10. 女子学生の方が男子学生よりも電話がすきだとよくいわれるが，これが事実かどうかを確かめるため，ある大学で男子学生，女子学生から無作為に8人ずつ選び，1か月間の通話回数を調査した結果を次に示す。

女子学生	男子学生
27	17
35	21
38	145
24	12
22	8
25	11
13	7
36	20

(1) 2つのグループの通話回数に差があるかどうか，中央値検定を用いて確かめよ。

(2) 2つのグループの通話回数に差があるかどうか，U 検定を用いて確かめよ。

(3) 通話回数の平均値を比べると女子 $\bar{X}=27.5$，男子 $\bar{X}=30.1$ で，男子学生の方が高いのに，検定では女子学生の方が電話の回数が多いという判断が出るのはなぜか考えよ。

第9章

分散分析（3つ以上の平均の差の検定）

　第7章で平均値が2つの場合の有意差の検定にはt検定が用いられたが，実験や調査において3つ以上の条件を設定した場合には，それに対応して3つ以上の平均値を比較し，検定しなければならない。その場合，すべての平均値を単純に2つずつ組み合わせてt検定を繰り返すという形をとるのは理論的に問題があり，避けねばならない。このような場合の統計的検定には分散分析という手法が用いられる。

9.1　1要因分散分析

　3つ以上の平均値の有意差を検定する場合には，次の手順をとる。
① 3つ（以上）の平均値のすべてが等しいかどうかを全体として調べ，
② 等しいときには有意差なしと結論し，
③ 等しくない場合，つまり有意差ありとなったときにのみ，どの平均対の間に差があるのかを調べる。

　例えば，A, B, Cという3つの平均値がある場合，まず3つをまとめて，それら3つのすべてに等しいかどうかをみる。つまり，$A=B=C$が正しいかどうかを検定する。そしてもしこの仮説が棄却されるなら，次にAとB，AとC，BとCという2つずつの平均値を対にした検定をする。この3つ以上の平均値の有意差の検定には，**分散分析**（analysis of variance）を用い，これは **ANOVA**（アノーヴァ）と略して呼ばれることも多い。分散分析の適用範囲は広く，その種類も多いが，まず初めに最も簡単な場合の例をあげて用語や考え方の基本を示すことにする。

例題 1　1要因分散分析（対応がなくデータ数が等しい場合）

ある作業を行なう部屋の照明が，作業能率に与える効果を調べる実験が行なわれた。部屋の明るさは低・中・高の3段階に変化させ，作業の能率は1時間あたりに仕上げた製品の総重量（kg）で測った。15人の作業員を3条件に割り当て，照明のみが異なる3つの部屋で作業を1時間ずつ行なった結果が表 9・1a である。照明の効果があるといえるか。また，どの場合が最も効率がよいといえるか。

分散分析は3つ以上の平均値の有意差検定に用いられるが，単に得られたデータの検定法というよりは，どのような形で実験や調査をすれば最も効率のよいデータのとり方ができるかを考える実験計画法の一部といえる。例題1は明るさを独立変数，作業能率を従属変数とした実験で，実験計画の用語では，明るさを**要因**（factor）と呼び，その中に設定される段階を**水準**（level）と呼ぶ。つまり，例題1の実験は1要因3水準の実験と表現され，それに対応する分散分析は**1要因分散分析**と呼ばれる。1要因分散分析は，分散分析の最も単純なものである。例題1のデータを用いてその手順と意味を解説する。

表 9・1a　照明条件による作業能率の違い
（単位：kg）

条件		低	中	高
測定値		6	7	8
		3	5	7
		4	6	8
		5	7	9
		2	5	8
$\sum X$		20	30	40
$\bar{X}$		4.0	6.0	8.0
s		1.6	1.0	0.7

(1) グラフ

例題1を解くために，まずデータをよくみよう。3つの照明条件での5人の作業結果が表になっているから，その平均と s を算出する。次に，それをもとにグラフをかく。照明条件の3水準を横軸に，作業能率の指標としての1時間あたりの完成製品の総重量の平均値を縦軸にとると，次に示す図 9・1a のようになる。このグラフ中の縦線は **SD バー**と呼ばれるもので，平均値±1SD の

値（例えば低条件では4.0±1.6kgが示されている。これらにより各平均のデータの散らばり具合（散布度，p.29）が読みとれる。SDが大きい条件は小さい条件に比べてデータの散らばりが大きいことが，平均の値とともに一目でわかる。またSDバーの大きさは，有意差の検定の前にその見当をつける手がかりとしても利用できる。

(2) 帰無仮説

分散分析ではこの3つの平均の間の有意差の検定を行なうが，その検定の中身は帰無仮説の形で表わすと，「3つの平均（母平均）が等しい」という仮説が正しいかどうかを判定することである。3つの条件の母平均をμ_1，μ_2，μ_3とすると，帰無仮説は次のような式で表現される。

$$H_0 : \mu_1 = \mu_2 = \mu_3 \qquad [9\text{-}1\text{-}1]$$

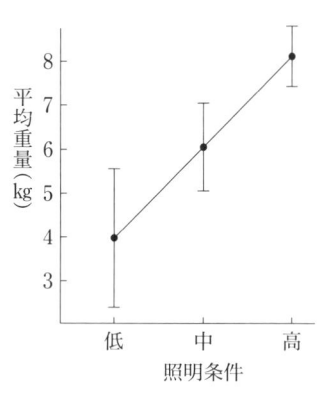

図9・1a 照明条件と作業能率の関係

(3) 構造モデル

分散分析ではデータの成り立ちについて1つの形式を想定している。それはデータの構造モデルと呼ばれ，次のように表わされる。

$$\text{データ} = \text{一般平均} + \text{要因効果} + \text{誤差}$$
$$X_{ij} = \mu + \alpha_i + \varepsilon_{ij} \qquad [9\text{-}1\text{-}2]$$

（ここでiは条件，jは繰り返しの添え字）

この式では，それぞれのデータがなんの効果も加えられていない状態としての一般平均に，要因の効果という項と，ランダム変数としての誤差の効果が加算されたものであることを示している。このデータ構造式は，次に示すように，分散分析の意味をとらえるときに重要である。

(4) 分散分析の意味

① データの分解

分散分析の基礎にある考え方は上に述べたデータ構造式に基づいて，すべてのデータを構造式の各項に分解しようというものである。例題1のデータでそれを示すと次のようになる。この図において μ は全体の平均値を示し，$\alpha = \overline{X}_i - \mu$, $\varepsilon = X_{ij} - \overline{X}_i$ である。

```
   DATA(Xij)       μ              α              ε
   6  7  8       6  6  6       -2  0  2       2  1  0
   3  5  7       6  6  6       -2  0  2      -1 -1 -1
   4  6  8   =   6  6  6   +   -2  0  2   +   0  0  0
   5  7  9       6  6  6       -2  0  2       1  1  1
   2  5  8       6  6  6       -2  0  2      -2 -1  0
  (X̄i)(4)(6)(8)
```

図 9・1 b　例題1のデータの分解

② データのばらつきの分解

実際の検定においてはデータの分解は，データのばらつき（散らばり）をそれぞれの原因に分割するという形をとる。データのばらつきは散布度の分散のところ（p.33）で示されたように，各データの平均からのへだたり（偏差）の平方（自乗値）で表わされる。その和を（偏差）**平方和**（sum of squares, SS と略す）といい，分散分析の計算過程で行なわれるのは，この平方和の分解である。1要因分散分析の場合，データ全体の平方和（**全体平方和**）が，要因（例題1では照明条件）を原因とする平方和（**要因平方和**）とそれ以外の原因による**誤差平方和**に分解される。誤差平方和は残差平方和とも呼ばれ，常に明確な原因によるもの以外の残りの部分として算出される。実験においては，この誤差はできるだけ排除されるべきものであるが，検定においてはこれを基準として要因の効果の大きさが評価される。つまり，誤差がもたらすデータのばらつきに比べて要因の効果によるデータのばらつきがどの程度大きいかを調べるのが，分散分析の最終段階であり，それは分散比（p.112）の形で行なわれる。

(5) 平方和の計算手順

要因 A の水準数（条件数）を a とし，各条件内での被験者の数（データの数）を n としたときの1要因分散分析のための計算式を以下に示す。例題1では $a=3$, $n=5$ である。まず初めに**修正項**（correction term, CT）を算出するが，これは，あとの計算を簡単にするためのもので，数値そのものには意味はない。

① 修正項
$$CT = (\sum\sum X)^2 / an = 90^2 / (3 \times 5) = 540 \qquad [9\text{-}1\text{-}3]$$

② 全平方和
$$SS_t = \sum\sum X^2 - CT = 596 - 540 = 56 \qquad [9\text{-}1\text{-}4]$$
$$df_t = an - 1 = (3 \times 5) - 1 = 14$$

③ 要因平方和
$$SS_A = \sum(\sum X)^2 / n - CT = (20^2 + 30^2 + 40^2)/5 - 540 = 40 \qquad [9\text{-}1\text{-}5]$$
$$df_A = a - 1 = 3 - 1 = 2$$

④ 誤差平方和
$$SS_e = SS_t - SS_A = 56 - 40 = 16 \qquad [9\text{-}1\text{-}6]$$
$$df_e = df_t - df_A = 14 - 2 = 12$$

(6) 分散分析表と検定の手順

① 分散分析表

計算結果は表 9・1b のような分散分析表の形にしてまとめ，最終過程の分散比の検定を行なう。**変動因**（source of variance）とは，データのばらつきの原因となるものを意味し，この例では実験の要因と誤差である。平方和は上の計算によって求められたものである。自由度（df）は実験の要因の水準数から1を引いた値であり，全体に対してはデータの総数から1を引いた値となる。誤差の自由度は，全体の自由度から条件の自由度を引いた値となる。次の列の**平均平方**（mean square, MS）は平方和を自由度で割った値であり，最後の分散比は，要因の平均平方を誤差の平均平方（MS_e）で割ったものである。

9.1 1要因分散分析

表 9・1b　例題1の分散分析表

変動因 Source	平方和 SS	自由度 df	平均平方 MS	分散比 F_0
要因(照明条件)	40	2	20.0	15.0**
誤差	16	12	1.3	
全体	56	14		

② 分散比の検定

　要因の平均平方が大きいということは，要因の水準を変化させたことによってデータの値が規則的に大きく変わったことを意味している。その大きさの客観的評価はそれを分子とし，誤差の平均平方を分母とした比率に対して行なわれる。どのくらい大きければ有意差ありとするかは，F分布の表（付表6）の臨界値から決められる。Fの表を引くためには2つの自由度の値が必要である。要因（分子）の自由度2（Fの表ではn_1）と誤差（分母）の自由度12（n_2）によってFの臨界値を求める。有意水準が5％のとき（付表6-1），表のF値は3.89で，1％のとき6.93である。これを次のように表わす。

$$F(2, 12 ; 0.05) = 3.89 \qquad F(2, 12 ; 0.01) = 6.93$$

③ 判定の手順

　検定結果は，計算から得られたFの値（F_0）と表から求めたFの臨界値を比較することによって，次のように行なわれる。

(イ) 計算で得られたFの値（F_0）が表の5％のFの値より小さいときには「有意差なし」（n.s.）

(ロ) 5％のF値より大きいが，1％のF値より小さいときには「有意水準5％で有意差あり」$p<0.05$（＊）

(ハ) 1％のF値より大きいときには「有意水準1％で有意差あり」$p<0.01$（＊＊）

　例題1の結果は，$F_0=15.0$であり，Fの表の1％の値（6.93）よりも大きいので1％水準で有意差あり$p<0.01$という判定になる。

(7) 検定結果の記述

検定結果は分散分析表に上の③で示したように $p<0.05$, $p<0.01$ や＊（アステリスク）の数によって表示するとともに，次のような形で記述する。
有意差がある場合は，
①検定結果としては，「要因の効果は1％で有意であった」
②実験の結果としては，「照明条件の違いによって能率に差があるといえる」
有意差がない場合には，
①帰無仮説は棄却できない，つまり「有意差なし」
②3つの平均は異なるとはいえない，つまり「3つの条件の間に差があるとはいえない」

(8) 多重比較

分散分析で3つ以上の平均値の間に全体として有意差がみられたとき，必ずしもすべての平均の間に有意な差があることを示してはいない。そこでおのおのの平均値のどれとどれの間に差があるかを見極めるための方法として**多重比較**（multiple comparison）が用いられる。この場合平均対ごとに t 検定をすると全体の有意水準を不当に大きくし H_0 を棄却しやすくすることになるので避けねばならない。多重比較にはいくつかの方法があるが，ここでは手続きが簡単な**テューキーのHSD検定**（Tukey's HSD test）を用いる。平均が3つのときは，3つの平均対 $(\bar{X}_1, \bar{X}_2)$ $(\bar{X}_2, \bar{X}_3)$ $(\bar{X}_1, \bar{X}_3)$ について有意差の検定を行なう。この場合の帰無仮説は $H_{12}(\mu_1=\mu_2)$, $H_{23}(\mu_2=\mu_3)$, $H_{13}(\mu_1=\mu_3)$ であり，これを一般化すると $H_{ij}(\mu_i=\mu_j)$, $(i \neq j)$ となる。実際の手順ではまず，検定のための規準値を次の式で求める（α は有意水準で通常1％か5％に設定する）。

$$HSD(\alpha) = q(\alpha)\sqrt{MSe/n} \qquad [9\text{-}1\text{-}7]$$

ここで $q(\alpha)$ は**スチューデント化された範囲の臨界値**（付表7）と呼ばれる値であり，MSe は分散分析表中の誤差の平均平方，n は各平均のデータの数である。$q(\alpha)$ の実際の値はすべての平均の数（水準数，m）と誤差項 MSe の自由度（df_e）によって決まる。任意の2つの平均対の絶対値とこの公式からの $HSD(\alpha)$ 値を比較して

$$|\bar{X}_i - \bar{X}_j| \geq HSD(\alpha) \quad \text{ならば有意水準}\alpha\text{で有意差あり}$$

$|\overline{X}_i - \overline{X}_j| < HSD(\alpha)$ ならば有意差なし

と判定する。これを例題1に適用すると，表9・1bより誤差の自由度 df_e は12，その自由度での $q(\alpha)$ は，スチューデント化された範囲の臨界値の表（付表7）より，有意水準5%のときは3.77，1%のときは5.05である。比較する平均の数は m=3 で n はすべての条件で等しく5であり，MSe は分散分析表より1.3である。これらの数値を式に入れて

$$HSD(5\%) = 3.77 \times \sqrt{1.3/5} = 1.92$$
$$HSD(1\%) = 5.05 \times \sqrt{1.3/5} = 2.58$$

3つの平均対についてそれぞれこの値と比べる。平均対の差の絶対値が1.92より大きければ5%，2.58より大きければ1%で有意差ありとなる。表9・1aでは，

$$(\overline{X}_1, \overline{X}_2): |4-6| = 2(*)$$
$$(\overline{X}_2, \overline{X}_3): |6-8| = 2(*)$$
$$(\overline{X}_1, \overline{X}_3): |4-8| = 4(**)$$

この例でははじめの2つの平均対において5%水準で，3つめの対では1%で有意差があった。つまりこの実験の結果から（イ）照明の効果は全体として1%の有意水準で効果があるといえ，（ロ）多重比較の結果から，照明条件が「高」のときは「中」より，「中」のときは「低」よりも効率がよいことがわかった。

9.2　分散分析の前提条件

分散分析を行なうためには，データについて次のような前提が必要となる。しかしながら実際の適用においては，⑤のデータの独立性は別として，それ以外の諸条件は必ずしも完全に満足されていなくても実用に耐え得るとされている。

①尺度の水準が間隔尺度または比率尺度であること。
②データの構造モデルから求められる性質である要因効果，つまり各要因の

分散の加算性があること。
③それぞれの平均が算出されるグループ内でのデータが，無作為抽出されたものであること。
④各グループ内でのデータの母集団分布に正規性があること。
⑤それぞれのグループの間のデータに独立性が保たれていること。
⑥各グループ内の誤差分散がグループ間で等質であること。

9.3　分散分析の種類

分散分析の形はいろいろな側面から分類できる。実際の適用においてはこれらの分類基準のそれぞれにおいて必要な選択がなされる。

(1)　**要因の数**：1要因，2要因，3要因など。

(2)　**実験デザイン**：完全確率化配置においては，例題1のように各水準への被験者の割りあてがランダムになされて，条件の比較が異なる被験者間で行なわれる（**被験者間比較**，between-subjects design）。乱塊法配置では，1人の被験者がすべての水準での測定を行なうので，条件の比較が1人の被験者の中で行なうことができる（**被験者内比較**，within-subjects design）。被験者（ブロック）ごとに実験順序をランダムにして順序による影響をなくすので乱塊法と呼ばれる（後述の例題3参照）。この場合データに対応がある。これらのデザインには1要因・2要因ともあり得る。

(3)　**データの対応の有無**：条件間のデータに対応があるか，それとも条件間が独立しているか。

(4)　**構造モデル**：要因の効果が一定であると考えられるような場合，例えば，例題1の照明条件などを**定数**（固定，fixed）モデルという。他方，想定される母集団からの標本として水準が選ばれ，その効果がランダムに変化する場合，例えば被験体の個体差やグループ差を求める場合などは，その変数の効果は**変量**（ランダム，random）モデルと呼ばれる。またその両者を含んだ場合は**混合**（mixed）モデルという。

(5)　**データ数**：同じ条件における測定が繰り返して行なわれているか，いない

9.4 データの数が等しくないときの1要因分散分析

水準によってデータの数が異なることや，すなわち欠損値（あるいは欠測値）があることは望ましいことではないが，場合によってはあとからのデータの追加が不可能なこともある。そのような場合には次の例のように分散分析を行なう。

> **例題 22**　1要因分散分析（対応がなく，データの数が異なる場合）
> 4つの実験条件のもとで，ある作業が終わるまでの時間を測定した。被験者24人をランダムに6人ずつ4つの条件に割りあてたが，実験のミスで3つの欠損値があり，データは表 9・4a のようになった。これを分散分析せよ。

(1) データ表

表9・4a　実験条件ごとの作業時間（単位：秒）

条件	A1	A2	A3	A4
	13.4	15.4	12.5	13.0
	14.0	15.9	13.2	14.2
	12.1	13.8	14.2	13.8
	13.8	13.7	14.6	15.4
	15.2	—	12.7	15.2
	14.1	—	11.8	—
$\sum X$	82.6	58.8	79.0	71.6
n	6	4	6	5
$\bar{X}$	13.8	14.7	13.2	14.3
s	1.0	1.1	1.1	1.0

$\sum X^2 = (13.4^2 + 15.4^2 + \cdots\cdots + 15.2^2) = 4085.46$

(2) グラフ

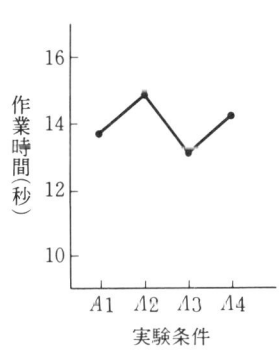

図 9・4　実験条件ごとの平均作業時間（秒）

(3) 帰無仮説 $(H_0) : \mu_1 = \mu_2 = \mu_3 = \mu_4$

(4) 構造モデル : $X_{ij} = \mu + \alpha_i + \varepsilon_{ij}$　　　　　　　　　　　[9-4-1]

(5) 平方和の算出 : 変換値によって行なう。要因 A のレベル数は $a=4$, 各レベルでの人数は $n_i = 6, 4, 6, 5$, 全被験者数 $N=21$ として必要な基礎計算は表の下に示してある。

① 修正項
$$CT = (\sum\sum X)^2 / \sum n_i = 292^2/21 = 4060.19 \quad [9\text{-}4\text{-}2]$$

② 全平方和
$$SS_t = \sum\sum X^2 - CT = 4085.46 - 4060.19 = 25.27 \quad [9\text{-}4\text{-}3]$$
$$df_t = N - 1 = 21 - 1 = 20$$

③ 要因平方和
$$SS_A = \sum((\sum X)^2 / n_i) - CT$$
$$= (82.6^2/6 + 58.8^2/4 + 1040.2^2/6 + 71.6^2/5) - 4060.19 = 6.81$$
$$[9\text{-}4\text{-}4]$$
$$df_A = a - 1 = 4 - 1 = 3$$

④ 誤差平方和
$$SS_e = SS_t - SS_A = 25.27 - 6.81 = 18.46 \quad [9\text{-}4\text{-}5]$$
$$df_e = df_t - df_A = 20 - 3 = 17$$

(6) 分散分析表と検定

表 9・4 b

Source	SS	df	MS	F_0	
要因(実験条件) A	6.81	3	2.27	2.09	n.s.
誤差(個人差)	18.46	17	1.09		
全 体	25.27	20			

$F(3, 17 ; 0.05) = 3.20$　　$F(3, 17 ; 0.01) = 5.18$

(7) 検定結果

計算で得られた F の値 ($F_0 = 2.09$) が付表 6-1 (F 分布表) の 5% の F の値 (3.20) より小さいので「有意差なし」(n.s.), つまり「実験条件によって

作業時間が異なるとはいえない」。

(8) この例では全体として有意差がなかったので，多重比較は行なわないが，有意差があった場合には，次の6つの平均対の帰無仮説の検定が行なわれる。

帰無仮説　$H_{12}(\mu_1=\mu_2)$, $H_{13}(\mu_1=\mu_3)$, $H_{14}(\mu_1=\mu_4)$,
　　　　　$H_{23}(\mu_2=\mu_3)$, $H_{24}(\mu_2=\mu_4)$, $H_{34}(\mu_3=\mu_4)$

データの数が異なる場合の多重比較にテューキーのHSD検定を用いるときには，[9-1-7] 式（p.146）の被験者数（n）として，データ数がセルによって大きく異ならないときには調和平均（n'；9-7-1式，p.163）を近似値として用いる。この例題の場合には4水準のデータ数はそれぞれ6，4，6，5なので，$n'=4/(1/6+1/4+1/6+1/5)≒5.1$ となる。

9.5　データに対応のある場合の1要因分散分析

例題1において5人の作業員が3つの条件で測定を行なったものとした場合，各条件の測定値は同じ被験者のデータであるという意味で対応があるといわれる。この場合，実験の順序を被験者というブロックごとにランダムに割り当てる乱塊法デザインとなる（**9.3**参照）。比較のために，例題1のデータを対応あるものとして分散分析する。

> **例題 3**　　乱塊法デザイン（1要因でデータに対応がある場合）
>
> 　ある作業を行なう部屋の照明が，作業能率に与える効果を調べる実験が行なわれた。部屋の明るさは低・中・高の3段階に変化させ，作業の能率は1時間あたりに仕上げた製品の総重量（kg）で測った。5人の作業員が照明のみが異なる3つの部屋で作業を1時間ずつ行なった結果が次の表である（例題1と同じデータ）。

(1) データを表 9・5a に示す（表 9・1a を再掲）。
(2) グラフを図 9・5a に示す（図 9・1a を再掲）。

152　第**9**章　分散分析（3つ以上の平均の差の検定）

　ブロックが同一個人ではなく，同じ特性（例えば作業能力）を持った被験者のグループとして計画されることもある。この例題3でいうと能力の同じ程度3人の被験者の能力別グループを5つ作り，各グループの3人を3つの条件にランダムに割り当てることになる。この場合の分散分析も同じ形になり，ブロック要因は作業能力の違いとして解釈される。

表 9・5 a　照明条件による作業能率の違い　（単位：kg）

条件	低	中	高	計
S1	6	7	8	21
S2	3	5	7	15
S3	4	6	8	18
S4	5	7	9	21
S5	2	5	8	15
$\sum X$	20	30	40	90
$\bar{X}$	4.0	6.0	8.0	
s	1.6	1.0	0.7	

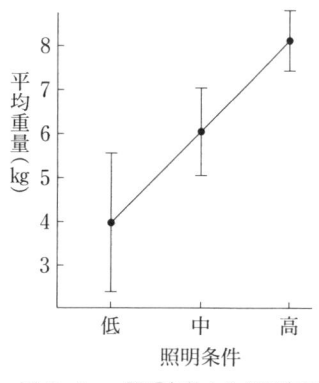

図 9・5 a　照明条件と作業能率の関係

(3) 帰無仮説も例題1と同じで，$H_0: \mu_1 = \mu_2 = \mu_3$

(4) **構造モデル**

$$\text{データ} = \text{一般平均} + \text{要因効果} + \text{ブロック効果} + \text{誤差}$$

$$X_{ij} = \mu + \alpha_i + \beta_j + \varepsilon_{ij}$$

（ただし，i は条件，j は被験者の番号）　　　[9-5-1]

ブロック効果とはこの例の場合には個人差(b)を示す。

（μ, α, ε は図 9・1 b と同じ。β はブロック効果）

DATA			μ			α			β			ε		
6	7	8	6	6	6	-2	0	2	1	1	1	1	0	-1
3	5	7	6	6	6	-2	0	2	-1	-1	-1	0	0	0
4	6	8	6	6	6	-2	0	2	0	0	0	0	0	0
5	7	9	6	6	6	-2	0	2	1	1	1	0	0	0
2	5	8	6	6	6	-2	0	2	-1	-1	-1	-1	0	1

図 9・5 b

(5) 平方和の算出（bはブロックの記号，その他の記号は例題1と同じで，$a=3$, $n=5$, $\sum\sum X=90$, $\sum\sum X^2=6^2+3^2+\cdots\cdots+9^2+8^2=596$ となる）

① 修正項　　　$CT=(\sum\sum X)^2/an=90^2/(3\times 5)=540$　　　[9-5-2]

② 全平方和　　$SS_t=\sum\sum X^2-CT=596-540=56$　　　[9-5-3]

③ 要因平方和　$SS_A=\sum(\sum X_i)^2/n-CT$
$$=(20^2+30^2+40^2)/5-540=40 \quad [9\text{-}5\text{-}4]$$

④ ブロック平方和
$$SS_b=\sum(\sum X_i)^2/a-CT$$
$$=(21^2+15^2+18^2+21^2+15^2)/3-540=12 \quad [9\text{-}5\text{-}5]$$

⑤ 誤差平方和　　$SS_e=SS_t-(SS_A+SS_b)$
$$=56-(40+12)=4 \quad [9\text{-}5\text{-}6]$$

(6) 分散分析表

表 9・5 b

Source	SS	df	MS	F_0
要因（照明条件）	40	2	20.0	40.0＊＊
ブロック（個人差）	12	4	3.0	6.0＊
誤　差	4	8	0.5	
全　体	56	14		

$F(2, 8; 0.05)=4.46$　　$F(4, 8; 0.05)=3.84$

$F(2, 8; 0.01)=8.65$　　$F(4, 8; 0.01)=7.01$

(7) 検定結果

実験要因効果については，計算から得られた F の値（$F_0=40.0$）が自由度2と8のときの付表6-1の1％の F の臨界値より大きいので，「有意水準1％で有意差あり」，ブロック（個人差）要因については，$F_0=6.0$ であり，自由度4と8の F 表（付表6-1）の5％の F 値よりも大きく，1％の値より小さいので，「5％水準で有意差あり」という判定になる。つまり，照明条件の効果が認められ，個人差もみられる。

(8) 多重比較

ブロック要因については多重比較を行なわない。この例でもランダムな個体

差なので,それ以上の有意差は問題にしない。この乱塊法の実験条件の要因の多重比較は,例題1と同じ形で行なえる。すなわち誤差の自由度 df_e は8,その自由度での $q(\alpha)$ はスチューデント化された範囲の臨界値の表（付表7）より有意水準5％のときは4.04,1％のときは5.64である。比較する平均の数は m＝3でnはすべての条件で等しく5であり,MSe は分散分析表より0.5である。これらの数値を式［9-1-7］(p.146) に入れて

$$HSD\ (5\%) = 4.04 \times \sqrt{0.5/5} = 1.28$$
$$HSD\ (1\%) = 5.05 \times \sqrt{0.5/5} = 1.78$$

3つの平均対についてそれぞれこの値と比べる。平均対の差の絶対値が1.28より大きければ5％,1.78より大きければ1％で有意差ありとなる。つまり,$(\bar{X}_1, \bar{X}_2): |4-6|=2(**)$,$(\bar{X}_2, \bar{X}_3): |6-8|=2(**)$,$(\bar{X}_1, \bar{X}_3): |4-8|=4(**)$ となり,すべての平均対において,1％水準で有意差がある。

9.6　2要因分散分析

本節では,要因が2つの場合の分散分析を考える。2つの要因のうち,1つの要因が無作為変数（例えば被験体）のときは,1要因実験と考えられて前節での乱塊法デザインと同じになる。したがってここでは,2つの要因がともに固定された場合（固定モデル）をとりあげる。2要因分散分析によって求めるものは,2つの要因おのおのの主効果とその2つの要因間の交互作用である。**主効果**（main effect）とは各要因ごとの単独の効果であり,**交互作用**（相互作用,interaction）とは,1つの要因の結果に与えるもう一方の要因の効果である。

例題 4　2要因分散分析（対応がなく,データ数が同じ場合）

ある実験においてA要因の3つの水準（$A1, A2, A3$）の差,B要因の2つの水準（$B1, B2$）の差,およびA要因とB要因との交互作用を分析するために,被験体18人を無作為に選び,各条件に3人ずつランダムに割りあてて測定した。その結果を表9・6aと図9・6aに示した。

平均値の有意差検定を行なえ。

表 9・6a 例題4のデータ表

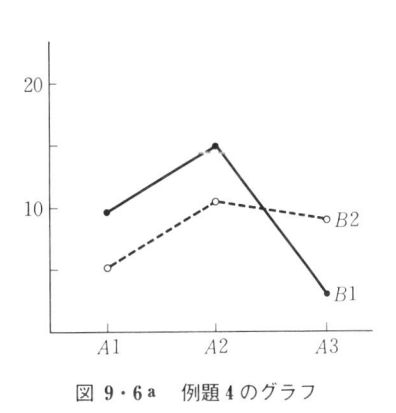

水準	A1	A2	A3	T_j
B1	8	16	2	
	10	14	3	
	11	15	4	
$\sum$	29	45	9	83
$\bar{X}$	9.7	15.0	3.0	
B2	6	11	11	
	6	12	9	
	3	8	7	
$\sum$	15	31	27	73
$\bar{X}$	5.0	10.3	9.0	
T_i	44	76	36	156 (T)

図 9・6a 例題4のグラフ

　A要因の水準とB要因の水準の組み合わせを**処理**（treatment）といい（実験では条件と呼ぶ），この処理の結果としてのデータはデータ表においては各**セル**（cell：細胞）の中に記される。表9・6aにおいては各セル内の平均（$\bar{X}$）のみでなく，分散分析の計算で必要となるセル内の合計や水準ごとの合計もTという記号で求めてある。

　主効果は各要因の単独の効果であるから，A要因の主効果とは，B要因のすべての水準をこみにしたときのA要因の各水準間の差であり，B要因の主効果とは，A要因のすべての水準をこみにしたときのB要因の各水準間の差である。まず最初におのおのの主効果について表をつくり，それを図示して説明する。

(1) **2つの要因の主効果**

　Aの主効果つまりB要因のすべての水準をこみにしたA要因の効果をみるために，B要因のすべての水準のデータをA要因の各水準ごとに集計し，その平均を計算する。すなわちA1では44÷6=7.3，A2では76÷6=12.7，A3では36÷6=6.0となる。同様にB要因の主効果をみるために，A要因のすべて

の水準のデータをB要因の各水準ごとに集計し，その平均を計算する。$B1$ では $83 \div 9 = 9.2$，$B2$ では $73 \div 9 = 8.1$ となる。これらをグラフにすると図9・6bのようになる。

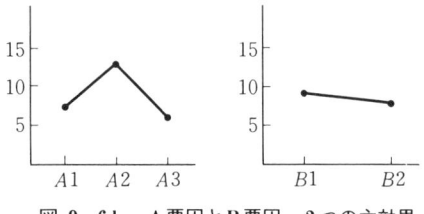

図 9・6b　A要因とB要因，2つの主効果

(2) 交互作用

交互作用はグラフから読みとるとその意味がわかりやすい。簡単にするために，2要因2水準（要因X，2水準 × 要因Y，2水準）について，交互作用があると考えられる場合と交互作用がないと考えられる場合を要因Xを横軸として図示する（図9・6c）。

交互作用があると考えられる場合(1)(2)

交互作用がないと考えられる場合(3)(4)

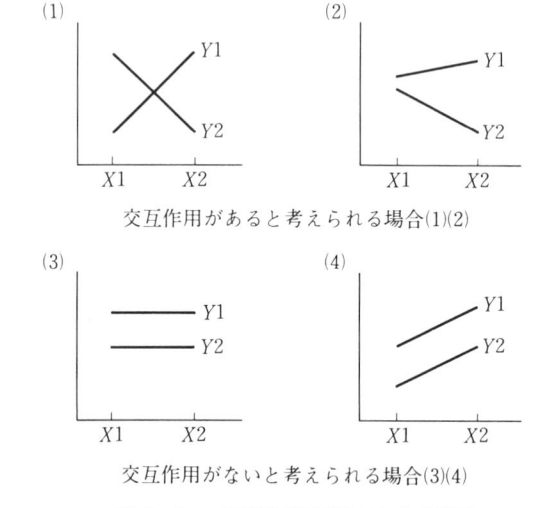

図 9・6c　交互作用のグラフによる説明

これらの図をみてわかることは，交互作用のある場合は2つの線が平行でないときであり，交互作用のない場合はそれとは逆に2つの線が平行であるとい

うことである。したがって，交互作用がある場合とは，図に即していえば，$X1$ のときの $Y1$ と $Y2$ の差が，$X2$ のときの $Y1$ と $Y2$ の差と異なっていることを意味している。

例題4の場合の図 9・6a をみると，$B1$ と $B2$ の2本のグラフが平行ではなく，交互作用のある可能性が高いことがわかる。

(3) 帰無仮説

要因A　　　　　　　　　　$H_0 : \alpha_1 = \alpha_2 = \alpha_3$

要因B　　　　　　　　　　$H_0 : \beta_1 = \beta_2$

要因Aと要因Bとの交互作用　$H_0 : \alpha_1\beta_1 = \alpha_1\beta_2 = \cdots\cdots = \alpha_3\beta_2$

(4) 平方和の計算手順

要因Aの水準数 $a=3$，要因Bの水準数 $b=2$，1つの細胞内のデータの数 $n=3$ として2要因分散分析のための計算式と結果を示す。

① 修正項
$$CT = (\sum\sum\sum X)^2 / abn \qquad [9\text{-}6\text{-}1]$$
$$= (8+10+11+\cdots\cdots+11+9+7)^2 / (3\times 2\times 3) = 1352$$

② 全平方和
$$SS_t = \sum\sum\sum X^2 - CT \qquad [9\text{-}6\text{-}2]$$
$$= (8^2+10^2+11^2+\cdots\cdots+11^2+9^2+7^2) - 1352 = 300$$
$$df = abn - 1 = 3\times 2\times 3 - 1 = 17$$

③ 要因Aの平方和
$$SS_A = \sum T_i^2 / bn - CT \qquad [9\text{-}6\text{-}3]$$
$$= (44^2+76^2+36^2)/(2\times 3) - 1352 = 149.3$$
$$df = a - 1 = 3 - 1 = 2$$

④ 要因Bの平方和
$$SS_B = \sum T_j^2 / an - CT \qquad [9\text{-}6\text{-}4]$$
$$= (83^2+73^2)/(3\times 3) - 1352 = 5.6$$
$$df = b - 1 = 2 - 1 = 1$$

⑤ セル間平方和
$$SS_c = \sum\sum(\sum X)^2 / n - CT \qquad [9\text{-}6\text{-}5]$$

$$= (29^2 + 45^2 + 9^2 + 15^2 + 31^2 + 27^2)/3 - 1352 = 268.7$$

これは次の⑥・⑦のために算出する数値で，分散分析表には示さない。

⑥ 交互作用平方和

$$SS_{AB} = SS_c - (SS_A + SS_B) \qquad [9\text{-}6\text{-}6]$$
$$= 268.7 - (149.3 + 5.6) = 113.8$$
$$df = (a-1)(b-1) = (3-1)(2-1) = 2$$

⑦ 誤差平方和

$$SS_e = SS_t - SS_c = 300 - 268.7 = 31.3 \qquad [9\text{-}6\text{-}7]$$
$$df = ab(n-1) = 3 \times 2 \times 2 = 12$$

(5) 分散分析表と検定の手順

① 分散分析表

表 9・6 b　例題 4 の分散分析表

変動因 Source	平方和 SS	自由度 df	平均平方 MS	分散比 F_0
要因 A	149.3	2	74.7	28.73 **
要因 B	5.6	1	5.6	2.15 n.s.
交互作用 ($A \times B$)	113.8	2	56.9	21.88 **
誤差 (e)	31.3	12	2.6	
	300.0	17		

② 分散比の検定

　各要因の平均平方と誤差の平均平方の分散比，および交互作用の平均平方と誤差の平均平方との分散比によって，主効果 (MS_A/MS_e, MS_B/MS_e) と交互作用 (MS_{AB}/MS_e) の検定を行なう。このため F 分布の表（付表 6‐1, 6‐2）からおのおのの比の分子の自由度 (n_1)，分母の自由度 (n_2) の 2 つの自由度をもとに臨界値を読みとる。

　　要因 A　　$F(2,12 ; 0.05) = 3.88$　　$F(2,12 ; 0.01) = 6.93$
　　要因 B　　$F(1,12 ; 0.05) = 4.75$　　$F(1,12 ; 0.01) = 9.33$
　　交互作用　$F(2,12 ; 0.05) = 3.88$　　$F(2,12 ; 0.01) = 6.93$

この F の値と，各主効果および交互作用の分散比とを比較する。

要因A　　$F_0 = MS_A/MSe = 28.73 > F(2,12 ; 0.01) = 6.93$　　$p < 0.01$
要因B　　$F_0 = MS_B/MSe = 2.15 < F(1,12 ; 0.05) = 4.75$　　n.s.
交互作用　$F_0 = MS_{AB}/MSe = 21.88 > F(2,12 ; 0.01) = 6.93$　　$p < 0.01$

③　検定結果の分析

　分散比の検定より，要因Aの主効果，及び要因Aと要因Bとの交互作用が有意であった。交互作用に有意差がなく，主効果のみが有意である時には，有意であった主効果の各水準間の差をテューキーの HSD 法で検定すればよい（詳しくは，森・吉田，1990 の 97～98 頁を参照）。しかし，この例題のように2要因の分散分析において交互作用が有意であるとき，主効果の分析には注意を要する。交互作用が有意であるということは，要因Aから考えてみると，各水準（$A1, A2, A3$）においての平均の傾向が $B1$ と $B2$ によって異なることを意味している。したがって，要因Aの主効果が有意であるからといって，$B1, B2$ の平均が，要因Aの各水準間において一定の関係（例えば，$B1, B2$ にかかわらず $A1 > A2 > A3$ である）を示すとは限らない。つまり例題4では $B1, B2$ のおのおのにおいて，$A1, A2, A3$ の平均値の関係を検定する必要がある。そのための検定の手続きは，㈲ $B1, B2$ を別にした要因A各水準間の差の検定（要因Aの単純主効果），㈱各水準間で全体として差が出れば（単純主効果が有意であれば），各水準間の各ペアの差を HSD 法で吟味，㈨要因A各水準別の $B1, B2$ の差の吟味，となる。

④　$B1, B2$ おのおのの要因A各水準間の差の検定（要因Aの単純主効果）

　$B1$ における要因Aの単純主効果の検定　　この検定は，表 9・6a の $B1$ の部分だけをみた場合の1要因分散分析となる。誤差の平均平方はすでに2要因の分散分析によって求めた $MSe (= 2.6)$ （表 9・6b 参照）を用いればよいから，ここで求めるのは修正項と要因Aの平方和だけでよい。

修正項　　　$CT_{B1} = (\sum\sum X)^2 / an$
　　　　　　　　　　$= (8+10+11+16+14+15+2+3+4)^2 / (3 \times 3)$
　　　　　　　　　　$= 765.4$

要因Aの平方和　$SS_{B1} = \sum(\sum X)^2/n - CT_{B1}$
　　　　　　　　　　$= (29^2 + 45^2 + 9^2)/3 - 765.4 = 216.9$

要因Aの分散比　$F_0 = MS_{B1}/MSe = 216.9/(3-1)/2.6 = 41.71$

自由度は，要因が2（分子），誤差が12（分母）であるから F 分布の表をみると，$F(2,12;0.05) = 3.89$，$F(2,12;0.01) = 6.93$ であり，この例では1%の水準で有意差ありとなる。

$B2$ における要因Aの単純主効果の検定　$B1$の場合と同様の手続きによる。

修正項　　　　$CT_{B2} = (\sum\sum X)^2/an$
$$= (73)^2/(3\times 3) = 592.1$$

要因Aの平方和　$SS_{B2} = \sum(\sum X)^2/n - CT_{B2}$
$$= (15^2 + 31^2 + 27^2)/3 - 592.1 = 46.2$$

要因Aの分散比　$F_0 = MS_{B2}/MSe = 46.2/(3-1)/2.6 = 8.88$

自由度は上記の $B1$ の場合と同じなので有意水準の F 値も同じであり，この例では1%の水準で有意差ありとなる。

以上④の分析から，$B1$, $B2$ のそれぞれにおいて要因Aの単純主効果が有意であったことから，$B1$, $B2$ 別に，要因Aの各水準間の差の検定を次に行う。

⑤　要因Aの各水準間の差をテューキーの HSD 法の多重比較で吟味

$B1$ における要因Aの各水準間の差の検定　多重比較のテューキーの HSD 法を用いて平均値対の差の検定を行なう。式［9-1-7］（p.146）に次の数値を代入する。表9・6bより誤差の自由度(dfe) は12, 処理水準(m)は3である。これらの値から，有意水準5%, 及び1%の HSD 値をスチューデント化された範囲 (q) の臨界値の表（付表7）より求めると，5%のときは3.77, 1%のときは5.05である。MSe は分散分析表より2.6, nは全ての条件で等しく3である。これらを［9-1-7］の式に入れて，

$$HSD(5\%) = 3.77 \times \sqrt{2.6/3} = 3.51$$
$$HSD(1\%) = 5.05 \times \sqrt{2.6/3} = 4.70$$
$$(\overline{X}_{A1}, \overline{X}_{A2}): |29/3 - 45/3| = 5.33(**)$$
$$(\overline{X}_{A2}, \overline{X}_{A3}): |45/3 - 9/3| = 12(**)$$
$$(\overline{X}_{A1}, \overline{X}_{A3}): |29/3 - 9/3| = 6.67(**)$$

したがって $B1$ では，要因Aの得点の順序は高いものから順番に，$A2$, $A1$,

$A3$ となる（$A2>A1>A3$）。

$B2$ における要因Aの各水準間の差の検定

HSD（5%），HSD（1%）の値は $B1$ の場合と同じである。

$$(\bar{X}_{A1}, \bar{X}_{A2}): |15/3-31/3|=5.33(**)$$
$$(\bar{X}_{A2}, \bar{X}_{A3}): |31/3-27/3|=1.33(\text{n.s.})$$
$$(\bar{X}_{A1}, \bar{X}_{A3}): |15/3-27/3|=4(*)$$

したがって $B2$ では，要因Aの得点の順序は，$A2$ と $A3$ は等しく，この両水準より $A1$ が低いという順になる（$A2=A3>A1$）。

ここで $B1$, $B2$ によって要因Aの各水準間の得点の順序が違っていることが明らかになった。すなわち，要因Aの各水準間の得点の関係は，$B1$ では $A2>A1>A3$ であるが，$B2$ では $A2=A3>A1$ である。ということは，$A1$ と $A2$ との関係は $B1$, $B2$ とも同じ（図 9・6 c の(4)の図と同じ関係を示している）だが，$A2$ と $A3$，$A1$ と $A3$ のそれぞれの関係は $B1$, $B2$ によって異なる（図 9・6 c の(1)と同じ関係を示している）ということになる。この結果は，図 9・6 a をみても明らかであろう。

次に，要因Bを中心として要因Aとの関係をみてみよう。

⑥ 要因Aの各水準での $B1$, $B2$ の差の吟味（要因Bの単純主効果）

$A1$ での $B1$ と $B2$ の差　④の場合と同様に修正項，要因Bの平方和を求め，F の値を求める。

修正項　　　$CT_{A1}=(29+15)^2/(2\times 3)=322.7$

要因Bの平方和　$SS_{A1}=(29^2+15^2)/3-CT_{A1}=32.6$

平均平方　　$MS_{A1}=SS_{A1}/(b-1)=32.6/(2-1)=32.6$

分散比　　　$F_0=MS_{A1}/MSe=32.6/2.6=12.54$（**）

自由度は $(b-1)=2-1=1$, $ab(n-1)=3\times 2\times(3-1)=12$ であり，F 表より $F(1,12;0.01)=9.33$ であるから，上の F_0 の値は有意水準1%で有意差あり（**）となる。$A1$ での要因Bの水準数は2であるから，主効果が有意であれば $\bar{X}_{B1}$ と $\bar{X}_{B2}$ との差をさらに多重比較によって検定する必要がないのは自明であり，したがって $A1$ では，要因Bの得点は $B1$ の方が $B2$ より高い（$B1>B2$）ということになる。

$A2$ での $B1$ と $B2$ の差

修正項　　　　$CT_{A2} = (45+31)^2 / (2 \times 3) = 962.7$
要因Bの平方和　$SS_{A2} = (45^2 + 31^2) / 3 - CT_{A2} = 32.6$
平均平方　　　$MS_{A2} = SS_{A2} / (b-1) = 32.6 / (2-1) = 32.6$
分散比　　　　$F_0 = MS_{A2} / MSe = 32.6 / 2.6 = 12.54$（**）

したがって $A2$ では，要因Bの得点は $B1$ の方が $B2$ より高い（$B1>B2$）ということになる。

$A3$ での $B1$ と $B2$ の差

修正項　　　　$CT_{A3} = (9+27)^2 / (2 \times 3) = 216.0$
要因Bの平方和　$SS_{A3} = (9^2 + 27^2) / 3 - CT_{A3} = 54$
平均平方　　　$MS_{A3} = SS_{A3} / (b-1) = 54 / (2-1) = 54$
分散比　　　　$F_0 = MS_{A3} / MSe = 54 / 2.6 = 20.77$（**）

したがって $A3$ では，要因Bの得点は $B2$ の方が $B1$ より高い（$B2>B1$）ということになる。

これらの検定の結果から結論として次のようにいえる。

「$A1$，$A2$，$A3$ 各水準において $B1$ と $B2$ の平均値の間に差がみられるが，その数値の関係は，$A1$ と $A2$ では $B1$ の方が $B2$ より得点が高い（$B1>B2$）けれども，$A3$ ではそれとは逆に $B2$ の方が $B1$ より得点が高い（$B2>B1$）」

9.7　セル内のデータ数が異なる場合の2要因分散分析

> **例題 5**　2要因分散分析（対応がなく，データ数が異なる場合）
> 　例題4のデータ表に表 9・7a のようにデータを加えて，被験者の数が異なる場合（あるいは欠損データのある場合）の分散分析を行なえ。

まず問題となるのは，セル内のデータの数をどのように計算するのかということである。一般に**調和平均**（逆数の平均の逆数，n'）を使い，平方和の計算にはセル内の平均値を用いて計算する。

9.7 セル内のデータ数が異なる場合の2要因分散分析

表 9・7a　例題5のデータ表

水準	A1	A2	A3	T_j
B1	7	15	2	
	10	14	3	
	12	16	4	
	10	—	3	
$\sum$	39	45	12	
n	4	3	4	
$\overline{X}$	9.75	15.0	3.0	27.75
B2	5	10	10	
	6	12	9	
	4	9	8	
	—	10	—	
$\sum$	15	41	27	
n	3	4	3	
$\overline{X}$	5.0	10.25	9.0	24.25
T_i	14.75	25.25	12.0	52.00(T)
	$a=3$	$b=2$		$\sum\sum n_{ij}=21$

① セル内の人数の調和平均

$$n'=ab/\sum\sum(1/n_{ij}) \qquad [9-7-1]$$
$$=3\times2/(1/4+1/3+1/4+1/3+1/4+1/3)=3.43$$

② 修正項

$$CT=n'\,T^2/ab=3.43\times52^2/(3\times2)=1545.79 \qquad [9-7-2]$$

③ 要因Aの平方和

$$SS_A=n'\sum T_i^2/b-CT \qquad [9-7-3]$$
$$=3.43(14.75^2+25.25^2+12^2)/2-1545.79=167.71$$

$df=a-1=2$

④ 要因Bの平方和

$$SS_B=n'\sum T_j^2/a-CT \qquad [9-7-4]$$
$$=3.43(27.75^2+24.25^2)/3-1545.79=7.00$$

⑤ セル間平方和
$$SS_c = n'\sum\sum \bar{X}_{ij}{}^2 - CT \qquad [9\text{-}7\text{-}5]$$
$$= 3.43(9.75^2 + 15^2 + 3^2 + 5^2 + 10.25^2 + 9^2) - 1545.79 = 306.84$$

⑥ 交互作用平方和
$$SS_{AB} = SS_c - (SS_A + SS_B) \qquad [9\text{-}7\text{-}6]$$
$$= 306.84 - (167.71 + 7.00) = 132.13$$
$$df = (a-1)(b-1) = (3-1)(2-1) = 2$$

⑦ 誤差平方和
$$SS_e = \sum\sum\sum X_{ij}{}^2 - \sum\sum(T_{ij}{}^2/n_{ij}) \qquad [9\text{-}7\text{-}7]$$
$$= (7^2 + 10^2 + \cdots + 8^2) - (39^2/4 + 45^2/3 + \cdots + 27^2/3)$$
$$= 1855 - 1829.5 = 25.5$$
$$df = \sum\sum n_{ij} - ab = 21 - (3\times 2) = 15$$

表 9・7b　例題5の分散分析表

Source	SS	df	MS	F_0
要因 A	167.71	2	83.86	49.33**
要因 B	7.00	1	7.00	4.12 n.s.
交互作用 ($A\times B$)	132.13	2	66.07	38.86**
誤差 (e)	25.5	15	1.7	
	332.34	20		

この検定結果の分析方法は例題4と同じであるが，セル内の被験者の数が異なっているので，単純主効果を検定するための1要因の分散分析においても被験者の数が異なっているときの方法（例題2）を用いる。

① $B1$ における要因Aの単純主効果

修正項　　　　$CT_{B1} = (\sum\sum X)^2/an' = (39+45+12)^2/(3\times 3.43) = 895.6$

要因Aの平方和　$SS_{B1} = \sum(\sum X^2)/n' - CT_{B1}$
$$= (39^2 + 45^2 + 12^2)/3.43 - 895.6 = 180.2$$

要因Aの平均平方　$MS_{B1} = SS_{B1}/(\text{要因Aの自由度}-1) = 180.2/(3-1) = 90.1$

要因Aの分散比　$F_0 = MS_{B1}/MS_e = 90.1/1.7 = 53**$　（1％水準で有意）

9.7 セル内のデータ数が異なる場合の2要因分散分析

付表6-1より　$F_{(2,15;.01)}=6.36<F_0$

以上の①の分析から，$B1$ において要因Aの単純主効果が有意であったことから，$B1$ における要因Aの各水準間の差の検定を次に行なう。

誤差の自由度（dfe）は15，処理水準（m）は3である。これらの値から，有意水準5％，及び1％の HSD 値をスチューデント化された範囲（q）の臨界値の表（付表7）より求めると，5％のときは3.67，1％のときは4.84である。MSe は分散分析表より1.7，n は調和平均（n'）の3.43である。これらを [9-1-7] の式に入れて

$$HSD(5\%)=3.67\times\sqrt{1.7/3.43}=2.58$$
$$HSD(1\%)=4.84\times\sqrt{1.7/3.43}=3.41$$
$$(\overline{X}_{A1},\ \overline{X}_{A2}):|39/4-45/3|=5.25(**)$$
$$(\overline{X}_{A2},\ \overline{X}_{A3}):|45/3-12/4|=12(**)$$
$$(\overline{X}_{A1},\ \overline{X}_{A3}):|39/4-45/3|=6.75(**)$$

したがって $B1$ では，要因Aの得点の順序は高いものから順番に，$A2$, $A1$, $A3$ となる（$A2>A1>A3$）。

② $B2$ における要因Aの単純主効果

修正項　　　　　$CT_{B2}=(15+41+27)^2/(3\times 3.43)=669.5$

要因Aの平方和　$SS_{B2}=(15^2+41^2+27^2)/3.43-669.5=98.72$

要因Aの平均平方　$MS_{B2}=98.72/(3-1)=49.36$

要因Aの分散比　$F_0=49.36/1.7=29.0**$　（1％水準で有意）

付表6-1より　$F_{(2,15;.01)}=6.36<F_0$

以上の②の分析から，$B2$ において要因Aの単純主効果が有意であったことから，$B2$ における要因Aの各水準間の差の検定を次に行なう。

有意水準5％，及び1％の HSD 値は $B1$ の場合と同様であるから，5％のときは2.58，1％のときは3.41である。

$$(\overline{X}_{A1},\ \overline{X}_{A2}):|15/3-41/4|=5.25(**)$$
$$(\overline{X}_{A2},\ \overline{X}_{A3}):|41/4-27/3|=1.25(\text{n.s.})$$
$$(\overline{X}_{A1},\ \overline{X}_{A3}):|15/3-27/3|=4(**)$$

したがって $B2$ では，要因Aの得点の順序は，$A2$ と $A3$ は等しく，この両水

準より $A1$ が低いという順になる（$A2=A3>A1$）。

③ $A1$ での要因Bの単純主効果

 修正項 $CT_{A1}=(39+15)^2/(2\times 3.43)=425.1$

 要因Aの平方和 $SS_{A1}=(39^2+15^2)/3.43-425.1=83.9$

 要因Aの平均平方 $MS_{A1}=83.9/(2-1)=83.9$

 要因Aの分散比 $F_0=83.9/1.7=49.4**$（1％水準で有意）

  付表6-1より $F_{(1,15;.01)}=8.68<F_0$

以上の③の分析から，$A1$ において要因Bの単純主効果が有意であった。要因Bの水準数は2であるのでさらに水準間の差を検定するまでもなく，$A1$ では，要因Bの得点は，$B1$ の方が $B2$ より大きい（$B1>B2$）。

④ $A2$ での要因Bの単純主効果

 修正項 $CT_{A2}=(45+41)^2/(2\times 3.43)=1078.1$

 要因Aの平方和 $SS_{A2}=(45^2+41^2)/3.43-1078.1=2.37$

 要因Aの平均平方 $MS_{A2}=2.37/(2-1)=2.37$

 要因Aの分散比 $F_0=2.37/1.7=1.39$(n.s.)

  付表6-1より $F_{(1,15;.05)}=4.54>F_0$

以上の④の分析から，$A1$ において要因Bの単純主効果に有意差はなく，したがって $A2$ では，$B1$ と $B2$ の得点は等しい（$B1=B2$）。

⑤ $A3$ での要因Bの単純主効果

 修正項 $CT_{A3}=(12+27)^2/(2\times 3.43)=221.7$

 要因Aの平方和 $SS_{A3}=(12^2+27^2)/3.43-221.7=32.82$

 要因Aの平均平方 $MS_{A3}=32.82/(2-1)=32.82$

 要因Aの分散比 $F_0=32.82/1.7=19.3**$（1％水準で有意）

  付表6-1より $F_{(1,15;.01)}=8.68<F_0$

以上の⑤の分析から，$A3$ において要因Bの単純主効果が有意であった。したがって，$A3$ では要因Bの得点は，$B2$ の方が $B1$ より大きい（$B2>B1$）。

これらの検定の結果から結論は，「要因Aの各水準によって $B1$ と $B2$ との得点の関係は異なり，$A1$ では $B1>B2$, $A2$ では $B1=B2$, $A3$ では $B1<B2$

である」となる。

9.8 データに対応のある場合の2要因分散分析（2要因とも対応のある場合）

例題 6 2要因分散分析（データに対応がある場合）

例題4の2つの要因を固定モデルの要因とし、6つの処理すべてについて同じ被験体（$S1, S2, S3$）が用いられる場合（対応のある場合）を考えると表9・8aのようになる。6つの平均値について分散分析を行なえ。

表 9・8a 例題6のデータ表

水準		$A1$	$A2$	$A3$	T_{jk}	T_j
	$S1$	6	14	3	23	
$B1$	$S2$	9	13	4	26	
	$S3$	11	15	5	31	
$\sum X(=T_{ij})$		26	42	12		80
$\bar{X}$		8.7	14.0	4.0		
	$S1$	6	11	9	26	
$B2$	$S2$	7	13	8	28	
	$S3$	5	10	7	22	
$\sum X(=T_{ij})$		18	34	24		76
$\bar{X}$		6.0	11.3	8.0		
T_i		44	76	36		156 (T)

この分散分析は、無作為である被験体（S）を要因と考えれば3要因実験になるが、ここでは要因と見なさないでデータに対応のある場合の2要因実験として分析する。平方和の計算と分散分析表を以下に示す。

$$a=3, \quad b=2, \quad n=3$$

① 修正項
$$CT = (\sum\sum\sum X)^2 / abn \qquad [9\text{-}8\text{-}1]$$
$$= (6+9+11+\cdots\cdots +9+8+7)^2 / (3\times 2\times 3) = 1352$$

② 全平方和
$$SS_t = \sum\sum\sum X^2 - CT \qquad [9\text{-}8\text{-}2]$$
$$= (6^2+9^2+11^2+\cdots\cdots +9^2+8^2+7^2) - 1352 = 220$$
$$df = abn - 1 = 3\times 2\times 3 - 1 = 17$$

③ 要因A
$$SS_A = \sum T_i^2 / bn - CT \qquad [9\text{-}8\text{-}3]$$
$$= (44^2+76^2+36^2) / (2\times 3) - 1352 = 149.33$$
$$df = a - 1 = 3 - 1 = 2$$

④ 要因B
$$SS_B = \sum T_j^2 / an - CT \qquad [9\text{-}8\text{-}4]$$
$$= (80^2+76^2) / (3\times 3) - 1352 = 0.89$$
$$df = b - 1 = 2 - 1 = 1$$

⑤ 個体差S
$$SSs = \sum T_k^2 / ab - CT \qquad [9\text{-}8\text{-}5]$$
$$= ((23+26)^2+(26+28)^2+(31+22)^2) / (3\times 2) - 1352 = 2.33$$
$$df = n - 1 = 3 - 1 = 2$$

⑥ A×B
$$SS_{AB} = \sum\sum T_{ij}^2 / n - CT - SS_A - SS_B \qquad [9\text{-}8\text{-}6]$$
$$= (26^2+42^2+12^2+18^2+34^2+24^2) / 3 - 1352 - 149.33 - 0.89 = 44.45$$
$$df = (a-1)(b-1) = (3-1)(2-1) = 2$$

⑦ A×S
$$SS_{AS} = \sum\sum T_{ik}^2 / b - CT - SS_A - SS_S \qquad [9\text{-}8\text{-}7]$$
$$= ((6+6)^2+(9+7)^2+\cdots\cdots +(4+8)^2+(5+7)^2) / 2$$
$$\quad -1352 - 149.33 - 2.33 = 3.34$$
$$df = (a-1)(n-1) = (3-1)(3-1) = 4$$

⑧ B×S

$$SS_{BS} = \sum\sum T_{jk}^2/a - CT - SS_B - SS_S \qquad [9\text{-}8\text{-}8]$$
$$= (23^2 + 26^2 + 31^2 + 26^2 + 28^2 + 22^2)/3 - 1352 - 0.89 - 2.33 = 14.78$$
$$df = (b-1)(n-1) = (2-1)(3-1) = 2$$

⑨ $A \times B \times S$

$$SS_{ABS} = SS_t - SS_A - SS_B - SS_S - SS_{AB} - SS_{AS} - SS_{BS} \qquad [9\text{-}8\text{-}9]$$
$$= 220 - 149.33 - 0.89 - 2.33 - 44.45 - 3.34 - 14.78 = 4.88$$
$$df = (a-1)(b-1)(n-1) = (3-1)(2-1)(3-1) = 4$$

F_0 を求めるときの誤差 MS は，A 要因の MS に対しては $A \times S$ の MS，B 要因には $B \times S$ の MS，$A \times B$ 交互作用の MS には $A \times B \times S$ の MS を用いる。

表 9・8 b　例題 6 の分散分析表

Source	SS	df	MS	F_0
被験体 S	2.33	2	1.17	
要因 A	149.33	2	74.67	74.7/0.84＝88.93＊＊
誤差：$A \times S$	3.34	4	0.84	
要因 B	0.89	1	0.89	0.89/7.39＝0.12　$n.s.$
誤差：$B \times S$	14.78	2	7.39	
交互作用：$A \times B$	44.45	2	22.24	22.24/1.22＝18.23＊＊
誤差：$A \times B \times S$	4.88	4	1.22	
全体：T	219.98	17		

$F(1,2;0.05) = 18.51$　$F(2,4;0.05) = 6.94$
$F(1,2;0.01) = 98.49$　$F(2,4;0.01) = 18.00$

練習問題

1. ある教科の4つの指導方法の効果（A, B, C, D）を比較するために12人の生徒を4つのグループに分けて，それぞれの方法で指導を受けさせた。指導方法の効果を調べるためにその期間のあとにテストを行なった結果が次の表である。4つの方法に違いがあるといえるか。平均のグラフを描き，分散分析を行ない，必要なら多重比較も行なえ。

A	B	C	D
5	9	2	8
6	6	5	8
7	8	6	5

2. ある動物の行動についての実験を3つの実験装置（X, Y, Z）で行ない，装置の違いが結果に影響するかどうかを調べた。平均のグラフを描き，分散分析を行ない，必要なら多重比較を行ない，この結果から何がいえるかを明確にせよ。

X	Y	Z
12	11	18
16	15	19
20	12	20
17	14	—
—	14	—

3. 3人の被験者（$S1$, $S2$, $S3$）の5つの刺激図形（a, b, c, d, e）に対する反応頻度を測定すると，下のような値になった。図形による反応数の違いがあるか。あるとするとどれとどれの間にどのような差異があるか。平均のグラフを描き，分散分析を行ない，必要なら多重比較を行なって調べよ。

	a	b	c	d	e
$S1$	91	88	99	72	76
$S2$	89	87	96	77	70
$S3$	95	78	92	76	71

4. A要因2水準，B要因3水準の実験で各条件5人合計30人の被験者から次の表のようなデータが得られた。各処理の平均値と s を算出し，グラフを描いて，分散分析を行なえ。

要因A		$A1$			$A2$	
要因B	$B1$	$B2$	$B3$	$B1$	$B2$	$B3$
測定値	6	7	8	7	9	7
	3	5	7	5	8	6
	4	6	8	6	8	6
	5	7	9	7	7	8
	2	5	8	5	8	7

第 10 章
重回帰分析

　ある現象Xと別の現象Yの間に相関関係がみられるとき，それだけでは，XがYに影響を与えているのか，YがXに影響を与えているのか，それともXとYが共通に影響を受ける別の要因があるのかについて断言することはできない。XがYに影響を与えているとみなすためには，Xが時間的・論理的にYに先行していることや，XとYの相関関係が普遍的にみられることなど，いくつかの条件が必要である。そのような条件を考慮した上でなら，XのYに対する影響の大きさについて推論することは可能である。また，ある現象に影響を与えている要因が１つではなく複数考えられることもある。このように，ある現象に影響を与えると思われる要因が複数あるときに，それらの要因が全体として，また個々に，どれくらいの影響を与えているのかについて分析するのが，重回帰分析という方法である。この章では，重回帰分析の基本的な考え方と手続きについて解説する。

10.1　回　帰

　重回帰分析を理解する前提として，相関関係のある２つの変数の間で一方が他方に与える影響の大きさを考えたり，一方の値からもう一方の値を推測したりする場合を考えてみよう。図10・1 は，本書第５章 p.62 の図 5・2 を引用したものであり，この座標軸上のXとYはある人の英語と数学の成績を表わしている。この場合，XとYの間には比較的高い相関があるので，個々人の成績を表わす点は楕円状に分布している。ここで，この楕円をちょうど中心で分断するように直線 $Y=a+bX$ を引いてみよう。aとbをどのような値にするかということは後に述べるが，ここではとりあえずそのような直線を引いたと仮定する。そして，この直線上でXがある値をとるときのYの値をみると，例えば，Xが80のときのYの値は78.36 となる。この値は，座標上でXが80である人のYの値

82 とそれほど大きな差はない。つまり，この直線によって実際の Y の値が近似的に推測できることになる。このようにして，X の値から Y の値を推測することを X の Y への**回帰**（regression）といい，推測に用いられる直線を**回帰直線**（regression line）という。

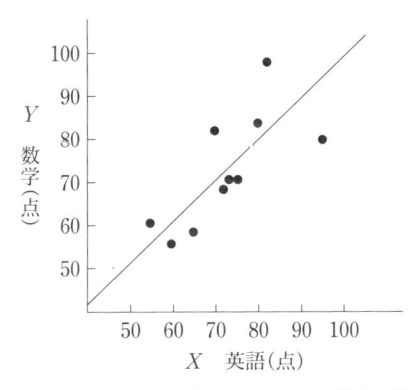

図 10・1　英語（X）と数学（Y）のテスト得点の散布図

　回帰直線を引くためには，$Y = a + bX$ の a と b の値を定めなくてはならない。a と b は，次のようにして導き出される。実際の X と Y のデータは直線上に並んでいるわけではないから，回帰直線によって推定された値 $\hat{Y}$ と実際の値 Y との間には誤差が生じる。あるデータ i における Y の実測値を Yi，推定値を $\hat{Y}i$，誤差を ei とすると，この誤差 ei の二乗和が最小になるように直線を引けばよい。つまり，$ei = Yi - \hat{Y}i$ であるから，$\sum ei^2 = \sum (Yi - \hat{Y}i)^2$ を最小にするように直線を定めることになる（**最小自乗法**）。これを視覚的に表現すると，個々人の英語と数学の成績を表わす座標上の点から回帰直線までの距離の二乗和が最小になるように直線の位置と傾きを決めるということである。なお，X から Y を推測する場合，X を**説明変数**（独立変数），Y を**基準変数**（従属変数）と呼ぶ。そして，回帰式 $\hat{Y} = a + bX$ における a を**切片**（intercept），b を**回帰係数**（regression coefficient）という。くわしい計算は省略するが，a と b は以下のような値になることがわかっている。また，このことから，回帰直線は，X の平均値 $\overline{X}$ と Y の平均値 $\overline{Y}$ を座標とする点 $(\overline{X}, \overline{Y})$ を通る直線であることもわかる。

$$a = \overline{Y} - b\overline{X} \qquad [10\text{-}1\text{-}1]$$

$$b = Sxy/S^2x \qquad [10\text{-}1\text{-}2]$$

[10-1-2]の式における Sxy は，XとYの**共分散**（covariance）といい，$Sxy = \sum(X-\overline{X})(Y-\overline{Y})/N$ で表わされる（Nはデータ数）。また，S^2x はXの分散（Xの標準偏差 Sx の二乗）である。また，b は以下のように書き換えることができる。

$$b = Sxy/(Sx \times Sx) = Sxy/(Sx \times Sy) \times Sy/Sx \qquad [10\text{-}1\text{-}3]$$

この式における Sx はXの標準偏差，Sy はYの標準偏差であるから，$Sxy/(Sx \times Sy)$ の部分は，ピアソンの積率相関係数 r に等しくなる（p.60を参照）。したがって，b＝r×(Yの標準偏差÷Xの標準偏差) ということである。図10・1において，変数XとYの相関係数，XとYの平均値と標準偏差を算出し，これらを上記の式に代入すると，$a=10.36$，$b=0.85$ となる。したがって，回帰式は以下のように記述することができる。

$$\hat{Y} = 10.36 + 0.85X \qquad [10\text{-}1\text{-}4]$$

次に，このような回帰式がYの値を推測するのにどれくらい適しているかを判断する指標について考えてみよう。ここで，Yの実測値 Yi とその平均値 $\overline{Y}$ の差の二乗和（偏差平方和）$\sum(Yi-\overline{Y})^2$ を導入する。このなかの $(Yi-\overline{Y})$ の部分は，回帰式による推定値 $\hat{Y}$ を用いて，$Yi-\overline{Y} = (\hat{Y}i-\overline{Y}) + (Yi-\hat{Y}i)$ と書き換えることができるので，$\sum(Yi-\overline{Y})^2$ は以下のように書き表わすことができる。

$$\sum(Yi-\overline{Y})^2 = \sum(\hat{Y}i-\overline{Y})^2 - 2\sum(\hat{Y}i-\overline{Y})(Yi-\hat{Y}i) + \sum(Yi-\hat{Y}i)^2$$
$$[10\text{-}1\text{-}5]$$

くわしい説明は省略するが，この式の右辺の中央部分は0であることが証明できるので，この式は以下のように短縮することができる。

$$\sum(Yi-\overline{Y})^2 = \sum(\hat{Y}i-\overline{Y})^2 + \sum(Yi-\hat{Y}i)^2 \qquad [10\text{-}1\text{-}6]$$

よくみると，この式は，「Yの偏差平方和＝$\hat{Y}$ の偏差平方和＋誤差平方和」という形になっている。つまり，Yの実測値の偏差平方和は，Yの推定値の偏差平方和と誤差の平方和に分割することができるのである。そして，推定値 $\hat{Y}$ の偏差

平方和を実測値 Y の偏差平方和で割った値は,「実測値 Y の分散のなかで推定値 $\hat{Y}$ の分散がどのくらいの割合を占めているか」ということを表わしており,実測値 Y の変動が推定値 $\hat{Y}$ の変動によってどれくらい説明できるかということを意味している。また,この値は, X と Y の相関係数 r の二乗と等しいことが証明できる。

$$\sum (\hat{Y}i - \overline{Y})^2 / \sum (Yi - \overline{Y})^2 = r^2 \qquad [10\text{-}1\text{-}7]$$

つまり, X と Y の相関係数 r の二乗は,実測値 Y が推定値 $\hat{Y}$ によってどれくらい説明できるのかを示す指標になるのである。この r^2 を**決定係数**(coefficient of determination)と呼ぶ。決定係数が1に近いほど,回帰式のあてはまりがよいことを意味する。

次に, Y の推定値 $\hat{Y}$ の偏差平方和を誤差平方和で割った式 [10-1-8] を考えると,この値は自由度 $(p, N-p-1)$ の F 分布に従う。この F 値は分散分析で用いられる F 値と同じ意味を持ち,これを用いて回帰式の有意性を検定することができる。この F 値が大きいほど,回帰式は有意になり,小さい場合には回帰式による推測は意味を持たないということになる。

$$F = [\sum (Yi - \hat{Y}i)^2 / p] / [\sum (Yi - \hat{Y}i)^2 / (N-p-1)] \quad [10\text{-}1\text{-}8]$$

〔p は説明変数の数(単回帰では1)であり, N はデータ数(人数)である。〕

10.2　重回帰分析

(1)　重回帰分析の考え方

10.1のように,説明変数(独立変数)と基準変数(従属変数)がともに1個の場合を**単回帰**という。しかし,複数の説明変数(独立変数)が基準変数(従属変数)に与える影響を検討するとか,複数の説明変数から基準変数を推測することが必要になる場合がある。このような場合に用いられるのが**重回帰分析**(multiple regression analysis)である。重回帰分析でも,基本的な考え方は単回帰と同じであるが,説明変数(独立変数)が複数あるので,回帰式(重回帰式)は,以下のように記述される。

$$Y = a + b_1 X_1 + b_2 X_2 + \cdots\cdots + b_p X_p + e \qquad [10\text{-}1\text{-}9]$$

（e は誤差；p は説明変数の個数）

この式を推定値 $\hat{Y}$ を用いて記述すると，誤差項が消え，以下のようになる。

$$\hat{Y} = a + b_1 X_1 + b_2 X_2 + \cdots\cdots + b_p X_p \qquad [10\text{-}1\text{-}10]$$

これらの式の a は切片，b は**偏回帰係数**（partial regression coefficient）と呼ばれる。この式では b の値が説明変数の単位から影響を受けるが，すべての変数を標準化された得点に変換して重回帰式を作成すると，そのようなことはなくなる。このようにして作成された重回帰式 $Y = \beta_1 X_1 + \beta_2 X_2 + \cdots\cdots + \beta_p X_p + e$ （または $\hat{Y} = \beta_1 X_1 + \beta_2 X_2 + \cdots\cdots + \beta_p X_p$）では，切片 a はなくなり，偏回帰係数 b の代わりに**標準偏回帰係数** β（standerdized partial regression coefficient）という値が用いられる。偏回帰係数あるいは標準偏回帰係数は，（他の説明変数による影響を取り除いた後の）その説明変数の基準変数に対する影響の大きさと方向（正か負か）を表わしている。たとえば説明変数が 2 個の場合には，各変数を標準化した後の重回帰式は，$Y = \beta_1 X_1 + \beta_2 X_2 + e$ と書くことができる。この重回帰式において，推定値 $\hat{Y}$ と実測値 Y との差が最少になるように β_1 と β_2 を決定すると，$\beta_1 = (r_{y1} - r_{y2} \cdot r_{12})/(1 - r^2_{12})$，$\beta_2 = (r_{y2} - r_{y1} \cdot r_{12})/(1 - r^2_{12})$ となる。これらの式において，たとえば r_{y1} という記号は，Y と X_1 との相関係数を意味している。

重回帰分析では，重回帰式の適合度を示す指標として，**重決定係数** R^2（coefficient of multiple determination）と F 値がある。重決定係数とは，**重相関係数** R（multiple correlation coefficient）の二乗である。重相関係数 R は，Y とその推定値 $\hat{Y}$ の相関係数であり，説明変数全体が基準変数とどれくらい関連しているのかを表わしている。単回帰の場合と同じように，重決定係数 R^2 は，実測値 Y の分散のどれくらいが推定値 $\hat{Y}$ の分散によって説明できるかということを表わしている。R^2 の値は説明変数が増えるにつれて大きくなる性質があることから，説明変数の数を考慮して値を修正した**調整済み重決定係数** R^2_a（adjusted coefficient of multiple determination）という指標もある。また，単回帰における [10-1-8] の式と同じような方法で F 値を求め，重回帰式の有意性を検定することができる。

(2) 重回帰分析の進め方と結果の見方

それでは，具体例に沿って重回帰分析の進め方と結果の見方について説明しよう。たとえば，ノート・パソコンを購入した人たちを対象にして，そのパソコンのデザイン，操作性，処理速度への評価とそのパソコンへの全体的満足度を聞き，個々の側面への評価が全体的満足度にどのように影響しているか，言い換えればどの側面を評価していれば全体的満足度が高くなるのかを検討するとしよう。個々の側面への評価と全体的満足度は，1から10までの10段階で評定してもらう。なお，この場合のパソコンは，比較的廉価なエントリー・モデルということにする。

表10・2aは，この分析に用いた架空のデータの一部である。紙面の都合で5人分のデータを示したが，実際の分析にはもっと多くのデータを使用した。重回帰分析は，コンピュータの統計ソフトを用いれば比較的容易に行なうことが

表 10・2a 重回帰分析のためのデータの例（パソコンの個々の側面への評価と全体的満足度）

回答者	デザインへの評価	操作性への評価	処理速度への評価	全体的満足度
1	5	6	7	6
2	5	6	5	6
3	3	6	3	5
4	9	5	7	6
5	9	6	6	7

(分析に用いたデータの一部)

表 10・2b パソコンの操作性・処理速度・デザインを説明変数，全体的満足度を基準変数とする重回帰分析

	偏回帰係数 b	標準偏回帰係数 β	重相関係数 R	重決定係数 R^2	調整済重決定係数 R_a^2	F値
操作性	0.53	0.51**				
処理速度	0.20	0.25*	0.63	0.40	0.38	21.17**
デザイン	0.12	0.19				

* $p<0.05$　　** $p<0.01$　　(N=100)

できる。この分析では，統計ソフト上で，パソコンへの全体的満足度を基準変数（従属変数）に指定し，デザイン，操作性，処理速度への評価を説明変数（独立変数）に指定した。出力される結果の表示は統計ソフトの種類によって異なるが，一般的には表10・2bのような指標が重要である。

　まず，決定係数の R^2 を見ると0.40であり，このような予測に必要な最低ライン（0.30程度）は超えている。また，F 値も1％水準で有意である。ただ，R^2 がそれほど大きな値ではないから，パソコンへの全体的満足度を予測するのにデザイン，操作性，処理速度の3側面だけで十分とはいえないであろう。適切な説明変数をもう少し増やせば，R^2 の値を上昇させることができるかもしれない。次に，標準偏回帰係数 β を見ることによって，デザイン，操作性，処理速度の影響力の大きさを知ることができる。操作性と処理速度の β は有意であり，前者の β の値の方が大きい。デザインの β は，有意に近いものの，5％の有意水準に到達していない。ただ，標準偏回帰係数 β については，次のような点に注意が必要である。たとえば，パソコンの操作性は処理速度と無関係ではなく，それから影響を受けるかもしれない。また，外見のデザインを良くすると操作性が犠牲になるというように，操作性とデザインも無関係ではないかもしれない。実際，ここで取り上げている例においても，相関は低いものの，操作性と処理速度には正の相関が，また操作性とデザインには負の相関が見られた。このような場合，操作性の標準偏回帰係数 β の値は，「操作性から処理速度とデザインの影響を取り除いた残りの部分（処理速度やデザインとは無関係な部分）」が全体的満足度に与える影響の大きさを表わしているのである。もしこれらの相関がかなり高いような場合には，操作性から処理速度とデザインの影響を取り除いた残りの部分が何を意味するのかについて考えた上でなければ，β の解釈は困難である。β についてはこのような注意が必要であるが，上に述べた重回帰分析の結果から，おおむね次のようなことがいえるであろう。

　パソコンを考える上でCPUの処理速度は重要な要素ではあるが，現在市販されているパソコンはエントリー・モデルでも日常的作業に十分な処理速度を有しており，大量の画像データを処理する場合などを除けば，それほど気になることはないであろう。それに比べて，操作性は日常の使用ですぐに問題になる部分

であるから,これへの評価が全体的満足度により強く影響したのであろう。デザインの影響は小さく,パソコンへの満足度に影響するものは,見ばえよりも,使いやすさや処理の速さであるということがわかる。

(3) 重回帰分析における変数の選択

　重回帰分析で用いられる変数は,説明変数も基準変数も,相関係数を算出することのできる量的データでなくてはならない。ただし,男性・女性というようなカテゴリーのデータでも,カテゴリー数が2つであれば,男性＝0,女性＝1という数値に変換することによって,説明変数に組み入れることができる。このような変数を**ダミー変数**という。また,分析の前に各変数の得点の分布を調べ,分布があまりに偏るとか,得点の分布の幅がほとんどないような変数は,分析からはずしたほうがよい。さらに,ある変数の得点分布において極端にはずれた値(はずれ値),たとえば極端に高い値を示すデータがみられたら,そのデータだけを削除して分析を行なうほうがよい。

　重回帰分析では,何を基準変数にし,何を説明変数にするかということが問題になるが,分析の前に,取り上げる変数の間にどのような関係があるかについてのモデルを構成し,それに沿って分析を進めることが重要である。このようなモデルは,分析の対象となっている問題についての先行研究や理論的検討から生まれてくる。ただし,実際に分析してみると,重決定係数やF値が低かったり,標準偏回帰係数が予想とは異なっていたりすることもある。そのようなときには,モデルを修正し,変数の選択や変数間の関係について考え直さなくてはならない。もし予測の精度を上げるために新たな説明変数を追加するなら,基準変数との相関は高いが他の説明変数との相関は低い説明変数を追加するのがよい。

　このように,用意した説明変数がすべて有効であるとは限らず,説明変数の取捨選択を行なう場合があるので,重回帰分析では,用意した説明変数をすべて投入する方法(強制投入法)以外に,説明変数を1個から徐々に増加または一定数から徐々に減少させて基準変数への影響の変化を見る方法(変数増加法・変数減少法),有意な説明変数を段階的に投入し,適切な説明変数の組み合わせを選択する方法(ステップワイズ法)などがある。これらの手続きは,たいていの統計

ソフトにオプションとして用意されている。

（4） 標準偏回帰係数と変数どうしの関係

説明変数を選択する際に注意しなければならないもう一つの問題が，次に述べる抑制変数や多重共線性である。具体例をあげて説明しよう。表 10・2 c は，ある福祉系の専門学校における入学試験の成績から，入学後の成績を予測した結果である（架空のデータに基づく）。この専門学校では，入学試験として英語と小論文を課している。小論文は，福祉を学ぼうと思う動機や卒業後の進路について書かせるものである。入学後の成績は，講義や実習の成績を総合した得点である。

表 10・2c 入学試験の英語と小論文の成績による入学後の成績の予測

	相関係数		偏相関係数	入学後の成績を基準変数とする重回帰分析の結果			
	入学試験：小論文	入学後の成績	入学後の成績	標準偏回帰係数 β	重決定係数 R^2	調整済重決定係数 R_a^2	F 値
入学試験：英語	0.38	0.62	0.66	0.72**	0.44	0.43	37.84**
入学試験：小論文		0.02	−0.30	−0.25*			

* $p<0.05$　　** $p<0.01$　　（N=100）

これを見ると，重決定係数 R^2 は 0.44 に達しており，F 値も有意である。この R^2 の値は，入学試験の英語と小論文を単独で説明変数にした場合よりも高くなっており，個々の試験よりも 2 つの試験で説明した方が予測の精度は上がることがわかる。ただし，問題なのは，小論文の標準偏回帰係数がマイナスの値になっていることである。重回帰式は，$\hat{Y}=0.72X_1-0.25X_2$（X_1, X_2 は，それぞれ英語と小論文の標準化された得点）となるから，入学試験の英語の成績が同じ人たちなら，小論文試験の成績の良い方が入学後の成績は悪いことになる。反対に，入学試験で小論文の成績が同じ人たちなら，英語の試験の成績の良い方が入学後の成績は良いことになる。

このようなことが起きた理由は，この 3 つの変数間の相関関係にある。3 つの変数の相関を検討すると，説明変数の小論文は，基準変数である入学後の成績と

はほとんど無相関であるが，説明変数の英語とは有意な相関(0.38)を示している。そのため，重回帰分析の過程で，小論文の標準偏回帰係数をマイナス値にすることで全体の予測の精度を高めるような調整がなされたのである。このように，基準変数との間に相関はないが，他の説明変数と相関をもつことによって予測の精度を高めるような変数を**抑制変数**（suppressor variable）という。このようなとき，妥当な解釈が可能であればよいが，そうでないなら説明変数を削除したり選択し直したりすることが必要になる。

表10・2ｃの例では，小論文は，英語の影響を取り除いた偏相関においても入学後の成績とマイナスの相関を示している。この専門学校の小論文試験は，事前に準備して臨むことができ，事前に文章を誰かに添削してもらうことも可能である。これに対して，英語の試験には，それまでの地道な学習の成果が反映されやすいであろう。これまで地道に学習してきた者は，一般的には英語も小論文も良い成績を収めるだろうから，両者の得点に正の相関がみられるのは当然である。ただ小論文については，直前の試験対策で得点を上昇させることが容易だから，小論文で良い成績を収めた人のなかに，ハードな実習を含む入学後の授業ではそれほど良い成績をあげられない人がいても不思議ではない。小論文の成績と入学後の成績の負の偏相関は，このようにして生じたのかもしれない。

また，説明変数と基準変数との間に一定の相関があり，加えて説明変数どうしの間に非常に高い相関があるときには，**多重共線性**（multiple colinearity）と呼ばれる問題が生じる。この場合には，標準偏回帰係数の計算式の分母が０に近づくため，解が不安定になり，標準偏回帰係数がマイナスの値を取ったり１を超えたりすることがある。このような場合にも，高い相関を持つ説明変数のいずれかを取り除くことが必要になる。例えば，ＡとＢという説明変数から，Ｃという基準変数への影響を検討する際に，ＡとＣ，ＢとＣの間に一定の相関があり，同時にＡとＢの間に非常に高い相関があるというような場合である。考えてみれば，ＡとＢに非常に高い相関があるのだから，両者はほとんど同一のものとみなせるわけであり，ＡとＢの両方を説明変数にする必要はないといえよう。統計ソフトには，このような多重共線性をチェックする機能がついているものもある。

第 11 章
因子分析の基礎

　心理学の研究対象には膨大な変数が関係している。たとえば，性格特性の研究はそれを記述する言語によってなされるが，その言葉はゆうに1万語を超える（辻ら，2001）。実際の性格の記述にはこれらの語を組み合わせて使うので，その数は大きく膨れ上がりほとんど天文学的となる。研究者は一般にシンプルがベストと考えるので，これらをすべて性格を記述する変数として扱おうとするのではなく，単純に扱える数にまで圧縮していこうとする。ここで威力を発揮するのが因子分析である。

11.1　因子分析とは

　「活発な」「支配的」「おしゃべり」「心配性」「緊張した」「自己批判的」の6項目よりなる性格検査を作成したとしよう。これらの項目はもちろん，それぞれが異なる性格特性を測定するものである。しかし，たとえば活発な人は同時に支配的で，おしゃべりでもあることが多く，これらの項目は共通の成分を共有していると推測される。また，心配性な人は緊張しやすく，自己批判的でもあり，これらにも何か共通の特徴がありそうである。このように共通の特徴をもつ項目は，相互に相関関係が認められる。共通の特徴や成分をもつがゆえに，これらの項目間には相関があるのだともいえよう。**因子分析**（factor analysis）はこのような相関関係を少数の因子で説明しようと試みるものである。

　因子分析をすると，図11・1 のような関係が明らかになる。この図は2つの因子が6つの特性を規定していることを意味する。矢印の太さがその影響力の強さを示しており，そのパターンは**因子パターン**（factor pattern）と呼ばれている。この因子パターンを見ると，第1因子は「活発な」「支配的」「おしゃべり」の3項目に強くかかわっており，第2因子は主として「心配性」「緊張した」「自

己批判的」の3項目にかかわっていることがわかる。それゆえ，この2因子はそれぞれ外向性，情動性の因子と解釈できる。しかし，実際に測定された変数の値は，これらの共通因子だけで説明しつくせるわけではない。その説明しきれない残差が各項目に独自の成分であり，図11・1右端の独自因子となる。

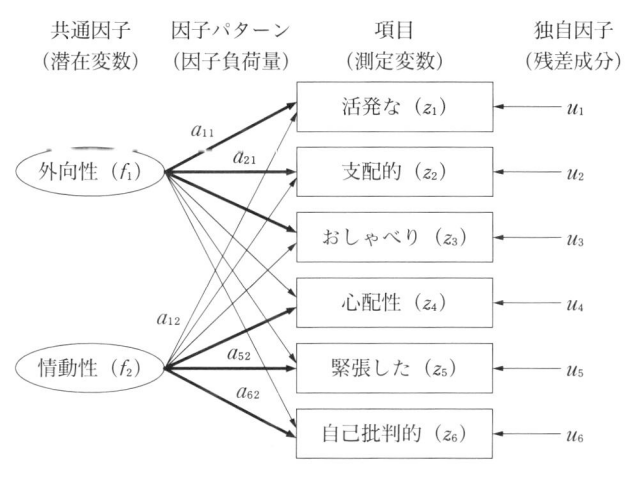

図 11・1　パス図による因子分析の表現

　因子分析とは，このように変数間の相関関係を分析して，因子と呼ばれる少数の仮説的変数を取り出し，その因子によって変数間の関係を説明する技法である。ここで**因子**（factors）とは，種々の検査や質問紙の項目，あるいは測定値や観測値などの変数を説明するために仮定された，直接には観察できない「**潜在変数**（latent variables）」であり，一種の仮説構成体である。因子分析は，テストや質問項目などの変数が多過ぎて，全体の意味をつかみにくいときに，その本質的な情報を失わないようにしながら，少数のわかりやすい変数（因子）に集約し整理していく方法であり，現在では尺度構成などに必要不可欠な技法となっている。なお，因子は観察された現象から推測されるが，理論上はこの観測された変数を規定するものと考えられている。

　さて，因子分析には，一群の変数がどんな因子で，またいくつの因子で説明できるかを探索的に見出すための「**探索的因子分析**（exploratory factor analysis)」(一般に因子分析といわれているもの)と,集められたデータが理論的に仮説された構造にうまくフィットするかどうかを検証するための「**確認的因子分析（confirmatory factor analysis)**」（検証的因子分析とも呼ばれる）がある。探索的因子分析は,研究領域の理論や経験的基礎がまだ十分に確立されていないときに,発見的な技法として使われる。したがって,因子数や,因子間の相関の有無などは,分析の途上でデータを見ながら判断して決めなければならない。しかし,確認的な因子分析は強力な理論や経験的基礎に基づいて因子の仮説が構成されるので,データがその理論仮説にうまくフィットするか否かを検証するためにのみ用いられる。最近では確認的な因子分析もよくなされるようになったが,今までに主として使われてきたのは探索的因子分析である。それゆえ,本章では探索的な因子分析についてのみ解説する。

　因子分析は,かつては筆算や手動の計算機などを使ってなされた。しかし,その計算は膨大なので,コンピュータが普及し,SPSSやSASなどの優れた統計ソフトウェアが開発されている現在,これを使わないのは非現実的である。ただ,コンピュータを使う場合にも,すべてをコンピュータに任せてしまうのは感心しない。少なくとも,どのような計算が,どのような順序でなされているのか。その計算にはどのような意味があるのか。結果として出てきた数値はどう読めばよいのか,といったことがらについては理解しておかねばならない。このようなことがわかっていれば,わずかな操作を加えるだけでより意味のある結果が得られることもあるからである。ここではこういった問題を中心に解説をすすめたい。

11.2　因子分析のモデル

　上記のように因子分析では,観測された変数(ここでは項目とする)が,複数の項目に共通する成分と,それぞれの項目に独自の成分からなると仮定する。この共通の成分は「**共通因子（common factors)**」または単に「因子」(通常は複数)と呼ばれる。また,独自成分は「**独自因子（unique factors)**」と呼ばれ,特殊因子や誤差因子を含んでいる。観測変数はこれらを単純に加算したものと

考えられており，このような考え方は「**線形モデル（linear model）**」と呼ばれている。

この関係を図11・1で確かめておこう。この尺度ではすべての項目が外向性と情動性という2つの共通因子をもっている。が，例えば「活発な」という項目は外向性因子からの影響力が強く，情動性因子からの影響力は小さいことがわかる。このような各項目に対する共通因子の影響力の強さは「**因子負荷量（factor loadings）**」と呼ばれ，項目 j の因子 s への負荷量（a_{js}）といわれる。ここで，個人 i は f_{i1} の外向性因子得点，f_{i2} の情動性因子得点をもっているとすると，その人の項目1（活発な）の共通成分は，第1因子（外向性）の因子負荷量（a_{11}）×因子得点（f_{i1}）すなわち $a_{11}f_{i1}$ と，第2因子（情動性）の因子負荷量（a_{12}）×因子得点（f_{i2}）を加算したもの（$a_{11}f_{i1}+a_{12}f_{i2}$）になる。またこの共通因子の成分に，その項目独自の成分（u_{i1}）を加えたのが，その測定値（z_{i1}）になるので，$z_{i1}=a_{11}f_{i1}+a_{12}f_{i2}+u_{i1}$ となる。これを個人 i の項目 j の測定値（z_{ij}）に一般化すると，

$$z_{ij}=\sum a_{js}f_{is}+u_{ij} \qquad [11\text{-}2\text{-}1]$$

ただし，z_{ij}, f_{is}, u_{ij} はすべて平均値0，標準偏差1に標準化されているものとする。

次に項目間の相関（共分散）について見てみよう。ここで，①異なる共通因子どうし，②共通因子と独自因子，および③独自因子どうしは，相互に無相関という仮説を立てる。すると，例えば項目1と項目2との相関（r_{12}）は，2つの項目が外向性因子と情動性因子を共有している程度だけで決定されることになる。それゆえ外向性因子を共有する程度は，項目1と項目2の外向性因子への負荷量を掛けあわせたものとなり（$a_{11}a_{21}$），情動性因子を共有する程度も同様に，$a_{12}a_{22}$ となるので，その相関は，$r_{12}=a_{11}a_{21}+a_{12}a_{22}$ となる。これを一般化すると，項目 j と k との相関（r_{jk}）は

$$r_{jk}=\sum a_{js}a_{ks} \qquad [11\text{-}2\text{-}2]$$

また項目 j の測定値（z_j）の分散（s_j^2）は，上記の無相関仮説が生きているなら，[11-2-1] 式より，

$$s_j^2=1=\sum a_{js}^2+u_j^2 \qquad [11\text{-}2\text{-}3]$$

となる。この a_{js}^2 すなわち因子負荷量の 2 乗は，その因子によって説明できる項目 j の分散になるので，この a_{js}^2 の合計（$\sum a_{js}^2$）は，項目 j の**共通性**（communality）（h_{j^2}）になる。よって

$$1 = h_{j^2} + u_{j^2} \quad [11\text{-}2\text{-}4]$$

このように，各項目の分散は「共通因子によって説明される分散」と「特殊因子によって説明される分散」の和になる。

因子分析ではこのような関係から，測定変数（各項目）の分散と共分散（標準化されている場合には相関に一致する）を予測し，その分散・共分散の予測値と，実測値に基づく分散・共分散とのズレを最小にするように因子負荷量（a_{js}）を推定していく。すなわち，どのような項目がどの共通因子からどの程度の影響を受けているのかという問題を解いていくことになる。

因子分析の解法としては，現在では**主因子法**（principal factor analysis）が最もポピュラーである。この方法では，各因子が最大の分散を説明できるように，順次因子を抽出していく。すなわち，まず共通性（共通因子による分散）のうち，最大の分散が説明できるように第 1 因子を抽出し，次に第 1 因子で説明できなかった残余の分散のうち，最大の分散が説明できるように第 2 因子を抽出し……というように，因子の抽出を続けていく。したがって，各因子は相互に相関がなく直交しており，説明できる分散は第 1 因子から順に小さくなっていく。

また，各被験者がそれぞれの因子の表わす特徴をどれくらいもっているかを見るために，**因子得点**（factor scores）が算出されることもある。これは，因子 s の項目 p に対する重み係数（v_{ps}）を算出し，これに項目 p の標準化された個人得点（z_{jp}）を掛けあわせたものを，すべての項目について合算することによって得られる。

$$f_{is} = \sum v_{ps} z_{jp} \quad [11\text{-}2\text{-}5]$$

この v_{ps} の解法には，重回帰の偏回帰係数を推定するのと同じ計算法などが用いられている。

11.3　因子分析の実際

(1) データ行列

　ここで，因子分析が具体的にどのような手続きですすめられるのか見てみよう。表11・3aを見ていただきたい。これは，6項目よりなる性格検査を使って，パーソナリティ特性を測定した結果（人為的に作成したデータ）である。因子分析にはまず，このように被験者×変数（項目）の形で入力されたロー・データが必要である。ここでは，被験者一人ひとりの得点が，識別番号に続いて1行（ヨコ）に入力されている。なお，各項目は1～5の5段階で評定したものを想定している。これは人為的に構成したデータではあるが，けっして非現実的なものではない。

　ここでは煩雑さを避けるため，10人×6項目のデータしか示していないが，実際に因子分析するデータはもっと多くの尺度項目を含むのが普通であるし，安定した結果を得るためには，少なくとも100人程度の被験者は必要である。変数（項目）が増えれば，当然これ以上の被験者が必要で，一般には項目数の4倍

表 11・3a　性格検査のロー・データ（$N=10$）

項目 被験者	活発な	支配的	おしゃべり	心配性	緊張した	自己批判的
001	4	5	4	3	3	2
002	5	4	4	4	3	4
003	3	5	3	5	5	4
004	4	4	4	1	2	2
005	4	4	5	3	2	2
006	1	2	3	4	1	3
007	2	3	1	2	3	2
008	2	3	3	4	3	5
009	3	1	2	3	4	5
010	3	2	3	4	3	3

くらいの被験者が必要だといわれている。

（2） 相関行列の計算

因子分析を行なうためには，このデータからすべての変数（項目）間の相関係数（r）を算出して，表11・3bのような相関行列をつくる。この表を見ると，「支配的」と「活発な」との間には$r=0.534$の相関があることがわかる。当然のことながら，この数値は「活発な」と「支配的」の相関と同じである。それゆえ，対角線をはさんで対称的に同じ数字が並ぶことになる（相関行列の対角線の上側はくりかえしを避けるために省略して表示されることも少なくない）。対角成分にはすべて1.000が入っているが，これは同じ変数どうしの相関が$r=1$であることを示している。

表 11・3b　性格検査の項目間の相関

	活発な	支配的	おしゃべり	心配性	緊張した	自己批判的
活発な	1.000	.534	.638	−.184	.177	−.166
支配的	.534	1.000	.541	.007	.174	−.378
おしゃべり	.638	.541	1.000	.034	−.338	−.271
心配性	−.184	.007	.034	1.000	.374	.577
緊張した	.177	.174	−.338	.374	1.000	.509
自己批判的	−.166	−.378	−.271	.577	.509	1.000

注）　10人のデータでは相関係数の信頼性が低いので，小数以下3桁まで出すのは無意味であるが，ここでは多数の被験者のデータに基づいて算出したものと見なして，議論をすすめる。

さて，この例のように変数が比較的少数の場合には，相関行列を見ただけでも，関連のある項目群を推測することができる。すなわち，「活発な」「支配的な」「おしゃべり」の3尺度は相互に関連が強く，1つのグループをつくっており，また，「心配性」「緊張した」「自己批判的」も相互に高い相関関係をもち，1グループを構成していることが読み取れる。さらにこの2つのグループ間にはほとんど関係がなさそうだということも直観できよう。このように，多数の変数間の関係を少数の因子によって説明しようとするのが因子分析である。

(3) 共通性の推定

因子分析はこのような相関関係をより少数の共通因子で説明しようとする技法であるが，これを計算するためには，まず共通性の推定を行なわねばならない。共通性とはすでに見たように，共通因子によって説明できる分散の合計である。これには多くの推定法があり，現在最もよく使われているのはSMC(Squared Multiple Correlation)である。これは各項目（変数）と他のすべての項目との重相関係数を2乗したもの（R^2）で，それぞれの項目が他のすべての項目によって説明できる分散に相当する（前章の重相関の記述を参照）。したがって，共通因子によって説明できる分散も，ほぼこれに匹敵すると推測できる。しかし，実際にこれを使って因子パターンを計算し，それに基づいて共通性を計算しなおしてみると，初期の推定値とは異なることが少なくない。そこで，新しく計算された共通性を使って同じ計算を反復する。この過程を十分にくりかえして，計算結果が収束してきたら，計算は終了となる（表11・3 c参照）。SPSSでは，主因子法を指定すると，初期の共通性は自動的にSMCで推定される。しかし実用上は，このプロセスをまったく意識せずにすすめることができる。

表 11・3 c　性格検査の共通性

項目	初期(SMC)	因子抽出後
活発な	.756	.640
支配的	.668	.558
おしゃべり	.832	.550
心配性	.598	.358
緊張した	.793	.468
自己批判的	.661	.788

表 11・3 d　性格検査の説明された分散の合計

主成分	固有値	分散の%	累積%
1	2.445	40.756	40.756
2	1.766	29.440	70.196
3	.900	15.001	85.196
4	.627	10.452	95.649
5	.192	3.197	98.846
6	.069	1.154	100.000

(4) 因子数の決定

共通性が推測できたら，次に，これをいくつの因子で説明できるのかが問題になる。SPSSを使うと，特に指示を与えない限り，**固有値**（eigenvalue）1以上という**カイザーの基準**（Kaiser's criterion）で因子数が決定される。固有値の説明は本書の範囲を超えるのでしないが，ここではとりあえず，因子分析に類似

した主成分分析において，各成分によって説明できる分散の合計と考えていただきたい。この固有値が1未満であれば，この成分(因子)では1項目の分散さえ完全には説明できないということであるから，そんな因子は共通因子ではないと考えることができる。そこで，1以上の固有値をもつ因子のみを共通因子と見なそうという基準が生まれるのである。表11・3dを見ると，固有値は順に2.445，1.766，0.900……となっており，共通因子の数は2ということになる。これは妥当な数だと思われる。しかし，固有値1以上という基準では，項目数が増えるとやたらに多くの因子を抽出することになりかねず，明解な結果を得られないことがある。したがって，これは絶対的な基準にはなりえない。

今ひとつ，因子数の決定によく使われているのは**スクリー基準**（scree criterion)である。これは第1因子から順に，固有値がどのように減衰していくかをグラフにプロットし，急激な落ち込みのあるところで因子数を決定する方法である。共通因子を抽出し終わり，残りが独自因子だけになってしまうと，固有値が急激に落ち込むはずなので，その直前までを共通因子と見なそうというのである。しかしこれについても，固有値がなだらかに減衰していき，どこにスクリー基準を見出してよいのかわからない場合も少なくない。図11・3aをみればわかるように，この例でも第II因子から第III因子への落ち込みがみられないでもないが，けっして大きな落ち込みではない。

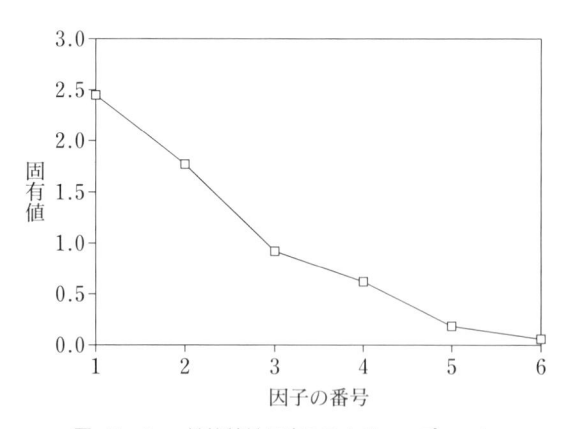

図 11・3a 性格特性尺度のスクリー・プロット

このようにカイザーにしろスクリーにしろ，絶対的な基準にはなりえない。したがって，予測がつく場合には，その予測にしたがって因子数を決定したほうがよいこともある。また結果論になるが，因子パターン（因子行列ともいわれる）をみてから，最もリーズナブルな解釈ができる解を採用して，因子数を決めることもある。いずれにしても，研究者自身の判断が重視される。この例では，項目数もたかだか6であることを考慮すれば，2因子を抽出すれば十分ではないかと考えられる。

（5） 因子パターンの推測

因子数が決まれば，次に，因子分析の中心課題である「因子パターン」を推測することになる。因子パターンとは，因子負荷量を表11・3eのように行列で示したものである。因子パターンが推定できれば，これを詳細に検討することによって，因子の意味を解釈できる。表11・3e（a）をみると，たとえば「活発な」という項目は第Ⅰ因子に0.643，第Ⅱ因子に0.477の負荷をしていることがわかる。この数値は，因子間に相関がなく直交している場合には，項目と因子との相関に相当するので，相関とまったく同じように理解できる。すなわちこれは，−1〜+1の範囲の値をとり，正負によって関係の方向が逆になる。また，絶対値が1に近づくと，その項目はその因子に強く関係しており，0に近づくと，その項目はその因子とは無関係だということになる。それゆえ，各因子に高く負荷する項目をみながら，その背後にある共通因子の意味を探っていくことになる。

表 11・3e　性格特性尺度の回転前および回転後の因子パターン行列

(a)因子パターン（回転前）				(b)因子パターン（ヴァリマックス回転後）			
	因子Ⅰ	因子Ⅱ	h^2		因子Ⅰ	因子Ⅱ	h^2
活発な	.643	.477	.640	活発な	.800	.023	.640
支配的	.625	.410	.558	支配的	.747	−.022	.558
おしゃべり	.694	.262	.550	おしゃべり	.719	−.183	.550
心配性	−.372	.469	.358	心配性	−.036	.597	.358
緊張した	−.328	.600	.468	緊張した	.075	.680	.468
自己批判的	−.722	.517	.788	自己批判的	−.296	.837	.788
寄与	2.051	1.311	3.362	寄与	1.810	1.552	3.362

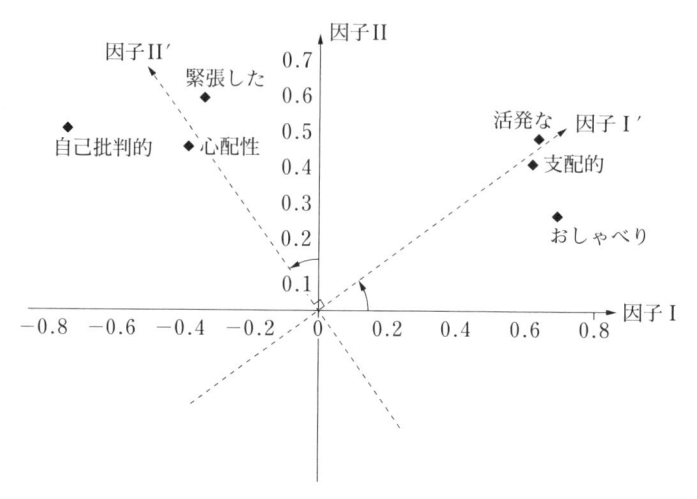

図 11・3 b　性格特性尺度の因子パターンおよびその回転解の座標表現

そこで，表11・3 e (a)の因子 I についてみてみると，「活発な」「支配的」「おしゃべり」の 3 項目にプラスの，「心配性」「緊張した」「自己批判的」の 3 項目にマイナスの負荷をしているのがわかる。したがって，外向性と情動性を分ける因子と解釈できよう。しかし，因子 II の方は「おしゃべり」の負荷がやや低い以外は，すべての項目が中程度から高い負荷を示しており，これらに共通の特徴は考えにくい。それゆえ，せっかく因子分析をしたのに，その意味はあいまいなままである。

それでは，図11・3 b のように，表11・3 e (a)の数値（因子負荷量）を因子 I と II の 2 次元空間にプロットしてみたら，いかがであろうか。これをみれば，「活発な」「支配的」「おしゃべり」の 3 項目は空間的に近い位置にあって 1 群を構成しており，「心配性」「緊張した」「自己批判的」の 3 項目もまた比較的近い位置を占めていて別の 1 群をつくっていることがわかる。さらに，この 2 群は相互にかなり離れていることもわかる。

(6)　因子の回転

しかしこれでもなお，因子の意味を十分には読み取りにくい。そこで，一般に

は因子軸の回転が行なわれる。その原理は簡単である。図11・3 bをみていただきたい。ここには直交した2軸に加えて、原点をそのままにして左に40°ほど回転した破線の軸がある。当然のことながら、こうして回転しても、それぞれの点（項目）の原点からの距離はまったく変らず、また、点間の空間的関係や距離も変化しない。軸は何度回転してもこれらの項目間の関係は変わらないのである。しかし、破線の軸は項目群の中心に近づくように回転しているので、一方の因子との関係がよりはっきりし、他方の因子とはほとんど無関係になって、因子の意味がわかりやすくなっている。

表11・3 e (b)はこのようにしてヴァリマックス回転をした結果である。この**ヴァリマックス回転**(varimax rotation)とは、因子ごとに負荷量の2乗(a_{is}^2)の分散を最大にする方法で、これによって大きな負荷量はさらに大きく、小さな負荷量はさらに小さくなって、因子パターンにメリハリがついてくる。表11・3 e (b)をみると、確かに、第I因子はもっぱら最初の3項目に高く負荷し、後の3項目にはほとんど負荷していない。第II因子はこれと逆のパターンになっていることがわかる。このように回転することによって、第I因子はもっぱら「活発な」「支配的」「おしゃべり」の3項目に共通する因子であり、第II因子は「心配性」「緊張した」「自己批判的」に共通する因子であることが明らかになる。それゆえ、前者は心的なエネルギーが外に向かう「外向性の因子」、後者は情緒的な不安定性にかかわる「情動性因子」と解釈・命名できる。

この例では2因子で回転しているが、3因子以上でも同様の回転を行ない、因子の軸が項目群の中心を通る（あるいはそれに近づく）ようにして、解釈しやすくしていく。ここでめざしているのは、因子パターンを「単純構造」にすることである。この**単純構造**（simple structure）とは、「各因子にはいくつかの項目のみが高く負荷して、他の項目はほとんど負荷しない。また、各項目は1つの因子にのみ高く負荷して、それ以外の因子にはほとんど負荷しない」状態をいう。カーリンガー（Kerlinger, 1973）は完璧な単純構造とは表11・3 fのような因子パターン行列が得られることだと述べている。ここで、Xはかなり高い因子負荷量、0は負荷量がほとんど0ということを意味する。

さて、因子の回転にはヴァリマックス回転が使われることが多い。しかし、こ

の方法では，項目数が増えると単純構造を得にくくなるという問題がある。それゆえ，項目数が100を超えるような場合には，エカマックス回転などの方法を試してみるのがよい。説明は省略するが，SPSSなら回転法を選択しさえすれば計算することができる。

表 11・3 f　単純構造の因子パターン

項目	I	II	III
1	X	0	0
2	X	0	0
3	X	0	0
4	0	X	0
5	0	X	0
6	0	X	0
7	0	0	X
8	0	0	X
9	0	0	X

（7）共通性と寄与

表11・3 e をみると，因子負荷量の右側に h^2 の列がある。これは前にみたように共通性と呼ばれ，因子負荷量の2乗を項目ごとに合計したものである。例えば表11・3 e (a) の「活発な」という項目をみると，これは第 I 因子に0.643，第 II 因子に 0.477 の負荷をしているので，共通性は，$h^2 = 0.643^2 + 0.477^2 = 0.640$ となる。各項目の分散は 1 に標準化されているので，この項目は第 I 因子で $0.643^2 = 0.413$，第 II 因子で $0.477^2 = 0.228$，全体で0.640，すなわち64％の分散が説明できたということを意味する。ここで，ピタゴラスの定理を思い浮かべると，この数値（h^2）は，図11・3 b の原点からこの項目のプロットされた点までの距離の2乗に相当することがわかる。この数値はもちろん回転しても変わらない。実際，表11・3 e (b) の「活発な」の共通性も $h^2 = 0.800^2 + 0.023^2 = 0.640$ となっている。

また，表の一番下には寄与 (contribution) の行がある。これは，因子ごとに因子負荷量の2乗を加算したもので，表11・3 e (a) の第 I 因子では，$0.643^2 + 0.625^2 + 0.694^2 + (-0.372)^2 + (-0.328)^2 + (-0.722)^2 = 2.051$ となっている。これは第 I 因子で説明できる分散の大きさになる。この尺度は全体で項目数×1（この場合には6項目なので6）の分散をもつので，第 I 因子の説明率（寄与率）は，$2.051 \div 6 = 0.342$（34.2％）になる。同様に第 II 因子のそれを計算すると 1.311 で，寄与率は 0.219（21.9％）となる。当然のことながら，すべての因

子の寄与を合計したもの（この場合は 2.051＋1.311＝3.362）は，すべての共通因子で説明できる分散の大きさになり，それは共通性（h^2）の合計（.640＋.558＋.550＋.358＋.468＋.788＝3.362）に等しくなる。回転前と回転後では，因子ごとの寄与の値は異なるが，その合計には変化はみられない。

（8） 直交回転と斜交回転

以上に述べたのは**直交回転**（orthogonal rotation）についてであり，因子間に相関がなく独立だという前提でなされている。しかし，因子間に相関がある場合も当然ありうる。この場合には**斜交回転**（oblique rotation）を選ぶ。**斜交解**（oblique solution）でよく使われているのは**プロマックス法**（promax method）である。これは SPSS なら回転法の中に直交解とともに含まれているので，これを指定するだけで計算できる。

斜交解の場合には，軸が項目群の中心を通るように因子パターンを決められる。したがって，直交解よりも単純構造になりやすく，それだけ解釈がしやすい。この場合には，因子間に相関があることになるので，必ず相関が算出される。なお，斜交回転した場合には，通常は因子パターンだけでなく，**因子構造**（factor structure）も算出される（表11・3 g 参照）。因子パターンと因子構造は，直交解の場合には一致するが，斜交解では一致しない。どちらも因子と項目との関係の強さを示すが，わかりやすいのは因子パターンのほうである。ただし，厳密にいえば，因子構造のほうが因子と項目との相関係数になる。なお，斜交解の場合には，因子間に相関があるので，寄与はあまり意味をもたず，表示されないのが普通である。

表 11・3 g　性格特性尺度の斜交回転した場合の因子パターンと因子構造行列

(a)因子パターン				(b)因子構造			(c)因子間相関		
項目	因子I	因子II	h^2	項目	因子I	因子II		因子I	因子II
活発な	.819	.110	.640	活発な	.793	−.084	因子I	1.000	−.237
支配的	.759	.058	.558	支配的	.745	−.122	因子II	−.237	1.000
おしゃべり	.708	−.110	.550	おしゃべり	.734	−.277			
心配性	.045	.607	.358	心配性	−.098	.597			
緊張した	.170	.704	.468	緊張した	.004	.664			
自己批判的	−.186	.825	.788	自己批判的	−.381	.869			

共通性は原点からプロットされた点までの距離の2乗に相当するので，斜交回転した場合でも回転前と変わらない。したがって斜交回転した場合には，共通性は因子負荷量の2乗の合計ではなくなるということを意味する。

(9) 因子の解釈

因子分析をしても，どの項目がどの因子にどの程度関係しているかを教えてくれるだけで，因子の意味や名前を教えてくれるわけではない。それは，研究者が因子パターンを見て，各因子に高く負荷している項目を吟味し，それらに共通に影響している潜在的な変数は何なのかを考えて解釈するべきものである。解釈がしにくい場合には，因子数や回転方法を変えて分析しなおしてみると，わかりやすい結果が得られる場合もある。なお，因子分析の結果は，分析にどのような変数(項目)を入れるかによって大きく変わってくる。不適切な項目やあいまいな項目が多くなると，結果はわけのわからぬものになる。因子分析は必ずしも真の構造を教えてくれるわけではないのである。

(10) 因子得点

因子得点（factor scores）とは，各被験者がそれぞれの因子の表わす特徴をどれくらいもっているかを表わす指標である。これを算出するためには，それを計算するための重み係数を推定する必要がある。表11・3 h はこれを最小自乗法（重回帰における偏回帰係数の推定方法と同じ）により推定した結果である。また，これに個人の各項目の標準化された得点を掛けて，計算した因子得点が表11・3 i である。これをみると，被験者1は外向性因子の得点がかなり高く，情動性因子の得点が低いことがわかる。

しかし，尺度が単純構造になっている場合には，それぞれの因子に高く負荷している項目が下位尺度を構成しているとみなして，その素点を合計した下位尺度得点をもって，因子得点に代える場合も少なくない。たとえば，「活発な」「支配的」「おしゃべり」の3項目を外向性下位尺度，「心配性」「緊張した」「自己批判的」を情動性下位尺度と見なすと，表11・3 a の被験者1の外向性得点は4+5+4=13，情動性得点は3+3+2=8となる。

表 11・3h 因子得点算出のための重み係数

項目	因子 I	因子 II
活発な	.509	.107
支配的	.351	.293
おしゃべり	.174	−.162
心配性	.102	.120
緊張した	−.013	.103
自己批判的	−.084	.800

表 11・3i 因子得点

被験者	因子 I	因子 II
1	1.005	−.464
2	1.119	.811
3	.443	1.286
4	.578	−.984
5	.908	−.920
6	−1.167	−.679
7	−.917	−.756
8	−.639	1.118
9	−.991	.902
10	−.340	−.313

11.4 実 例

最後に実例として，完全主義尺度(辻，1992)の因子分析結果を示しておこう(表11・4a，表11・4b)。この尺度は表11・4c，表11・4dの左に示した16項目から構成されている。

表 11・4a 共通性の推定

項目(番号)	初期(SMC)	因子抽出後
1	.245	.156
2	.374	.426
3	.181	.189
4	.274	.336
5	.312	.263
6	.345	.309
7	.359	.312
8	.375	.339
9	.377	.394
10	.318	.302
11	.377	.325
12	.374	.322
13	.380	.403
14	.403	.754
15	.308	.274
16	.434	.427

表 11・4b 説明された分散の合計(初期の固有値)

因子	合計(固有値)	分散の%	累積%
1	4.143	25.9	25.9
2	1.858	11.6	37.5
3	1.362	8.5	46.0
4	1.132	7.1	53.1
5	1.097	6.9	60.0
6	1.009	6.3	66.2
7	0.834	5.2	71.5
8	0.724	4.5	76.0
9	0.668	4.2	80.2
10	0.580	3.6	83.8
11	0.543	3.4	87.2
12	0.487	3.0	90.2
13	0.469	2.9	93.2
14	0.412	2.6	95.7
15	0.355	2.2	98.0
16	0.326	2.0	100.0

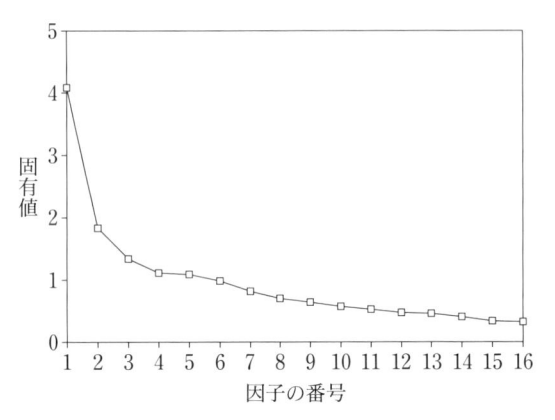

図 11・4 完全主義尺度のスクリー・プロット

　被験者は大学生 160 人（男子 92 人，女子 68 人）である。このデータを男女込みにして，因子分析してみた。初期の共通性は，表 11・4 a のように SMC で推定した。因子数は，固有値 1 以上の基準を適用するなら，表 11・4 b より 6 因子。またスクリー基準では，図 11・4 のように，はっきりした落ち込みが認め

表 11・4 c　完全主義尺度の因子パターン（ヴァリマックス回転後）

項　目	1	2	3	h^2
2) 間違いをおかすと人に軽蔑されるような気がする	.597	.262	.029	.426
9) 大切なことに失敗したとしたら，私は人間以下のものに成り下がったような気がする	.579	.121	.209	.394
4) 失敗をしたとしたら，私はどうしてよいかわからなくなるだろう	.572	.074	.060	.336
6) 自分の欠点や弱点は，恥ずかしくて，人に見せられない	.541	.012	.127	.309
16) 私には失敗は許されない	.516	.074	.394	.427
7) 同じ間違いのくりかえしは，私にはあってはならないことである	.435	.229	.265	.312
3) うまくやれないようなことなら，やっても無駄だと思う	.425	−.061	.066	.189
14) 自分を甘やかしていると，やがて後悔するようになるだろう	.015	.868	.016	.754
10) 自分を鞭打つことが，将来，必ず役に立つと思う	.116	.510	.168	.302
15) やるべきことをきちんとしないと，人に見はなされると思う	.190	.456	.173	.274
13) 何事もパーフェクト（完全）にやらないと，気がすまない	.233	.136	.574	.403
11) 私は二流の人間では終わりたくない	.039	.219	.525	.325
8) 私は人並みの成績では満足できない	.232	.222	.486	.339
12) 目標が達成できなかった時には，私は自分を厳しく責めるようにしている	.270	.268	.421	.322
5) どんなことでも頑張りさえすれば，私は人よりよくできると思う	−.183	.311	.364	.263
1) 私は自分を最高の基準で評価するようにしている	.126	−.113	.356	.156
寄与	2.827	2.117	2.631	7.575

11.4 実例

表 11・4d 完全主義尺度の因子パターン（プロマックス回転後）

項目	因子1	因子2	因子3
2) 間違いをおかすと人に軽蔑されるような気がする	.637	.222	.160
4) 失敗をしたとしたら，私はどうしてよいかわからなくなるだろう	.613	.014	−.083
9) 大切なことに失敗したとしたら，私は人間以下のものに成り下がったような気がする	.573	.023	.085
6) 自分の欠点や弱点は，恥ずかしくて，人に見せられない	.563	−.068	.016
3) うまくやれないようなことなら，やっても無駄だと思う	.458	−.121	−.015
16) 私には失敗は許されない	.451	−.071	.330
14) 自分を甘やかしていると，やがて後悔するようになるだろう	−.053	.931	−.142
10) 自分を鞭打つことが，将来，必ず役に立つと思う	.041	.495	.080
15) やるべきことをきちんとしないと，人に見なされると思う	.125	.428	.078
13) 何事もパーフェクト（完全）にやらないと，気がすまない	.077	−.027	.604
11) 私は二流の人間では終わりたくない	−.131	.092	.579
8) 私は人並みの成績では満足できない	.096	.089	.483
5) どんなことでも頑張りさえすれば，私は人よりよくできると思う	−.337	.254	.425
1) 私は自分を最高の基準で評価するようにしている	.042	−.228	.415
7) 同じ間違いのくりかえしは，私にはあってはならないことである	.388	.138	.168
12) 目標が達成できなかった時には，私は自分を厳しく責めるようにしている	.155	.152	.388

因子間相関

因子	1	2	3
1	1.000	.277	.497
2	.277	1.000	.436
3	.497	.436	1.000

られず，決めがたい．しかし今までの研究より，3因子と推測した．

　こうして，主因子法により因子分析し，この3因子解を，直交解（ヴァリマックス）および斜交解（プロマックス）で回転した結果が表11・4c，表11・4dの因子パターンである．これらをみると，回転の仕方によって若干の違いがみられるが，第1因子は，(2)間違いをおかすと人に軽蔑されるような気がする，(9)大切なことに失敗したとしたら，私は人間以下のものに成り下がったような気がする，(4)失敗をしたとしたら，私はどうしてよいかわからなくなるだろう，などの項目に高く負荷しており，失敗を恐れ，これを強く回避しようとする傾向を表わす因子と解釈できる．したがって，「不完全性忌避因子」と命名できよう．

　第2因子は，(14)自分を甘やかしていると，やがて後悔するようになるだろ

う，(10)自分を鞭打つことが，将来，必ず役に立つと思う，(15)やるべきことをきちんとしないと，人に見はなされると思う，などに負荷し，目標を達成するために強迫的に自己をコントロールしようとする因子だといえよう。これは「強迫的努力の因子」と命名できる。

　最後に第3因子は，(13)何事もパーフェクト(完全)にやらないと，気がすまない，(11)私は二流の人間では終わりたくない，(8)私は人並みの成績では満足できない，などに負荷しており，人並みではなく理想的な完璧さを追求する因子であり，「完全性追求因子」と呼ぶことができよう。これらの因子は回転の仕方(直交解か斜交解か)によって負荷量に若干の違いがみられるが，どちらの因子パターンをみても，この解釈が妥当すると考えられる。

　この結果をさらに体系化するなら，「完全性追求」と「不完全性忌避」の2因子は，完全主義の評価基準あるいは目標を代表していると考えられ，これにはポジティヴな基準とネガティヴな基準の2つがあることを示している。また「強迫的努力」の因子は，これらの基準や目標をめざしてあきらめずに努力する傾向と解することができよう。それゆえ，このまったく別方向をめざす基準のいずれかと，強迫的努力とが結びついたとき，完全主義は成立するのだと考えられる。

第 12 章
パソコンによるデータ処理の基本

　前章まで心理学で必要な統計学的概念を学んできた。実験や調査によりローデータを収集した後は，これまでに得た知識を活用してそのデータを処理し，分析をするわけだが，パソコンの表計算ソフトを利用すると作業に要する労力を低減できる。

　本章では表計算ソフトのなかでも，利用されている頻度が高いマイクロソフト社のエクセルを例にして，その利用方法の基本的な部分を説明する。

12.1　入力したローデータの処理

　この節では，表計算シートに入力したローデータを処理する際に役立ついくつかの機能を説明する。

(1) 並べ替え

①簡単な並べ替え
　ここにあるテストに関する大学生 15 人分の結果があるとしよう。データには学生の所属大学名，年齢，テスト得点が記載されている。図 12・1 a の操作をすると，この列の得点順に基づき，行方向でデータが並べ替えられる。

　反対に大→小の順序で並べ替えるには，となりの「降順で並べ替え」ボタンをクリックする。この順序は数字以外のアルファベット，あいうえおなどにも適用される（次項参照）。

②特殊な基準での並べ替え
　メニューバーの「データ」→「並べ替え」で「オプション」ボタンをクリックし，そこででてきた「並べ替えオプション」ダイアログボックスの「並べ替え順序の指定」から，別の基準を設定できる。また分析者独自の基準で並べ替

202 第12章 パソコンによるデータ処理の基本

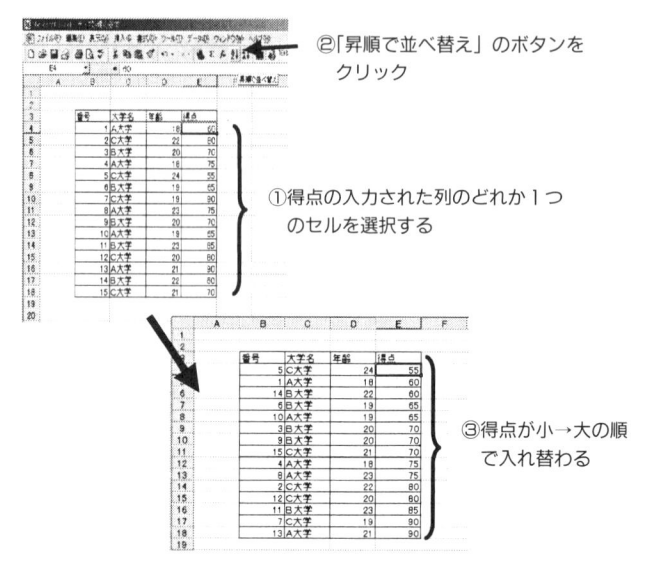

図 12・1 a 簡単な並べ替えの操作

えをしたいときは，メニューバーの「ツール」→「オプション」ででてきたダイアログボックスで「ユーザー設定リスト」のタブを開き，「追加」ボタンを押すと，その基準を設定できる。

③複数のキーによる並べ替え

　優先順位をつけた複数の基準に基づく並べ替えもできる。例えば先のデータで，まず大学名で並べ替え，次に年齢順で並べ替え，最後に得点順で並べ替えるとしよう。データの入力されている範囲のセルを選択してから，メニューバーの「データ」→「並べ替え」をクリックし，表示されたダイアログボックスで「最優先されるキー」「2番目に優先されるキー」「3番目に優先されるキー」を設定し，オプションボックスでそれぞれ「昇順」または「降順」を選択する（図12・1 b）。

④列方向で並べ替えをする場合

　メニューバーの「データ」→「並べ替え」→「オプション」をクリックし，「行単位・列単位」の切り替えをすることで，行を基準にして列方向の並べ替えができる。

12.1 入力したローデータの処理 203

①それぞれのキーの項目，昇順・降順の別を設定する

②「OK」ボタンをクリック

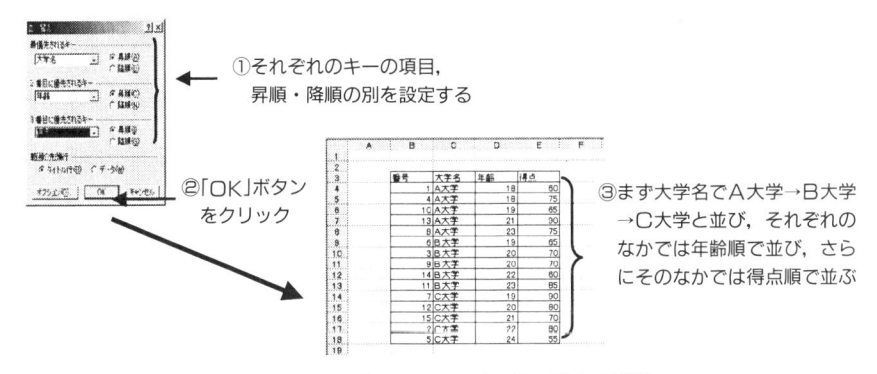

③まず大学名でA大学→B大学→C大学と並び，それぞれのなかでは年齢順で並び，さらにそのなかでは得点順で並ぶ

図 12・1 b　複数のキーによる並べ替えの手順

⑤行・列の入れ替え

①コピー範囲を選択する

②貼り付け先のセルを選択して右クリック（またはメニューバーの「編集」をクリック）

③「形式を選択して貼り付け」をクリック

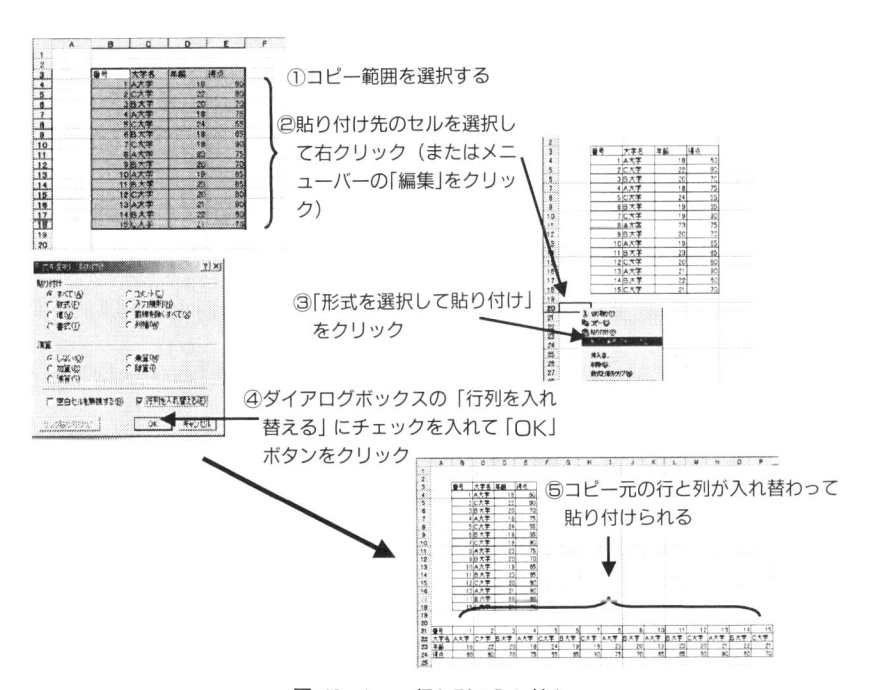

④ダイアログボックスの「行列を入れ替える」にチェックを入れて「OK」ボタンをクリック

⑤コピー元の行と列が入れ替わって貼り付けられる

図 12・1 c　行と列の入れ替え

入力したあとで，データの行と列の関係を修正したほうがわかりやすくなると気づくことがある。その場合は，データ入力範囲をコピーする際に，「形式を選択して貼り付け」で「行列を入れ替える」を選択すると，元のデータと行・列の関係が回転した状態に複写される（図12・1 c）。

（2） 検索と置換

①検索
特定の文字や数値を検索するには，メニューバーの「編集」→「検索」をクリックし，表示されたダイアログボックスから検索する対象を入力する。

②置換
入力済みのあるデータを別の内容に置換するには，メニューバーの「編集」→「置換」をクリックし，ダイアログボックスから置換前と置換後の文字列を入力する。図12・1 dの例は「A大学」という文字列を「Z大学」に置換する操作である。一つひとつ確認しながら置換するか，シート内の対象文字列を1度にすべて置換するかは，右端のボタンで選択できる。シート内のある部分だけを対象にするときは，あらかじめその範囲を指定しておく。

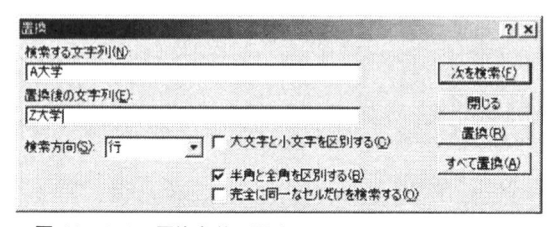

図 12・1 d　置換条件の設定をするダイアログボックス

（3） オートフィルタを使ったデータの抽出

これは入力データから，目的とするデータ部分だけを抽出する機能である。対象とするデータが入力された範囲のセルをどれか選択し，メニューバーの「データ」→「フィルタ」→「オートフィルタ」をクリックすると，各列の最上部のセルに▼が表示される。これをクリックし，あらわれたリストから目的とする項目を選択すると，そのデータを含む行だけが表示される。図12・1 eには「A大

学」を選択した結果を示した。元に戻すときはもう一度▼をクリックし,「すべて」の項目を選択する。また,「オプション」の項目を選択すると,抽出条件の指定を設定できる。オートフィルタ機能を解除するときは,メニューバーの「データ」→「フィルタ」から,「オートフィルタ」についているチェックマークをはずす。

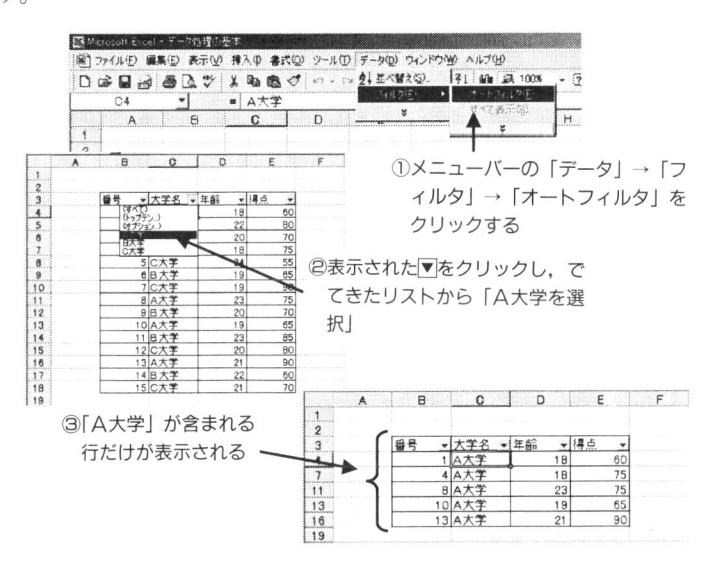

図 12・1 e　オートフィルタを使ったデータの抽出

（4）　表示形式の調整

　小数点以下の表示桁数を調整するには,対象とするセル範囲を指定してから,ツールバーの「小数点表示桁上げ」か「小数点表示桁下げ」ボタンをクリックする。1回クリックするごとに1桁ずつ表示桁数が変化する（図12・1 f）。
　また,パーセント表示や3桁ごとにカンマをつけるには,ツールバーにあるそれぞれのボタンをクリックする。ツールバーにボタンがない形式で調整するときは,メニューバーの「書式」→「セル」で開いた書式設定で,「表示形式」のタブをクリックし,その分類リストにある表示形式を選択する。

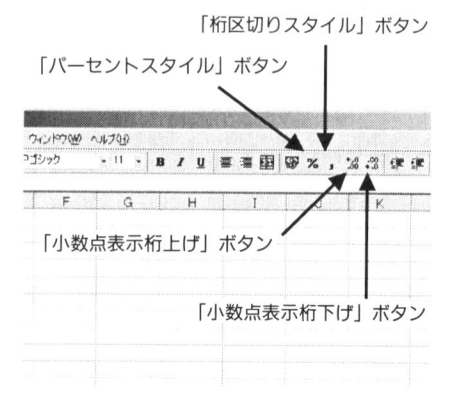

図 12・1 f　表示形式の調整

12.2　入力データの計算

(1) 数式による計算

　数式や条件式を該当するセルに入力しておけば，入力データからさまざまな値を算出できる．例えば，図12・2 a に示したデータについて，各テスト得点の

図 12・2 a　サンプルデータの計算例

合計と平均を求めてみよう（p.61 の例題 1 と同一データ）。

①数式の入力

　数値データを直接入力し計算することもできるが，それよりもデータの入力されているセル番号を使って数式をつくるほうが一般的である。まず国語の合計を出してみよう。計算結果を表示するセルを選択し（この例では「C 14」），「＝」を入力してから数式を入力する（図の数式バーを参照）。その結果，このセルには数式が入ったのだが，画面にはその計算結果があらわれる。また平均を表示している「C 15」のセルには，数式「＝C 14／10」が入力されている。数値ではなくセルを参照した数式なので，後で数値データを修正すると自動的に計算結果も修正される。

②セルのコピーと参照形式

　数学の合計と平均も同じように数式を入力すればいいのだが，内容が同じ数式を使う場合は，すでに入力された数式をコピーするだけでよい（図 12・2 b）。ただしこのときコピーされるのはセル内容そのものではなく，数式に使われたセル参照の相対関係である（図からわかるように，数学の計算にはD列のセルが参照されている）。これを相対参照という。もし計算に使うセル番号そのものを変えずにコピーしたいときは，「＄」の記号をつけ「＄C＄15」の

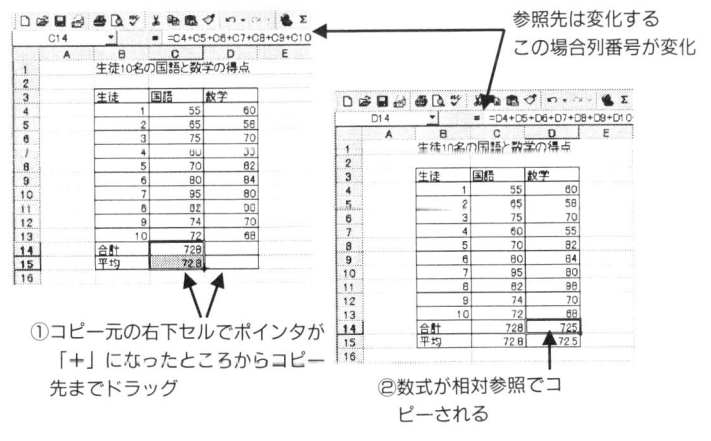

図 12・2 b　セルのコピー方法

ようにする。これを絶対参照という。行番号だけあるいは列番号だけにつけることもできる。これを混合参照という。

相対参照と絶対参照を切り替えるには，セル番号の入力後，F4キーを押す。1回押すごとに列と行両方の絶対参照（例えばA10），列が相対参照で行が絶対参照(A$10)，列が絶対参照で行が相対参照($A 10)，そして元の列と行両方の相対参照（A 10）と，順次切り替わる。もちろんキーボードから「$」を入力しても結果は同じである。

③演算子の優先順位

数式で用いる演算子には，表12・2 のような演算の優先順位がある。優先順位が同じ場合，左にある演算子から計算される。優先順位の低い演算子を先に計算させる場合は，その部分をカッコでくくる。

表 12・2　演算の優先順位

演算の優先順位	演算子	意味
高	−	マイナス（負の数）
	％	パーセンテージ
	^	べき算
	＊と／	乗算と除算
	＋と−	加算と減算
	＆	文字列の結合
低	=, <, >, <=, >=, <>	比較

（2） 関数機能を利用した計算

以上のように数式を入力しておくことで，その計算結果を簡単に求めることができる。これだけでもたいへん便利であるが，エクセルには自分で数式を入力しなくても計算を実行できる関数機能が用意されている。ここではすべてを説明できないが，関数機能を利用することで，統計処理に必要な計算をほぼ網羅できる。自分が必要とする計算式がそのままの形で見つからなくても，複数の関数を上述した演算子で組み合わせることで計算式を作成できるはずである。

図12・2 c に示したのは，合計を求める SUM 関数を例にしたこの機能の使

い方である。

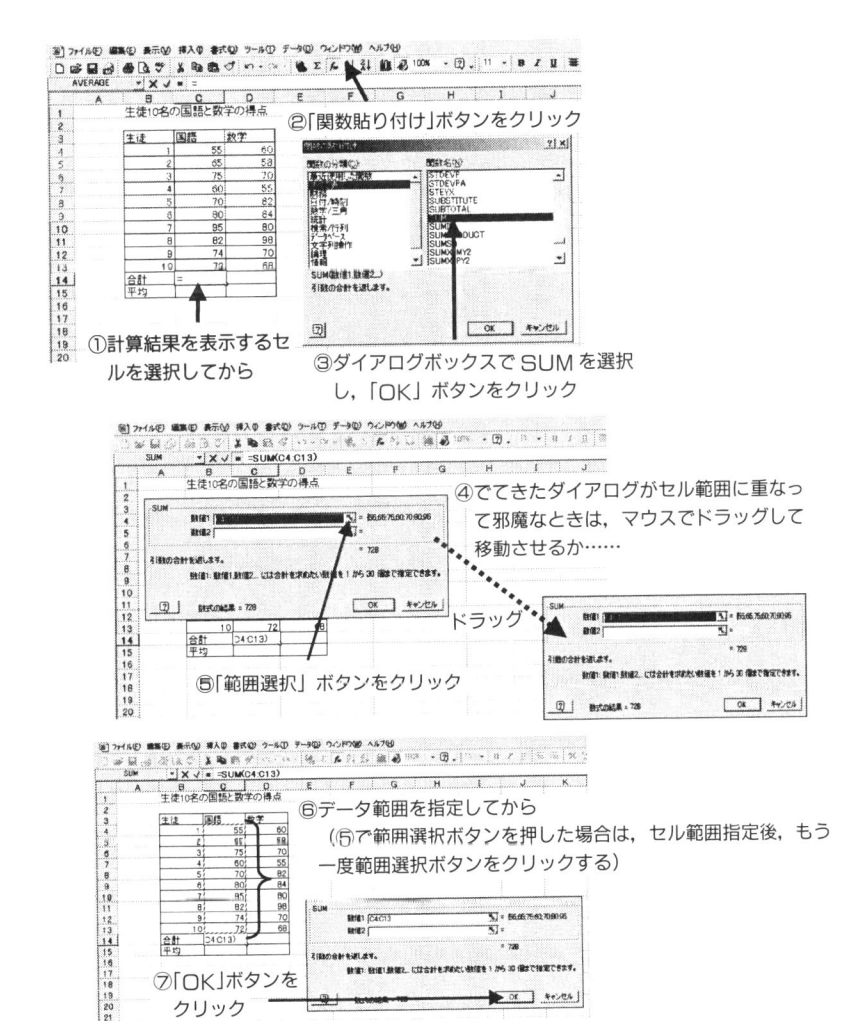

図 12・2 c 関数を張り付ける方法（SUM 関数の例）

図12・2dに示すように，この操作でC 14セルには「＝SUM（C 3：C 13）」という関数式が入力される。アルファベットが関数名，カッコのなかのデータには関数計算に必要なセル範囲や値が表示されている（引数という）。関数名と引数をキーボードからセルに直接入力しても同じ結果が得られる。

図 12・2 d　SUM 関数を貼り付けた結果

なお，SUM 関数に関しては，データと計算結果を示すセル範囲を指定し（例えばC 4からD 14），ツールバーの「オートSUM」ボタンを押すだけで関数が貼り付けられる機能がある。

他の関数も同様の手順で行なう。図12・2 eに，心理学のデータ処理でよく使われる計算に関数機能を使用した例を示す。参考までにシート右下にそれらの関数名を列挙した。引数の設定の仕方など関数により違いがあるので，ヘルプを参照しながら使い方を確認してほしい。

生徒10名の国語と数学の得点

生徒	国語	数学
1	55	60
2	65	58
3	75	70
4	60	55
5	70	82
6	80	84
7	95	80
8	82	98
9	74	70
10	72	68
合計	728	725
平均	72.8	72.5

最頻値	#N/A	70
中央値	73	70
標準偏差①	11.5	13.5
標準偏差②	10.9	12.8
分散①	131.7	181.6
分散②	118.6	163.5
最大値	95	98
最小値	55	55
範囲	40	43
歪度	0.36	0.50
尖度	0.49	-0.27
第1四分位数	66.3	62.0
第3四分位数	78.8	81.5
四分位偏差	6.3	9.8
相関係数		0.73

	順位		パーセンタイル順位		標準得点		偏差値	
生徒	国語	数学	国語	数学	国語	数学	国語	数学
1	10	8	0%	22%	-1.55	-0.93	34.5	40.7
2	8	9	22%	11%	-0.68	-1.08	43.2	39.2
3	4	5	67%	44%	0.19	-0.19	51.9	48.1
4	9	10	11%	0%	-1.12	-1.30	38.8	37.0
5	7	3	33%	78%	-0.24	0.70	47.6	57.0
6	3	2	78%	89%	0.63	0.85	56.3	58.5
7	1	4	100%	67%	1.93	0.56	69.3	55.6
8	2	1	89%	100%	0.80	1.89	58.0	68.9
9	5	5	56%	44%	0.10	-0.19	51.0	48.1
10	6	7	44%	33%	-0.07	-0.33	49.3	46.7

計算	関数名	計算	関数名
合計	SUM	歪度	SKEW
平均	AVERAGE	尖度	KURT
最頻値	MODE	四分位数	QUARTILE
中央値	MEDIAN	相関係数	PEARSON
標準偏差①	STDEV	順位	RANK
標準偏差②	STDEVP	パーセンタイル順位	PERCENTRANK
分散①	VAR	標準得点	STANDARDIZE
分散②	VARP		
最大値	MAX		
最小値	MIN		

図 12・2 e　関数の使用例

注：a）セル C17 にはエラーメッセージが表示されている。国語の得点には最頻値がないためである。

b）標準偏差および分散の関数がそれぞれ 2 種類ずつあるが，計算式の分母が STDEV と VAR は「N-1」，STDEVP と VARP は「N」となっている。本書の p. 32 と p. 91 を参照し，両者の違いを確認すること。

c）範囲は最大値−最小値で計算されている。

d）四分位偏差は（第 3 四分位数−第 1 四分位数）／2 で計算されている。

e）ここでは示さなかったが，パーセンタイル値を算出する PERCENTILE 関数もある。

f）偏差値は 10×標準得点+50 で計算されている。

12．3　グラフの作成

グラフを作成するときは，通常，横軸に独立変数，縦軸に従属変数を設定する。横軸に設定した変数が連続的に変化する（量的）変数の場合は折れ線グラフを使用するが，ここで例としてきたデータのように量の変化で表わせない質的な変数の場合は，棒グラフを使うのが適切である（第 2 章「データの整理」を参

照のこと)。

　グラフを作成するには,グラフ作成に使用するデータ範囲を指定してから,ツールバーの「グラフウィザード」ボタンをクリックする。そこで表示されるダイアログボックスで種々の項目の設定をすすめ,目的とするグラフの形式に近づけていく(図12・3 a)。

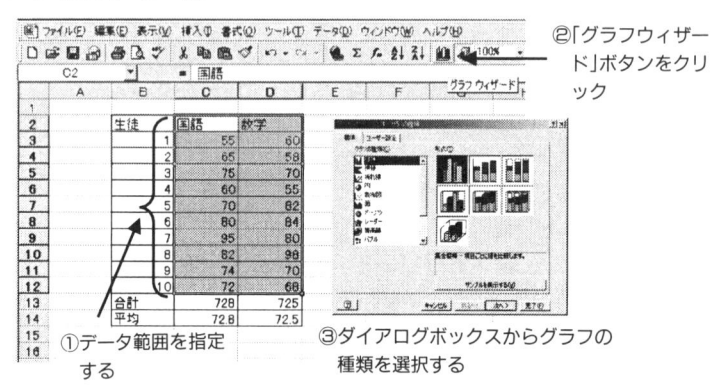

図 12・3 a　グラフ作成の手順①

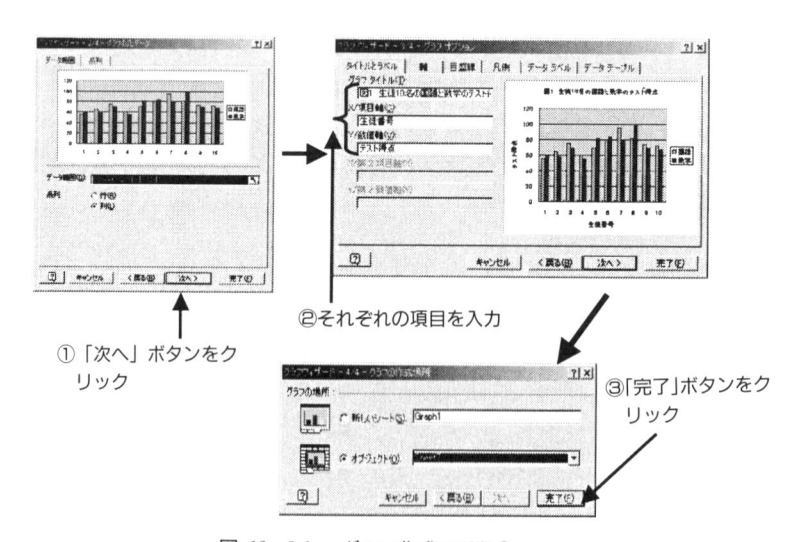

図 12・3 b　グラフ作成の手順②

12.3 グラフの作成

　以上の手順をすすめると，グラフオプションのダイアログボックスが表示される（図12・3b）。ここで必要な項目を入力したり，設定を変更したりする。いったんグラフを完成させた後でもこのダイアログボックスを呼び出すことはできるので（グラフ領域をアクティブにして，メニューバーの「グラフ」→「グラフオプション」をクリック），ここでの設定は後から修正可能である。

　次にグラフの作成場所を設定する。「新しいシート」にチェックを入れると，グラフだけが表示されるシートが新たに挿入される。「オブジェクト」にチェックを入れると，グラフの元となったデータが入力されているシート上にグラフが表示される。

　ここではオブジェクトとしてグラフを設定した。図12・3cのように，これで一応グラフができたが，このままでは心理学のレポートや論文に使用するのは適当ではない。

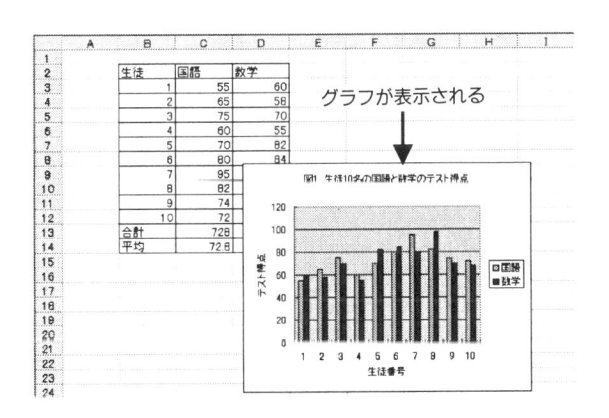

図 12・3c　作成されたグラフ

見やすいグラフにするために，以下の点に注意して修正を加える。
　a．タイトルは通し番号（図1，2，　）をつけてグラフの下に配置する。タイトルは多少長くなっても，何を表わした図であるか，レポートや論文の本

文を読まなくてもわかる程度の詳しさで記述する。
b．シンプルではっきりしたフォントを使う。
c．白黒でも区別しやすい工夫をする。設定の変更をしないままでグラフを作成すると，色の違いで条件の違いが表現されるが，レポートや論文は通常モノクロ印刷なので，そのままプリントアウトするとわかりにくいグラフになることが多い。棒グラフや円グラフでは白黒・パターン・濃淡の組み合わせ，折れ線グラフでは線種の種類（実線・破線・点線など）とマーカーの形および白黒の組み合わせでわかりやすくなるように工夫する。

実際の修正は図12・3 dのように，修正したい箇所でダブルクリックし，表示された「書式設定」ダイアログボックスで色，パターン，線種，線の太さ，マーカーの種類，枠の設定などをする。各箇所を修正した例を図12・3 eに示した。

①修正する箇所にポインタを移動しダブルクリック

②書式設定ダイアログボックスが表示される

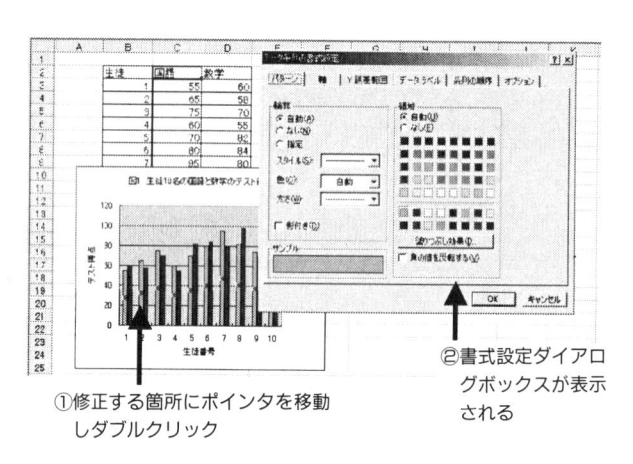

図 12・3 d　グラフの修正方法

12.4 分析ツールの利用　215

必要に応じて単位を明記する（秒，％など）
凡例はグラフのスペース内に配置

白黒・パターン（斜線・網掛けなど）の組み合わせで区別しやすく工夫

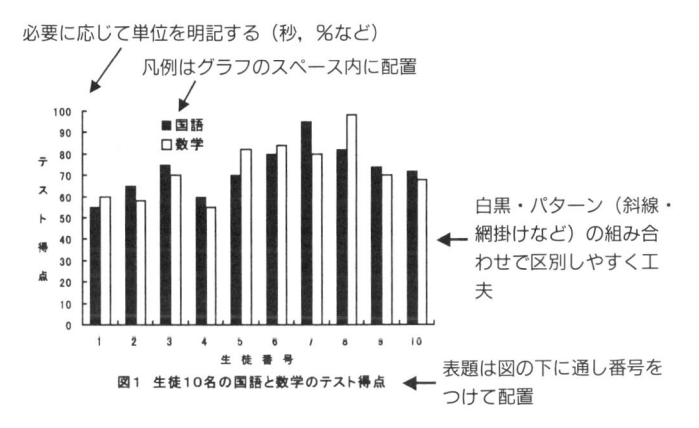

表題は図の下に通し番号をつけて配置

図1　生徒10名の国語と数学のテスト得点

図 12・3 e　修正を加えたグラフの例

12.4　分析ツールの利用

ここまで計算式を入力したり関数を貼り付けたりする方法を説明したが，い

①メニューバーの「ツール」から，「分析ツール」をクリック

②「データ分析」ダイアログで「基本統計量」を選択し，OKボタンをクリック

③「入力範囲」やオプションの設定をしてから，OKボタンをクリック

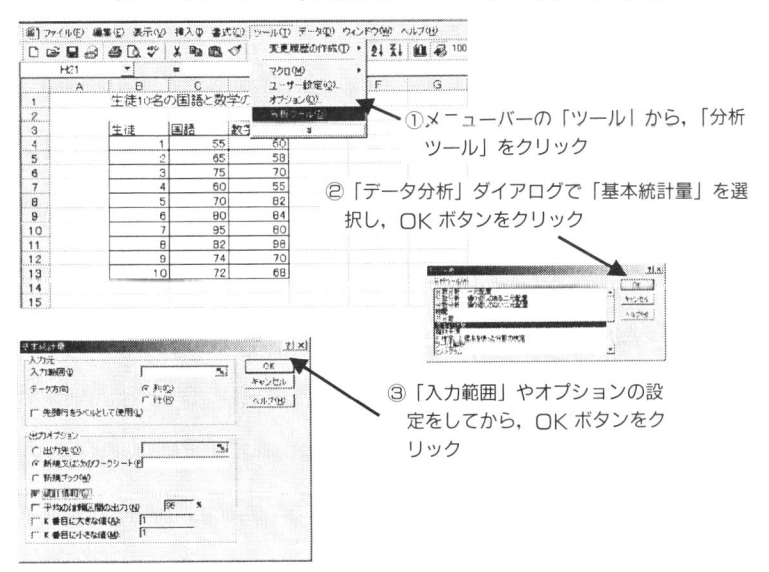

図 12・4 a　分析ツールを使う手順

くつかの分析方法に関しては，より簡単にデータ処理が行なえる「分析ツール」という機能がある。「基本統計量」を例に簡単に説明する（図 12・4 a）。

メニューバーの「ツール」→「分析ツール」をクリックしてから，「分析ツール」ダイアログボックスで「基本統計量」を選択する。次に表示されたダイアログボックスで入力範囲やオプション設定をすると，その計算結果が表示される（図 12・4 b）。

①列1に国語の，列2に数学の得点に関する種々の統計量が表示される

図 12・4 b　分析ツールによる計算結果

この他，「分散分析」「相関」「共分散」「ヒストグラム」「乱数発生」「順位と百分位数」「回帰分析」「t 検定」「z 検定」など，本書の内容とも関連のある分析ツールがあるので確認してほしい。

メニューバーの「ツール」をクリックしてもメニューに「分析ツール」が表示されない場合は，メニューの「ツール」→「アドイン」をクリックし，でてきたダイアログボックスで「分析ツール」にチェックを入れて OK ボタンを押すと，この機能が組み込まれる。ここでエクセルの CD-ROM が必要なときがあるので，表示されたメッセージにしたがい作業をすすめる。

参考文献

Freund, J. E.（日野寛三訳） 1977 現代統計学の基礎 1，2 東京図書
南風原朝和 2002 心理統計学の基礎 有斐閣
肥田野 直・瀬谷正敏・大川信明 1961 心理・教育 統計学 培風館
生沢雅夫 1975 心理学のための統計入門 ミネルヴァ書房
岩原信九郎 1964 ノンパラメトリック法 日本文化科学社
岩原信九郎 1965 教育と心理のための推計学 日本文化科学社
海保博之 1980 データ解析入門 日本文化科学社
海保博之（編） 1989 心理・教育 データの解析法10講 基礎編 福村出版
Kerlinger, F. N. 1973 *Foundations of behavioral research. 2nd ed.* Holt, Rinehart and Winston.
倉智佐一 1979 教育統計法要説 協同出版
森 敏昭・吉田寿夫（編） 1990 心理学のためのデータ解析テクニカルブック 北大路書房
大山 正・武藤真介・柳井晴夫 1980 行動科学のための統計学 朝倉書店
Siegel, S.（藤本 熙監訳） 1956 ノンパラメトリック統計学 マグロウヒル
Stevens, S. S. 1951 Mathematics, Measurement and Psychophysics, in S. S. Stevens(ed) *Handbook of Experimental Psychology*. John Wiley. 1-49
住田幸次郎 1988 初歩の心理・教育統計法 ナカニシヤ出版
辻 平治郎 1992 完全主義の構造とその測定尺度の作成 甲南女子大学人間科学年報, 17, 1-14.
辻 平治郎 2001 日本語での語彙アプローチによるパーソナリティ特性次元の分析 平成10, 11, 12年度科学研究費補助金（基盤C）研究成果報告書（課題番号 10610151）
山内光哉 1989 心理・教育のための統計法 サイエンス社

付　　録

付表　1　　標準正規分布における確率（面積 ; p）　　221

付表　2　　乱数表（0〜9の整数値に関する一様乱数表）　　222

付表　3　　種々の有意水準における t の臨界値　　223

付表　4　　種々の有意水準における χ^2 の臨界値（片側確率）　　224

付表　5-1　有意水準10％の U の表（両側分布）　　225

付表　5-2　有意水準5％の U の表（両側分布）　　226

付表　6-1　F 分布表（片側分布5％，1％）　　227

付表　6-2　F 分布表（片側分布2.5％，0.5％）　　228

付表　7　　ステューデント化された範囲（q）　　229

付表　8　　ピアソンの r の検定表　　230

付録 221

付表1 標準正規分布における
　　　確率(面積 ; p)

z	.00	.01	.02	.03	.04	.05	.06	.07	.08	.09
0.0	.000	.004	.008	.012	.016	.020	.024	.028	.032	.036
0.1	.040	.044	.048	.052	.056	.060	.064	.067	.071	.075
0.2	.079	.083	.087	.091	.095	.099	.103	.106	.110	.114
0.3	.118	.122	.126	.129	.133	.137	.141	.144	.148	.151
0.4	.155	.159	.163	.166	.170	.174	.177	.181	.184	.188
0.5	.191	.195	.198	.202	.205	.209	.212	.216	.219	.222
0.6	.226	.229	.232	.236	.239	.242	.245	.249	.252	.255
0.7	.258	.261	.264	.267	.270	.273	.276	.279	.282	.285
0.8	.288	.291	.294	.297	.300	.302	.305	.308	.311	.313
0.9	.316	.317	.321	.323	.326	.329	.331	.334	.336	.339
1.0	.341	.344	.346	.348	.351	.353	.355	.358	.360	.362
1.1	.364	.367	.369	.371	.373	.375	.377	.379	.381	.383
1.2	.385	.387	.389	.391	.392	.394	.396	.398	.400	.401
1.3	.403	.405	.407	.408	.410	.411	.413	.415	.416	.418
1.4	.419	.421	.422	.424	.425	.426	.428	.429	.431	.432
1.5	.433	.434	.436	.437	.438	.439	.441	.442	.443	.444
1.6	.445	.446	.447	.448	.449	.451	.451	.453	.454	.454
1.7	.455	.456	.457	.458	.459	.460	.461	.462	.462	.463
1.8	.464	.465	.467	.466	.467	.468	.469	.469	.470	.471
1.9	.471	.472	.473	.473	.474	.474	.475	.476	.476	.477
2.0	.477	.478	.478	.479	.479	.480	.480	.481	.481	.482
2.1	.482	.483	.483	.483	.484	.484	.485	.485	.485	.486
2.2	.486	.486	.487	.487	.487	.488	.488	.488	.489	.489
2.3	.489	.490	.490	.490	.490	.491	.491	.491	.491	.492
2.4	.492	.492	.492	.492	.493	.493	.493	.493	.493	.494
2.5	.494	.494	.494	.494	.494	.495	.495	.495	.495	.495
2.6	.495	.495	.496	.496	.496	.496	.496	.496	.496	.496
2.7	.497	.497	.497	.497	.497	.497	.497	.497	.497	.497
2.8	.497	.498	.498	.498	.498	.498	.498	.498	.498	.498
2.9	.498	.498	.498	.498	.498	.498	.498	.499	.499	.499
3.0	.499	.499	.499	.499	.499	.499	.499	.499	.499	.499
3.1	.499	.499	.499	.499	.499	.499	.499	.499	.499	.499
3.2	.499	.499	.499	.499	.499	.499	.499	.499	.499	.499
3.3	.500	.500	.500	.500	.500	.500	.500	.500	.500	.500

付表 2　乱数表（0 〜 9 の整数値に関する一様乱数表）

```
94 13 62 65 43   76 64 64 87 95   09 17 33 84 15   71 44 59 73 02   97 90 06 10 07
18 62 55 60 01   85 32 12 08 73   64 36 42 51 56   71 03 31 16 64   56 93 46 96 61
68 77 27 49 86   29 39 30 35 75   17 70 40 74 29   81 73 95 86 74   66 16 49 26 22
65 93 82 34 90   29 31 91 58 97   30 01 51 42 24   03 67 87 65 75   96 60 03 12 68
31 55 38 83 59   17 83 83 76 16   05 77 99 97 23   43 58 01 98 63   47 82 86 97 93

81 81 76 33 35   44 67 97 19 53   93 76 33 20 03   68 23 82 85 42   54 85 60 18 82
05 18 44 23 18   01 26 84 93 60   95 90 10 86 55   74 98 57 04 00   05 42 45 96 37
73 02 08 33 04   01 12 90 06 73   47 60 17 52 27   09 89 60 44 33   38 90 66 57 09
06 09 71 20 99   06 13 42 52 12   93 08 32 10 97   74 77 96 93 09   39 97 54 15 14
63 01 72 01 40   84 66 49 46 33   64 57 09 20 62   53 54 79 68 81   85 74 59 54 57

23 43 90 96 30   16 00 82 94 14   39 60 28 46 33   75 50 01 27 20   96 74 26 12 71
46 24 76 71 25   80 39 72 86 48   20 33 78 66 21   56 58 59 32 60   55 47 88 48 10
16 78 91 45 79   27 12 15 85 89   62 83 95 33 11   62 63 60 90 10   03 30 83 37 61
52 78 13 58 35   04 09 52 44 30   13 87 39 54 22   58 41 26 94 12   18 12 68 34 99
77 03 83 27 05   66 19 74 00 67   41 99 88 77 49   08 52 12 54 59   35 01 88 65 48

08 46 60 19 43   24 08 04 76 55   02 53 38 71 32   25 18 12 87 52   49 32 75 25 69
56 24 81 64 85   69 57 27 53 98   48 32 53 31 56   47 95 80 33 88   55 62 57 46 90
44 54 75 32 47   07 87 98 42 94   52 74 88 53 11   41 52 77 16 39   48 34 45 45 15
90 94 80 52 41   89 00 82 94 00   59 22 05 06 15   37 96 43 17 77   24 31 14 12 68
35 16 56 97 76   33 99 89 76 20   02 78 20 96 06   47 16 02 01 51   99 01 38 46 79

90 30 90 10 00   96 68 98 26 47   37 38 19 78 00   82 57 36 87 58   70 04 26 77 68
78 55 63 26 82   94 36 94 23 21   19 70 74 50 85   16 83 45 83 38   31 16 94 02 78
36 13 04 13 17   83 01 12 33 50   55 86 60 26 05   92 74 56 22 26   01 31 40 13 37
14 29 48 94 66   55 25 22 35 47   45 27 86 41 52   91 05 09 92 62   68 72 34 01 73
67 38 47 18 53   48 74 50 27 38   16 01 49 20 95   72 73 91 96 22   16 49 17 18 49

68 63 16 39 01   03 36 11 47 00   75 94 02 37 02   60 16 33 27 08   02 59 35 12 21
97 16 45 98 77   92 10 66 49 88   48 80 61 04 52   23 11 66 20 71   22 50 25 77 17
89 13 53 11 72   45 94 20 67 76   17 14 72 22 99   94 39 92 34 06   13 31 90 04 69
37 30 38 36 19   97 69 10 79 04   38 37 49 25 11   55 70 11 37 68   44 50 75 05 38
97 25 47 26 44   96 90 43 06 36   51 84 31 99 38   22 75 76 21 05   37 37 84 45 32

57 20 86 54 05   91 31 50 68 16   78 95 93 38 51   93 32 08 71 10   00 96 30 06 49
05 37 09 59 45   02 27 72 38 41   59 33 79 12 75   86 75 41 66 87   32 09 51 85 42
67 74 54 32 79   86 76 38 99 04   94 57 70 14 22   17 61 95 14 66   58 29 64 44 98
27 43 13 46 44   70 94 62 46 45   42 94 63 43 95   04 61 30 29 14   07 23 80 70 33
14 37 83 85 85   03 10 79 07 49   09 27 48 60 42   68 78 26 50 06   16 33 10 13 26

40 15 28 90 93   88 71 15 62 61   54 78 29 67 72   30 50 72 71 79   02 21 12 36 62
84 93 78 67 91   02 22 24 10 42   38 12 96 26 56   10 46 24 97 88   91 86 91 82 34
51 10 75 03 73   91 14 21 05 85   45 80 91 77 80   88 79 53 24 14   90 56 96 77 62
88 72 15 23 81   33 51 59 49 34   27 41 08 59 15   52 25 64 24 29   40 42 76 57 01
49 82 19 67 76   88 00 66 04 39   00 65 60 66 28   08 73 52 13 94   34 68 55 07 34

70 03 77 51 92   16 93 11 14 07   81 86 53 07 14   98 84 31 75 18   83 74 67 90 06
01 16 26 38 03   36 03 54 97 18   35 44 21 65 82   44 71 30 17 50   39 50 34 42 50
93 02 23 24 23   44 13 30 00 40   69 04 60 01 66   29 60 44 20 93   14 84 57 92 42
67 05 68 65 11   37 23 24 42 64   31 04 76 79 60   99 34 49 20 95   83 40 39 24 53
07 51 74 53 19   74 04 22 33 30   18 32 49 82 39   36 94 88 92 97   15 38 54 22 95

95 77 13 10 55   78 58 44 86 02   85 53 53 00 28   70 85 36 78 55   99 32 75 37 19
29 80 45 46 43   89 66 79 16 57   29 92 54 77 78   97 43 96 45 04   11 57 29 75 04
54 90 37 35 43   27 60 59 72 14   32 58 53 80 80   35 38 43 31 34   24 32 32 27 89
11 97 42 51 74   65 10 42 50 42   40 91 30 96 51   02 37 61 73 59   90 29 68 48 94
62 40 03 87 10   96 88 22 46 94   35 56 60 94 20   60 73 04 84 98   96 45 18 47 07
```

付表3　種々の有意水準における t の臨界値

df	片側確率(両側確率)					df	片側確率(両側確率)				
	.10 (.20)	.05 (.10)	.025 (.05)	.01 (.02)	.005 (.01)		.10 (.20)	.05 (.10)	.025 (.05)	.01 (.02)	.005 (.01)
1	3.08	6.31	12.71	31.82	63.66	25	1.32	1.71	2.06	2.49	2.79
2	1.89	2.92	4.30	6.96	9.92	26	1.31	1.71	2.06	2.48	2.78
3	1.64	2.35	3.18	4.54	5.84	27	1.31	1.70	2.05	2.47	2.77
4	1.53	2.13	2.78	3.75	4.60	28	1.31	1.70	2.05	2.47	2.76
5	1.48	2.02	2.57	3.36	4.03	29	1.31	1.70	2.05	2.46	2.76
6	1.44	1.94	2.45	3.14	3.71	30	1.31	1.70	2.04	2.46	2.75
7	1.41	1.89	2.36	3.00	3.50						
8	1.40	1.86	2.31	2.90	3.36	32	1.31	1.69	2.04	2.45	2.74
9	1.38	1.83	2.26	2.82	3.25	34	1.31	1.69	2.03	2.44	2.73
10	1.37	1.81	2.23	2.76	3.17	36	1.31	1.69	2.03	2.43	2.72
						38	1.30	1.69	2.02	2.43	2.71
11	1.36	1.80	2.20	2.72	3.11	40	1.30	1.68	2.02	2.42	2.70
12	1.36	1.78	2.18	2.68	3.05						
13	1.35	1.77	2.16	2.65	3.01	45	1.30	1.68	2.01	2.41	2.69
14	1.35	1.76	2.14	2.62	2.98	50	1.30	1.68	2.01	2.40	2.68
15	1.34	1.75	2.13	2.60	2.95	55	1.30	1.67	2.00	2.40	2.57
16	1.34	1.75	2.12	2.58	2.92	60	1.30	1.67	2.00	2.39	2.66
17	1.33	1.74	2.11	2.57	2.90						
18	1.33	1.73	2.10	2.55	2.88	70	1.29	1.67	1.99	2.38	2.65
19	1.33	1.73	2.09	2.54	2.86	80	1.29	1.66	1.99	2.37	2.64
20	1.33	1.72	2.09	2.53	2.85	90	1.29	1.66	1.99	2.37	2.63
						100	1.29	1.66	1.98	2.36	2.63
21	1.32	1.72	2.08	2.52	2.83						
22	1.32	1.72	2.07	2.51	2.82	150	1.29	1.66	1.98	2.35	2.61
23	1.32	1.71	2.07	2.50	2.81	200	1.29	1.65	1.97	2.35	2.60
24	1.32	1.71	2.06	2.49	2.80	∞	1.28	1.65	1.96	2.33	2.58

付表4　種々の有意水準における χ^2 の臨界値（片側確率）

df \ p	.50	.40	.30	.20	.10	.05	.01
1	0.45	0.71	1.07	1.64	2.71	3.84	6.63
2	1.39	1.83	2.41	3.22	4.61	5.99	9.21
3	2.37	2.95	3.66	4.64	6.25	7.81	11.34
4	3.36	4.04	4.88	5.99	7.78	9.49	13.28
5	4.35	5.13	6.06	7.29	9.24	11.07	15.09
6	5.35	6.21	7.23	8.56	10.64	12.59	16.81
7	6.35	7.28	8.38	9.80	12.02	14.07	18.48
8	7.34	8.35	9.52	11.03	13.36	15.51	20.09
9	8.34	9.41	10.66	12.24	14.68	16.92	21.67
10	9.34	10.47	11.78	13.44	15.99	18.31	23.21
11	10.34	11.53	12.90	14.63	17.28	19.68	24.72
12	11.34	12.58	14.01	15.81	18.55	21.03	26.22
13	12.34	13.64	15.12	16.98	19.81	22.36	27.69
14	13.34	14.69	16.22	18.15	21.06	23.68	29.14
15	14.34	15.73	17.32	19.31	22.31	25.00	30.58
16	15.34	16.78	18.42	20.47	23.54	26.30	32.00
17	16.34	17.82	19.51	21.61	24.77	27.59	33.41
18	17.34	18.87	20.60	22.76	25.99	28.87	34.81
19	18.34	19.91	21.69	23.90	27.20	30.14	36.19
20	19.34	20.95	22.77	25.04	28.41	31.41	37.57
21	20.34	21.99	23.86	26.17	29.62	32.67	38.93
22	21.34	23.03	24.94	27.30	30.81	33.92	40.29
23	22.34	24.07	26.02	28.43	32.01	35.17	41.64
24	23.34	25.11	27.10	29.55	33.20	36.42	42.98
25	24.34	26.14	28.17	30.68	34.38	37.65	44.31
26	25.34	27.18	29.25	31.79	35.56	38.89	45.64
27	26.34	28.21	30.32	32.91	36.74	40.11	46.96
28	27.34	29.25	31.39	34.03	37.92	41.34	48.28
29	28.34	30.28	32.46	35.14	39.09	42.56	49.59
30	29.34	31.32	33.53	36.25	40.26	43.77	50.89

付表 5-1　有意水準10%の U の表（両側分布）　　n_1, n_2 は標本の大きさ

n_2 \ n_1	1	2	3	4	5	6	7	8	9	10	11	12	13	14	15	16	17	18	19	20	n_2 \ n_1
1	—	—	—	—	—	—	—	—	—	—	—	—	—	—	—	—	—	—	0	0	1
																			19	20	
2	—	—	—	—	0	0	0	1	1	1	1	2	2	3	3	3	3	4	4	4	2
					10	12	14	15	17	19	21	22	24	25	27	29	31	32	34	36	
3	—	—	0	0	1	2	2	3	4	4	5	5	6	7	7	8	9	9	10	11	3
			9	12	14	16	19	21	23	26	28	31	33	35	38	40	42	45	47	49	
4	—	—	0	1	2	3	4	5	6	7	8	9	10	11	12	14	15	16	17	18	4
			12	15	18	21	24	27	30	33	36	39	42	45	48	50	53	56	59	62	
5	—	0	1	2	4	5	6	8	9	11	12	13	15	16	18	19	20	22	23	25	5
		10	14	18	21	25	29	32	36	39	43	47	50	54	57	61	65	68	72	75	
6	—	0	2	3	5	7	8	10	12	14	16	17	19	21	23	25	26	28	30	32	6
		12	16	21	25	29	34	38	42	46	50	55	59	63	67	71	76	80	84	88	
7	—	0	2	4	6	8	11	13	15	17	19	21	24	26	28	30	33	35	37	39	7
		14	19	24	29	34	38	43	48	53	58	63	67	72	77	82	86	91	96	101	
8	—	1	3	5	8	10	13	15	18	20	23	26	28	31	33	36	39	41	44	47	8
		15	21	27	32	38	43	49	54	60	65	70	76	81	87	92	97	103	108	113	
9	—	1	4	6	9	12	15	18	21	24	27	30	33	36	39	42	45	48	51	54	9
		17	23	30	36	42	48	54	60	66	72	78	84	90	96	102	108	114	120	126	
10	—	1	4	7	11	14	17	20	24	27	31	34	37	41	44	48	51	55	58	62	10
		19	26	33	39	46	53	60	66	73	79	86	93	99	106	112	119	125	132	138	
11	—	1	5	8	12	16	19	23	27	31	34	38	42	46	50	54	57	61	65	69	11
		21	28	36	43	50	58	65	72	79	87	94	101	108	115	122	130	137	144	151	
12	—	2	5	9	13	17	21	26	30	34	38	42	47	51	55	60	64	68	72	77	12
		22	31	39	47	55	63	70	78	86	94	102	109	117	125	132	140	148	156	163	
13	—	2	6	10	15	19	24	28	33	37	42	47	51	56	61	65	70	75	80	84	13
		24	33	42	50	59	67	76	84	93	101	109	118	126	134	143	151	159	167	176	
14	—	3	7	11	16	21	26	31	36	41	46	51	56	61	66	71	77	82	87	92	14
		25	35	45	54	63	72	81	90	99	108	117	126	135	144	153	161	170	176	188	
15	—	3	7	12	18	23	28	33	39	44	50	55	61	66	72	77	83	88	94	100	15
		27	38	48	57	67	77	87	96	106	115	125	134	144	153	163	172	182	191	200	
16	—	3	8	14	19	25	30	36	42	48	54	60	65	71	77	83	89	95	101	107	16
		29	40	50	61	71	82	92	102	112	122	132	143	153	163	173	183	193	203	213	
17	—	3	9	15	20	26	33	39	45	51	57	64	70	77	83	89	96	102	109	115	17
		31	42	53	56	76	86	97	103	119	130	140	151	161	172	183	193	204	214	225	
18	—	4	9	16	22	28	35	41	48	55	61	68	75	82	88	95	102	109	116	123	18
		32	45	56	68	80	91	103	114	123	137	148	159	170	182	193	204	215	226	237	
19	0	4	10	17	23	30	37	44	51	58	65	72	80	87	94	101	109	116	123	130	19
	19	34	47	59	72	84	96	108	120	132	144	156	167	179	191	203	214	226	238	250	
20	0	4	11	18	25	32	39	47	54	62	69	77	84	92	100	107	115	123	130	138	20
	20	36	49	62	75	88	101	113	126	138	151	163	176	188	200	213	225	237	250	262	

付表 5-2　有意水準 5% の U の表（両側分布）　　n_1, n_2 は標本の大きさ

n_2 \ n_1	1	2	3	4	5	6	7	8	9	10	11	12	13	14	15	16	17	18	19	20
1	—	—	—	—	—	—	—	—	—	—	—	—	—	—	—	—	—	—	—	—
2	—	—	—	—	—	—	—	0 / 16	0 / 18	0 / 20	0 / 22	1 / 23	1 / 25	1 / 27	1 / 29	1 / 31	2 / 32	2 / 34	2 / 36	2 / 38
3	—	—	—	—	0 / 15	1 / 17	1 / 20	2 / 22	2 / 25	3 / 27	3 / 30	4 / 32	4 / 35	5 / 37	5 / 40	6 / 42	6 / 45	7 / 47	7 / 50	8 / 52
4	—	—	—	0 / 16	1 / 19	2 / 22	3 / 25	4 / 28	4 / 32	5 / 35	6 / 38	7 / 41	8 / 44	9 / 47	10 / 50	11 / 53	11 / 57	12 / 60	13 / 63	13 / 66
5	—	—	0 / 15	1 / 19	2 / 23	3 / 27	5 / 30	6 / 34	7 / 38	8 / 42	9 / 46	11 / 49	12 / 53	13 / 57	14 / 61	15 / 65	17 / 68	18 / 72	19 / 76	20 / 80
6	—	—	1 / 17	2 / 22	3 / 27	5 / 31	6 / 36	8 / 40	10 / 44	11 / 49	13 / 53	14 / 58	16 / 62	17 / 67	19 / 71	21 / 75	22 / 80	24 / 84	25 / 89	27 / 93
7	—	—	1 / 20	3 / 25	5 / 30	6 / 36	8 / 41	10 / 46	12 / 51	14 / 56	16 / 61	18 / 66	20 / 71	22 / 76	24 / 81	26 / 86	28 / 91	30 / 96	32 / 101	34 / 106
8	—	0 / 16	2 / 22	4 / 28	6 / 34	8 / 40	10 / 46	13 / 51	15 / 57	17 / 63	19 / 69	22 / 74	24 / 80	26 / 86	29 / 91	31 / 97	34 / 102	36 / 108	38 / 114	41 / 119
9	—	0 / 18	2 / 25	4 / 32	7 / 38	10 / 44	12 / 51	15 / 57	17 / 64	20 / 70	23 / 76	26 / 82	28 / 89	31 / 95	34 / 101	37 / 107	39 / 114	42 / 120	45 / 126	48 / 132
10	—	0 / 20	3 / 27	5 / 35	8 / 42	11 / 49	14 / 56	17 / 63	20 / 70	23 / 77	26 / 84	29 / 91	33 / 97	36 / 104	39 / 111	42 / 118	45 / 125	48 / 132	52 / 138	55 / 145
11	—	0 / 22	3 / 30	6 / 38	9 / 46	13 / 53	16 / 61	19 / 69	23 / 76	26 / 84	30 / 91	33 / 99	37 / 106	40 / 114	44 / 121	47 / 129	51 / 136	55 / 143	58 / 151	60 / 158
12	—	1 / 23	4 / 32	7 / 41	11 / 49	14 / 58	18 / 66	22 / 74	26 / 82	29 / 91	33 / 99	37 / 107	41 / 115	45 / 123	49 / 131	53 / 139	57 / 147	61 / 155	65 / 163	69 / 171
13	—	1 / 25	4 / 35	8 / 44	12 / 53	16 / 62	20 / 71	24 / 80	28 / 89	33 / 97	37 / 106	41 / 115	45 / 124	50 / 132	54 / 141	59 / 149	63 / 158	67 / 167	72 / 175	76 / 184
14	—	1 / 27	5 / 37	9 / 47	13 / 57	17 / 67	22 / 76	26 / 86	31 / 95	36 / 104	40 / 114	45 / 123	50 / 132	55 / 141	59 / 151	64 / 160	69 / 169	74 / 178	78 / 188	83 / 197
15	—	1 / 29	5 / 40	10 / 50	14 / 61	19 / 71	24 / 81	29 / 91	34 / 101	39 / 111	44 / 121	49 / 131	54 / 141	59 / 151	64 / 161	70 / 170	75 / 180	80 / 190	85 / 200	90 / 210
16	—	1 / 31	6 / 42	11 / 53	15 / 65	21 / 75	26 / 86	31 / 97	37 / 107	42 / 118	47 / 129	53 / 139	59 / 149	64 / 160	70 / 170	75 / 181	81 / 191	86 / 202	92 / 212	98 / 222
17	—	2 / 32	6 / 45	11 / 57	17 / 68	22 / 80	28 / 91	34 / 102	39 / 114	45 / 125	51 / 136	57 / 147	63 / 158	69 / 169	75 / 180	81 / 191	87 / 202	93 / 213	99 / 224	105 / 235
18	—	2 / 34	7 / 47	12 / 60	18 / 72	24 / 84	30 / 96	36 / 108	42 / 120	48 / 132	55 / 143	61 / 155	67 / 167	74 / 178	80 / 190	86 / 202	93 / 213	99 / 225	106 / 236	112 / 248
19	—	2 / 36	7 / 50	13 / 63	19 / 76	25 / 89	32 / 101	38 / 114	45 / 126	52 / 138	58 / 151	65 / 163	72 / 175	78 / 188	85 / 200	92 / 212	99 / 224	106 / 236	113 / 248	119 / 261
20	—	2 / 38	8 / 52	14 / 66	20 / 80	27 / 93	34 / 106	41 / 119	48 / 132	55 / 145	62 / 158	69 / 171	76 / 184	83 / 197	90 / 210	98 / 222	105 / 235	112 / 248	119 / 261	127 / 273

付　録　227

付表6-1　F 分布表（片側分布 5%, 1%）

自由度 n_1, n_2 と上側確率 p から $F(n_1, n_2; p)$ を求める表（細字（上）：$p=0.05$、太字（下）：$p=0.01$）

n_1 n_2	1	2	3	4	5	6	7	8	9	10	12	15	20	24	30	40	60	120	∞	n_2
1	161. 4052.	200. 5000.	216. 5403.	225. 5625.	230. 5764.	234. 5859.	237. 5928.	239. 5982.	241. 6022.	242. 6056.	244. 6106.	246. 6157.	248. 6209.	249. 6235.	250. 6261.	251. 6287.	252. 6313.	253. 6339.	254. 6366.	1
2	18.5 98.5	19.0 99.0	19.2 99.2	19.2 99.2	19.3 99.3	19.3 93.3	19.4 99.4	19.4 99.4	19.4 99.4	19.4 99.4	19.4 99.4	19.4 99.4	19.4 99.4	19.5 99.5	19.5 99.5	19.5 99.5	19.5 99.5	19.5 99.5	19.5 99.5	2
3	10.1 34.1	9.55 30.8	9.28 29.5	9.12 28.7	9.01 28.2	8.94 27.9	8.89 27.7	8.85 27.5	8.81 27.3	8.79 27.2	8.74 27.1	8.70 26.9	8.66 26.7	8.64 26.6	8.62 26.5	8.59 26.4	8.57 26.3	8.55 26.2	8.53 26.1	3
4	7.71 21.2	6.94 18.0	6.59 16.7	6.39 16.0	6.26 15.5	6.16 15.2	6.09 15.0	6.04 14.8	6.00 14.7	5.96 14.5	5.91 14.4	5.86 14.2	5.80 14.0	5.77 13.9	5.75 13.8	5.72 13.7	5.69 13.7	5.66 13.6	5.63 13.5	4
5	6.61 16.3	5.79 13.3	5.41 12.1	5.19 11.4	5.05 11.0	4.95 10.7	4.88 10.5	4.82 10.3	4.77 10.2	4.74 10.1	4.68 9.89	4.62 9.72	4.56 9.55	4.53 9.47	4.50 9.38	4.46 9.29	4.43 9.20	4.40 9.11	4.36 9.02	5
6	5.99 13.7	5.14 10.9	4.76 9.78	4.53 9.15	4.39 8.75	4.28 8.47	4.21 8.26	4.15 8.10	4.10 7.98	4.06 7.87	4.00 7.72	3.94 7.56	3.87 7.40	3.84 7.31	3.81 7.23	3.77 7.14	3.74 7.06	3.70 6.97	3.67 6.88	6
7	5.59 12.2	4.74 9.55	4.35 8.45	4.12 7.85	3.97 7.46	3.87 7.19	3.79 6.99	3.73 6.84	3.68 6.72	3.64 6.62	3.57 6.47	3.51 6.31	3.44 6.16	3.41 6.07	3.38 5.99	3.34 5.91	3.30 5.82	3.27 5.74	3.23 5.65	7
8	5.32 11.3	4.46 8.65	3.86 7.59	3.84 7.01	3.69 6.63	3.58 6.37	3.50 6.18	3.44 6.03	3.39 5.91	3.35 5.81	3.28 5.67	3.22 5.52	3.15 5.36	3.12 5.28	3.08 5.20	3.04 5.12	3.01 5.03	2.97 4.95	2.93 4.86	8
9	5.12 10.6	4.26 8.02	3.86 6.99	3.63 6.42	3.48 6.06	3.37 5.80	3.29 5.61	3.23 5.47	3.18 5.35	3.14 5.26	3.07 5.11	3.01 4.96	2.94 4.81	2.90 4.73	2.86 4.65	2.83 4.57	2.79 4.48	2.75 4.40	2.71 4.31	9
10	4.96 10.0	4.10 7.56	3.71 6.55	3.48 5.99	3.33 5.64	3.22 5.39	3.14 5.20	3.07 5.06	3.02 4.94	2.98 4.85	2.91 4.71	2.84 4.56	2.77 4.41	2.74 4.33	2.70 4.25	2.66 4.17	2.62 4.08	2.58 4.00	2.54 3.91	10
11	4.84 9.65	3.98 7.21	3.59 6.22	3.36 5.67	3.20 5.32	3.09 5.07	3.01 4.89	2.95 4.74	2.90 4.63	2.85 4.54	2.79 4.40	2.72 4.25	2.65 4.10	2.61 4.02	2.57 3.94	2.53 3.86	2.49 3.78	2.45 3.69	2.40 3.60	11
12	4.75 9.33	3.89 6.93	3.49 5.95	3.26 5.41	3.11 5.06	3.00 4.82	2.91 4.64	2.85 4.50	2.80 4.39	2.75 4.30	2.69 4.16	2.62 4.01	2.54 3.86	2.51 3.78	2.47 3.70	2.43 3.62	2.38 3.54	2.34 3.45	2.30 3.36	12
13	4.67 9.07	3.81 6.70	3.41 5.74	3.18 5.21	3.03 4.86	2.92 4.62	2.83 4.44	2.77 4.30	2.71 4.19	2.67 4.10	2.60 3.96	2.53 3.82	2.46 3.66	2.42 3.59	2.38 3.51	2.34 3.43	2.30 3.34	2.25 3.25	2.21 3.17	13
14	4.60 8.86	3.74 6.51	3.34 5.56	3.11 5.04	2.96 4.70	2.85 4.46	2.76 4.28	2.70 4.14	2.65 4.03	2.60 3.94	2.53 3.80	2.46 3.66	2.39 3.51	2.35 3.43	2.31 3.35	2.27 3.27	2.22 3.18	2.18 3.09	2.13 3.00	14
15	4.54 8.68	3.68 6.36	3.29 5.42	3.06 4.89	2.90 4.56	2.79 4.32	2.71 4.14	2.64 4.00	2.59 3.89	2.54 3.80	2.48 3.67	2.40 3.52	2.33 3.37	2.29 3.29	2.25 3.21	2.20 3.13	2.16 3.05	2.11 2.96	2.07 2.87	15
16	4.49 8.53	3.63 6.23	3.24 5.29	3.01 4.77	2.85 4.44	2.74 4.20	2.66 4.03	2.59 3.89	2.54 3.78	2.49 3.69	2.42 3.55	2.35 3.41	2.28 3.26	2.24 3.18	2.19 3.10	2.15 3.02	2.11 2.93	2.06 2.84	2.01 2.75	16
17	4.45 8.40	3.59 6.11	3.20 5.18	2.96 4.67	2.81 4.34	2.70 4.10	2.61 3.93	2.55 3.79	2.49 3.68	2.45 3.59	2.38 3.46	2.31 3.31	2.23 3.16	2.19 3.08	2.15 3.00	2.10 2.92	2.06 2.83	2.01 2.75	1.96 2.65	17
18	4.41 8.29	3.55 6.01	3.16 5.09	2.93 4.58	2.77 4.25	2.66 4.01	2.58 3.84	2.51 3.71	2.46 3.60	2.41 3.51	2.34 3.37	2.27 3.23	2.19 3.08	2.15 3.00	2.11 2.92	2.06 2.84	2.02 2.75	1.97 2.66	1.92 2.57	18
19	4.38 8.18	3.52 5.93	3.13 5.01	2.90 4.50	2.74 4.17	2.63 3.94	2.54 3.77	2.48 3.63	2.42 3.52	2.38 3.43	2.31 3.30	2.23 3.15	2.16 3.00	2.11 2.92	2.07 2.84	2.03 2.76	1.98 2.67	1.93 2.58	1.88 2.49	19
20	4.35 8.10	3.49 5.85	3.10 4.94	2.87 4.43	2.71 4.10	2.60 3.87	2.51 3.70	2.45 3.56	2.39 3.46	2.35 3.37	2.28 3.23	2.20 3.09	2.12 2.94	2.08 2.86	2.04 2.78	1.99 2.69	1.95 2.61	1.90 2.52	1.84 2.42	20
21	4.32 8.02	3.47 5.78	3.07 4.87	2.84 4.37	2.68 4.04	2.57 3.81	2.49 3.64	2.42 3.51	2.37 3.40	2.32 3.31	2.25 3.17	2.18 3.03	2.10 2.88	2.05 2.80	2.01 2.72	1.96 2.64	1.92 2.55	1.87 2.46	1.81 2.36	21
22	4.30 7.95	3.44 5.72	3.05 4.82	2.82 4.31	2.66 3.99	2.55 3.76	2.46 3.59	2.40 3.45	2.34 3.35	2.30 3.26	2.23 3.12	2.15 2.98	2.07 2.83	2.03 2.75	1.98 2.67	1.94 2.58	1.89 2.50	1.84 2.40	1.78 2.31	22
23	4.28 7.88	3.42 5.66	3.03 4.76	2.80 4.26	2.64 3.94	2.53 3.71	2.44 3.54	2.37 3.41	2.32 3.30	2.27 3.21	2.20 3.07	2.13 2.93	2.05 2.78	2.01 2.70	1.96 2.62	1.91 2.54	1.86 2.45	1.81 2.35	1.76 2.26	23
24	4.26 7.82	3.40 5.61	3.01 4.72	2.78 4.22	2.62 3.90	2.51 3.67	2.42 3.50	2.36 3.36	2.30 3.26	2.25 3.17	2.18 3.03	2.11 2.89	2.03 2.74	1.98 2.66	1.94 2.58	1.89 2.49	1.84 2.40	1.79 2.31	1.73 2.21	24
25	4.24 7.77	3.39 5.57	2.99 4.68	2.76 4.18	2.60 3.86	2.49 3.63	2.40 3.46	2.34 3.32	2.28 3.22	2.24 3.13	2.16 2.99	2.09 2.85	2.01 2.70	1.96 2.62	1.92 2.54	1.87 2.45	1.82 2.36	1.77 2.27	1.71 2.17	25
26	4.23 7.72	3.37 5.53	2.98 4.64	2.74 4.14	2.59 3.82	2.47 3.59	2.39 3.42	2.32 3.29	2.27 3.18	2.22 3.09	2.15 2.96	2.07 2.82	1.99 2.66	1.95 2.58	1.90 2.50	1.85 2.42	1.80 2.33	1.75 2.23	1.69 2.13	26
27	4.21 7.68	3.35 5.49	2.96 4.60	2.73 4.11	2.57 3.78	2.46 3.56	2.37 3.39	2.31 3.26	2.25 3.15	2.20 3.06	2.13 2.93	2.06 2.78	1.97 2.63	1.93 2.55	1.88 2.47	1.84 2.38	1.79 2.29	1.73 2.20	1.67 2.10	27
28	4.20 7.64	3.34 5.45	2.95 4.57	2.71 4.07	2.56 3.75	2.45 3.53	2.36 3.36	2.29 3.23	2.24 3.12	2.19 3.03	2.12 2.90	2.04 2.75	1.96 2.60	1.91 2.52	1.87 2.44	1.82 2.35	1.77 2.26	1.71 2.17	1.65 2.06	28
29	4.18 7.60	3.33 5.42	2.93 4.54	2.70 4.04	2.55 3.73	2.43 3.50	2.35 3.33	2.28 3.20	2.22 3.09	2.18 3.00	2.10 2.87	2.03 2.73	1.94 2.57	1.90 2.49	1.85 2.41	1.81 2.33	1.75 2.23	1.70 2.14	1.64 2.03	29
30	4.17 7.56	3.32 5.39	2.92 4.51	2.69 4.02	2.53 3.70	2.42 3.47	2.33 3.30	2.27 3.17	2.21 3.07	2.16 2.98	2.09 2.84	2.01 2.70	1.93 2.55	1.89 2.47	1.84 2.39	1.79 2.30	1.74 2.21	1.68 2.11	1.62 2.01	30
40	4.08 7.31	3.23 5.18	2.84 4.31	2.61 3.83	2.45 3.51	2.34 3.29	2.25 3.12	2.18 2.99	2.12 2.89	2.08 2.80	2.00 2.66	1.92 2.52	1.84 2.37	1.79 2.29	1.74 2.20	1.69 2.11	1.64 2.02	1.58 1.92	1.51 1.80	40
60	4.00 7.08	3.15 4.98	2.76 4.13	2.53 3.65	2.37 3.34	2.25 3.12	2.17 2.95	2.10 2.82	2.04 2.72	1.99 2.63	1.92 2.50	1.84 2.35	1.75 2.20	1.70 2.12	1.65 2.03	1.59 1.94	1.53 1.84	1.47 1.73	1.39 1.60	60
120	3.92 6.85	3.07 4.79	2.68 3.95	2.45 3.48	2.29 3.17	2.18 2.96	2.09 2.79	2.02 2.66	1.96 2.56	1.91 2.47	1.83 2.34	1.75 2.19	1.66 2.03	1.61 1.95	1.55 1.86	1.50 1.76	1.43 1.66	1.35 1.53	1.25 1.38	120
∞	3.84 6.63	3.00 4.61	2.60 3.78	2.37 3.32	2.21 3.02	2.10 2.80	2.01 2.64	1.94 2.51	1.88 2.41	1.83 2.32	1.75 2.18	1.67 2.04	1.57 1.88	1.52 1.79	1.46 1.70	1.39 1.59	1.32 1.47	1.22 1.32	1.00 1.00	∞
n_2	1	2	3	4	5	6	7	8	9	10	12	15	20	24	30	40	60	120	∞	n_1

自由度 n_1 の値が付表中にない場合には，その自由度が含まれる範囲の自由度の小さい方（より厳しい基準となる）の F 値を選ぶ．例えば n_1 が36ならば n_1 が30の F 値を選ぶ．n_2 に関してもより厳しい基準となるように選ぶ．

付表 6-2　F分布表（片側分布 2.5%, 0.5%）

自由度 n_1, n_2 と上側確率 p から $F(n_1, n_2; p)$ を求める表（細字（上）: $p=0.025$／太字（下）: $p=0.005$）

n_2 \ n_1	1	2	3	4	5	6	7	8	9	10	12	15	20	24	30	40	60	120	∞
1	648.	800.	864.	900.	922.	937.	948.	957.	963.	969.	977.	985.	993.	997.	1001.	1006.	1010.	1014.	1018.
2	38.5　**198.**	39.0　**199.**	39.2　**199.**	39.2　**199.**	39.3　**199.**	39.3　**199.**	39.4　**199.**	39.4　**199.**	39.4　**199.**	39.4　**199.**	39.4　**199.**	39.4　**199.**	39.4　**199.**	39.5　**199.**	39.5　**199.**	39.5　**199.**	39.5　**199.**	39.5　**199.**	39.5　**200.**
3	17.4　**55.6**	16.0　**49.8**	15.4　**47.5**	15.1　**46.2**	14.9　**45.4**	14.7　**44.8**	14.6　**44.4**	14.5　**44.1**	14.5　**43.9**	14.4　**43.7**	14.3　**43.4**	14.3　**43.1**	14.2　**42.8**	14.1　**42.6**	14.1　**42.5**	14.0　**42.3**	14.0　**42.1**	13.9　**42.0**	13.9　**41.8**
4	12.2　**31.3**	10.6　**26.3**	9.98　**24.3**	9.60　**23.2**	9.36　**22.5**	9.20　**22.0**	9.07　**21.6**	8.98　**21.4**	8.90　**21.1**	8.84　**21.0**	8.75　**20.7**	8.66　**20.4**	8.56　**20.2**	8.51　**20.0**	8.46　**19.9**	8.41　**19.8**	8.36　**19.6**	8.31　**19.5**	8.26　**19.3**
5	10.0　**22.8**	8.43　**18.3**	7.76　**16.5**	7.39　**15.6**	7.15　**14.9**	6.98　**14.5**	6.85　**14.2**	6.76　**14.0**	6.68　**13.8**	6.62　**13.6**	6.52　**13.4**	6.43　**13.1**	6.33　**12.9**	6.28　**12.8**	6.23　**12.7**	6.18　**12.5**	6.12　**12.4**	6.07　**12.3**	6.02　**12.1**
6	8.81　**18.6**	7.26　**14.5**	6.60　**12.9**	6.23　**12.0**	5.99　**11.5**	5.82　**11.1**	5.70　**10.8**	5.60　**10.6**	5.52　**10.4**	5.46　**10.2**	5.37　**10.0**	5.27　**9.81**	5.17　**9.59**	5.12　**9.47**	5.07　**9.36**	5.01　**9.24**	4.96　**9.12**	4.90　**9.00**	4.85　**8.88**
7	8.07　**16.2**	6.54　**12.4**	5.89　**10.9**	5.52　**10.0**	5.29　**9.52**	5.12　**9.16**	4.99　**8.89**	4.90　**8.68**	4.82　**8.51**	4.76　**8.38**	4.67　**8.18**	4.57　**7.97**	4.47　**7.75**	4.42　**7.64**	4.36　**7.53**	4.31　**7.42**	4.25　**7.31**	4.20　**7.19**	4.14　**7.08**
8	7.57　**14.7**	6.06　**11.0**	5.42　**9.60**	5.05　**8.81**	4.82　**8.30**	4.65　**7.95**	4.53　**7.69**	4.43　**7.50**	4.36　**7.34**	4.30　**7.21**	4.20　**7.01**	4.10　**6.81**	4.00　**6.61**	3.95　**6.50**	3.89　**6.40**	3.84　**6.29**	3.78　**6.18**	3.73　**6.06**	3.67　**5.95**
9	7.21　**13.6**	5.71　**10.1**	5.08　**8.72**	4.72　**7.96**	4.48　**7.47**	4.32　**7.13**	4.20　**6.88**	4.10　**6.69**	4.03　**6.54**	3.96　**6.42**	3.87　**6.23**	3.77　**6.03**	3.67　**5.83**	3.61　**5.73**	3.56　**5.62**	3.51　**5.52**	3.45　**5.41**	3.39　**5.30**	3.33　**5.19**
10	6.94　**12.8**	5.46　**9.43**	4.83　**8.08**	4.47　**7.34**	4.24　**6.87**	4.07　**6.54**	3.95　**6.30**	3.85　**6.12**	3.78　**5.97**	3.72　**5.85**	3.62　**5.66**	3.52　**5.47**	3.42　**5.27**	3.37　**5.17**	3.31　**5.07**	3.26　**4.97**	3.20　**4.86**	3.14　**4.75**	3.08　**4.64**
11	6.72　**12.2**	5.26　**8.91**	4.63　**7.60**	4.28　**6.88**	4.04　**6.42**	3.88　**6.10**	3.76　**5.86**	3.66　**5.68**	3.59　**5.54**	3.53　**5.42**	3.43　**5.24**	3.33　**5.05**	3.23　**4.86**	3.17　**4.76**	3.12　**4.65**	3.06　**4.55**	3.00　**4.44**	2.94　**4.34**	2.88　**4.23**
12	6.55　**11.8**	5.10　**8.51**	4.47　**7.23**	4.12　**6.52**	3.89　**6.07**	3.73　**5.76**	3.61　**5.52**	3.51　**5.35**	3.44　**5.20**	3.37　**5.09**	3.28　**4.91**	3.18　**4.72**	3.07　**4.53**	3.02　**4.43**	2.96　**4.33**	2.91　**4.23**	2.85　**4.12**	2.79　**4.01**	2.72　**3.90**
13	6.41　**11.4**	4.97　**8.19**	4.35　**6.93**	4.00　**6.23**	3.77　**5.79**	3.60　**5.48**	3.48　**5.25**	3.39　**5.08**	3.31　**4.94**	3.25　**4.82**	3.15　**4.64**	3.05　**4.46**	2.95　**4.27**	2.89　**4.17**	2.84　**4.07**	2.78　**3.97**	2.72　**3.87**	2.66　**3.76**	2.60　**3.65**
14	6.30　**11.1**	4.86　**7.92**	4.24　**6.68**	3.89　**6.00**	3.66　**5.56**	3.50　**5.26**	3.38　**5.03**	3.29　**4.86**	3.21　**4.72**	3.15　**4.60**	3.05　**4.43**	2.95　**4.25**	2.84　**4.06**	2.79　**3.96**	2.73　**3.86**	2.67　**3.76**	2.61　**3.66**	2.55　**3.55**	2.49　**3.44**
15	6.20　**10.8**	4.76　**7.70**	4.15　**6.48**	3.80　**5.80**	3.58　**5.37**	3.41　**5.07**	3.29　**4.85**	3.20　**4.67**	3.12　**4.54**	3.06　**4.42**	2.96　**4.25**	2.86　**4.07**	2.76　**3.88**	2.70　**3.79**	2.64　**3.69**	2.59　**3.58**	2.52　**3.48**	2.46　**3.37**	2.40　**3.26**
16	6.12　**10.6**	4.69　**7.51**	4.08　**6.30**	3.73　**5.64**	3.50　**5.21**	3.34　**4.91**	3.22　**4.69**	3.12　**4.52**	3.05　**4.38**	2.99　**4.27**	2.89　**4.10**	2.79　**3.92**	2.68　**3.73**	2.63　**3.64**	2.57　**3.54**	2.51　**3.44**	2.45　**3.33**	2.38　**3.22**	2.32　**3.11**
17	6.04　**10.4**	4.62　**7.35**	4.01　**6.16**	3.66　**5.50**	3.44　**5.07**	3.28　**4.78**	3.16　**4.56**	3.06　**4.39**	2.98　**4.25**	2.92　**4.14**	2.82　**3.97**	2.72　**3.79**	2.62　**3.61**	2.56　**3.51**	2.50　**3.41**	2.44　**3.31**	2.38　**3.21**	2.32　**3.10**	2.25　**2.98**
18	5.98　**10.2**	4.56　**7.21**	3.95　**6.03**	3.61　**5.37**	3.38　**4.96**	3.22　**4.66**	3.10　**4.44**	3.01　**4.28**	2.93　**4.14**	2.87　**4.03**	2.77　**3.86**	2.67　**3.68**	2.56　**3.50**	2.50　**3.40**	2.44　**3.30**	2.38　**3.20**	2.32　**3.10**	2.26　**2.99**	2.19　**2.87**
19	5.92　**10.1**	4.51　**7.09**	3.90　**5.92**	3.56　**5.27**	3.33　**4.85**	3.17　**4.56**	3.05　**4.34**	2.96　**4.18**	2.88　**4.04**	2.82　**3.93**	2.72　**3.76**	2.62　**3.59**	2.51　**3.40**	2.45　**3.31**	2.39　**3.21**	2.33　**3.11**	2.27　**3.00**	2.20　**2.89**	2.13　**2.78**
20	5.87　**9.94**	4.46　**6.99**	3.86　**5.82**	3.51　**5.17**	3.29　**4.76**	3.13　**4.47**	3.01　**4.26**	2.91　**4.09**	2.84　**3.96**	2.77　**3.85**	2.68　**3.68**	2.57　**3.50**	2.46　**3.32**	2.41　**3.22**	2.35　**3.12**	2.29　**3.02**	2.22　**2.92**	2.16　**2.81**	2.09　**2.69**
21	5.83　**9.83**	4.42　**6.89**	3.82　**5.73**	3.48　**5.09**	3.25　**4.68**	3.09　**4.39**	2.97　**4.18**	2.87　**4.01**	2.80　**3.88**	2.73　**3.77**	2.64　**3.60**	2.53　**3.43**	2.42　**3.24**	2.37　**3.15**	2.31　**3.05**	2.25　**2.95**	2.18　**2.84**	2.11　**2.73**	2.04　**2.61**
22	5.79　**9.73**	4.38　**6.81**	3.78　**5.65**	3.44　**5.02**	3.22　**4.61**	3.05　**4.32**	2.93　**4.11**	2.84　**3.94**	2.76　**3.81**	2.70　**3.70**	2.60　**3.54**	2.50　**3.36**	2.39　**3.18**	2.33　**3.08**	2.27　**2.98**	2.21　**2.88**	2.14　**2.77**	2.08　**2.66**	2.00　**2.55**
23	5.75　**9.63**	4.35　**6.73**	3.75　**5.58**	3.41　**4.95**	3.18　**4.54**	3.02　**4.26**	2.90　**4.05**	2.81　**3.88**	2.73　**3.75**	2.67　**3.64**	2.57　**3.47**	2.47　**3.30**	2.36　**3.12**	2.30　**3.02**	2.24　**2.92**	2.18　**2.82**	2.11　**2.71**	2.04　**2.60**	1.97　**2.48**
24	5.72　**9.55**	4.32　**6.66**	3.72　**5.52**	3.38　**4.89**	3.15　**4.49**	2.99　**4.20**	2.87　**3.99**	2.78　**3.83**	2.70　**3.69**	2.64　**3.59**	2.54　**3.42**	2.44　**3.25**	2.33　**3.06**	2.27　**2.97**	2.21　**2.87**	2.15　**2.77**	2.08　**2.66**	2.01　**2.55**	1.94　**2.43**
25	5.69　**9.48**	4.29　**6.60**	3.69　**5.46**	3.35　**4.84**	3.13　**4.43**	2.97　**4.15**	2.85　**3.94**	2.75　**3.78**	2.68　**3.64**	2.61　**3.54**	2.51　**3.37**	2.41　**3.20**	2.30　**3.01**	2.24　**2.92**	2.18　**2.82**	2.12　**2.72**	2.05　**2.61**	1.98　**2.50**	1.91　**2.38**
26	5.66　**9.41**	4.27　**6.54**	3.67　**5.41**	3.33　**4.79**	3.10　**4.38**	2.94　**4.10**	2.82　**3.89**	2.73　**3.73**	2.65　**3.60**	2.59　**3.49**	2.49　**3.33**	2.39　**3.15**	2.28　**2.97**	2.22　**2.87**	2.16　**2.77**	2.09　**2.67**	2.03　**2.56**	1.95　**2.45**	1.88　**2.33**
27	5.63　**9.34**	4.24　**6.49**	3.65　**5.36**	3.31　**4.74**	3.08　**4.34**	2.92　**4.06**	2.80　**3.85**	2.71　**3.69**	2.63　**3.56**	2.57　**3.45**	2.47　**3.28**	2.36　**3.11**	2.25　**2.93**	2.19　**2.83**	2.13　**2.73**	2.07　**2.63**	2.00　**2.52**	1.93　**2.41**	1.85　**2.29**
28	5.61　**9.28**	4.22　**6.44**	3.63　**5.32**	3.29　**4.70**	3.06　**4.30**	2.90　**4.02**	2.78　**3.81**	2.69　**3.65**	2.61　**3.52**	2.55　**3.41**	2.45　**3.25**	2.34　**3.07**	2.23　**2.89**	2.17　**2.79**	2.11　**2.69**	2.05　**2.59**	1.98　**2.48**	1.91　**2.37**	1.83　**2.25**
29	5.59　**9.23**	4.20　**6.40**	3.61　**5.28**	3.27　**4.66**	3.04　**4.26**	2.88　**3.98**	2.76　**3.77**	2.67　**3.61**	2.59　**3.48**	2.53　**3.38**	2.43　**3.21**	2.32　**3.04**	2.21　**2.86**	2.15　**2.76**	2.09　**2.66**	2.03　**2.56**	1.96　**2.45**	1.89　**2.33**	1.81　**2.21**
30	5.57　**9.18**	4.18　**6.35**	3.59　**5.24**	3.25　**4.62**	3.03　**4.23**	2.87　**3.95**	2.75　**3.74**	2.65　**3.58**	2.57　**3.45**	2.51　**3.34**	2.41　**3.18**	2.31　**3.01**	2.20　**2.82**	2.14　**2.73**	2.07　**2.63**	2.01　**2.52**	1.94　**2.42**	1.87　**2.30**	1.79　**2.18**
40	5.42　**8.83**	4.05　**6.07**	3.46　**4.98**	3.13　**4.37**	2.90　**3.99**	2.74　**3.71**	2.62　**3.51**	2.53　**3.35**	2.45　**3.22**	2.39　**3.12**	2.29　**2.95**	2.18　**2.78**	2.07　**2.60**	2.01　**2.50**	1.94　**2.40**	1.88　**2.30**	1.80　**2.18**	1.72　**2.06**	1.64　**1.93**
60	5.29　**8.49**	3.93　**5.80**	3.34　**4.73**	3.01　**4.14**	2.79　**3.76**	2.63　**3.49**	2.51　**3.29**	2.41　**3.13**	2.33　**3.01**	2.27　**2.90**	2.17　**2.74**	2.06　**2.57**	1.94　**2.39**	1.88　**2.29**	1.82　**2.19**	1.74　**2.08**	1.67　**1.96**	1.58　**1.83**	1.48　**1.69**
120	5.15　**8.18**	3.80　**5.54**	3.23　**4.50**	2.89　**3.92**	2.67　**3.55**	2.52　**3.28**	2.39　**3.09**	2.30　**2.93**	2.22　**2.81**	2.16　**2.71**	2.05　**2.54**	1.94　**2.37**	1.82　**2.19**	1.76　**2.09**	1.69　**1.98**	1.61　**1.87**	1.53　**1.75**	1.43　**1.61**	1.31　**1.43**
∞	5.02　**7.88**	3.69　**5.30**	3.12　**4.28**	2.79　**3.72**	2.57　**3.35**	2.41　**3.09**	2.29　**2.90**	2.19　**2.74**	2.11　**2.62**	2.05　**2.52**	1.94　**2.36**	1.83　**2.19**	1.71　**2.00**	1.64　**1.90**	1.57　**1.79**	1.48　**1.67**	1.39　**1.53**	1.27　**1.36**	1.00　**1.00**

自由度 n_1 の値が付表中にない場合には，その自由度が含まれる範囲の自由度の小さい方（より厳しい基準となる）の F 値を選ぶ．例えば n_1 が 36 ならば n_1 が 30 の F 値を選ぶ．n_2 に関してもより厳しい基準となるように選ぶ．

付表7　ステューデント化された範囲 (q)

誤差の自由度 df_e	a	\multicolumn{10}{c}{$m=$平均値の数}
		2	3	4	5	6	7	8	9	10	11
5	.05	3.64	4.60	5.22	5.67	6.03	6.33	6.58	6.80	6.99	7.17
	.01	5.70	6.98	7.80	8.42	8.91	9.32	9.67	9.97	10.24	10.48
6	.05	3.46	4.34	4.90	5.30	5.63	5.90	6.12	6.32	6.49	6.65
	.01	5.24	6.33	7.03	7.56	7.97	8.32	8.61	8.87	9.10	9.30
7	.05	3.34	4.16	4.68	5.06	5.36	5.61	5.82	6.00	6.16	6.30
	.01	4.95	5.92	6.54	7.01	7.37	7.68	7.94	8.17	8.37	8.55
8	.05	3.26	4.04	4.53	4.89	5.17	5.40	5.60	5.77	5.92	6.05
	.01	4.75	5.64	6.20	6.62	6.96	7.24	7.47	7.68	7.86	8.03
9	.05	3.20	3.95	4.41	4.76	5.02	5.24	5.43	5.59	5.74	5.87
	.01	4.60	5.43	5.96	6.35	6.66	6.91	7.13	7.33	7.49	7.65
10	.05	3.15	3.88	4.33	4.65	4.91	5.12	5.30	5.46	5.60	5.72
	.01	4.48	5.27	5.77	6.14	6.43	6.67	6.87	7.05	7.21	7.36
11	.05	3.11	3.82	4.26	4.57	4.82	5.03	5.20	5.35	5.49	5.61
	.01	4.39	5.15	5.62	5.97	6.25	6.48	6.67	6.84	6.99	7.13
12	.05	3.08	3.77	4.20	4.51	4.75	4.95	5.12	5.27	5.39	5.51
	.01	4.32	5.05	5.50	5.84	6.10	6.32	6.51	6.67	6.81	6.94
13	.05	3.06	3.73	4.15	4.45	4.69	4.88	5.05	5.19	5.32	5.43
	.01	4.26	4.96	5.40	5.73	5.98	6.19	6.37	6.53	6.67	6.79
14	.05	3.03	3.70	4.11	4.41	4.64	4.83	4.99	5.13	5.25	5.36
	.01	4.21	4.89	5.32	5.63	5.88	6.08	6.26	6.41	6.54	6.66
15	.05	3.01	3.67	4.08	4.37	4.59	4.78	4.94	5.08	5.20	5.31
	.01	4.17	4.84	5.25	5.56	5.80	5.99	6.16	6.31	6.44	6.55
16	.05	3.00	3.65	4.05	4.33	4.56	4.74	4.90	5.03	5.15	5.26
	.01	4.13	4.79	5.19	5.49	5.72	5.92	6.08	6.22	6.35	6.46
17	.05	2.98	3.63	4.02	4.30	4.52	4.70	4.86	4.99	5.11	5.21
	.01	4.10	4.74	5.14	5.43	5.66	5.85	6.01	6.15	6.27	6.38
18	.05	2.97	3.61	4.00	4.28	4.49	4.67	4.82	4.96	5.07	5.17
	.01	4.07	4.70	5.09	5.38	5.60	5.79	5.94	6.08	6.20	6.31
19	.05	2.96	3.59	3.98	4.25	4.47	4.65	4.79	4.92	5.04	5.14
	.01	4.05	4.67	5.05	5.33	5.55	5.73	5.89	6.02	6.14	6.25
20	.05	2.95	3.58	3.96	4.23	4.45	4.62	4.77	4.90	5.01	5.11
	.01	4.02	4.64	5.02	5.29	5.51	5.69	5.84	5.97	6.09	6.19
21	.05	2.92	3.53	3.90	4.17	4.37	4.54	4.68	4.81	4.92	5.01
	.01	3.96	4.55	4.91	5.17	5.37	5.54	5.69	5.81	5.92	6.02
30	.05	2.89	3.49	3.85	4.10	4.30	4.46	4.60	4.72	4.82	4.92
	.01	3.89	4.45	4.80	5.05	5.24	5.40	5.54	5.65	5.76	5.85
40	.05	2.86	3.44	3.79	4.04	4.23	4.39	4.52	4.63	4.73	4.82
	.01	3.82	4.37	4.70	4.93	5.11	5.26	5.39	5.50	5.60	5.69
60	.05	2.83	3.40	3.74	3.98	4.16	4.31	4.44	4.55	4.65	4.73
	.01	3.76	4.28	4.59	4.82	4.99	5.13	5.25	5.36	5.45	5.53
120	.05	2.80	3.36	3.68	3.92	4.10	4.24	4.36	4.47	4.56	4.64
	.01	3.70	4.20	4.50	4.71	4.87	5.01	5.12	5.21	5.30	5.37
∞	.05	2.77	3.31	3.63	3.86	4.03	4.17	4.29	4.39	4.47	4.55
	.01	3.64	4.12	4.40	4.60	4.76	4.88	4.99	5.08	5.16	5.23

誤差の自由度 df_e の値が付表中にない場合には，その df_e が含まれる範囲の df_e の小さい方の臨界値を選ぶ。例えば df_e が23ならば df_e が20の臨界値を選ぶ。

付表8 ピアソンの r の検定表

df	片側検定の有意水準			
	.05	.025	.01	.005
	両側検定の有意水準			
	.10	.05	.02	.01
1	.988	.997	.9995	.9999
2	.900	.950	.980	.990
3	.805	.878	.934	.959
4	.729	.811	.882	.917
5	.669	.754	.833	.874
6	.622	.707	.789	.834
7	.582	.666	.750	.798
8	.549	.632	.716	.765
9	.521	.602	.685	.735
10	.497	.576	.658	.708
11	.476	.553	.634	.684
12	.458	.532	.612	.661
13	.441	.514	.592	.641
14	.426	.497	.574	.623
15	.412	.482	.558	.606
16	.400	.468	.542	.590
17	.389	.456	.528	.575
18	.378	.444	.516	.561
19	.369	.433	.503	.549
20	.360	.423	.492	.537
21	.352	.413	.482	.526
22	.344	.404	.472	.515
23	.337	.396	.462	.505
24	.330	.388	.453	.496
25	.323	.381	.445	.487
26	.317	.374	.437	.479
27	.311	.367	.430	.471
28	.306	.361	.423	.463
29	.301	.355	.416	.456
30	.296	.349	.409	.449
35	.275	.325	.381	.418
40	.257	.304	.358	.393
45	.243	.288	.338	.372
50	.231	.273	.322	.354
60	.211	.250	.295	.325
70	.195	.232	.274	.303
80	.183	.217	.256	.283
90	.173	.205	.242	.267
100	.164	.195	.230	.254

索　引

ア

ANOVA（アノーヴァ）　140

イ

イェーツ（Yates）の修正　120
1要因分散分析　140
因子（factors）　183
因子構造（factor structure）　195
因子得点（factor scores）　186, 196
因子パターン（factor pattern）　182
因子負荷量（factor loadings）　185
因子分析（factor analysis）　182

ウ

ヴァリマックス回転（varimax rotation）　193

エ

SMC（Squared Multiple Correlation）　189
SDバー　141
円グラフ　14

オ

折れ線グラフ（→度数多角形）　20

カ

回帰（regression）　173
回帰直線（regression line）　173
回帰係数（regression coefficient）　173
カイザーの基準（Kaiser's criterion）　189
カイ自乗（χ^2）検定　116
確認的因子分析（confirmatory factor analysis）　184
角変換（逆正弦変換，angular transformation）　56
確率誤差（random error）　10
片側仮説（one-tailed hypothesis）　83
片側検定（one-tailed test）　83
間隔尺度（距離尺度，interval scale）　6
完全確率化配置　148

キ

記述統計学（descriptive statistics）74
基準変数　173
疑似乱数　77
期待度数　117
帰無仮説（null hypothesis）83
級間（class interval）16
級間値（中心点，class mark）17
級間の幅　16
寄与（contribution）194
共通因子（common factors）184
共通性（communality）186
共分散（covariance）174
距離尺度（→間隔尺度）6
寄与率　194

ク

偶然誤差　10
区間推定　96

ケ

系統抽出法　79
決定係数（coefficient of determination）175
ケンドールの順位相関係数（Kendall's rank correlation coefficient, r_k）69

コ

交互作用（相互作用，interaction）154
恒常誤差（constant error）10
構造モデル　142
誤差分散（$\sigma_{\bar{x}}^2$）91
誤差平方和　143
5段階評価　53
固有値（eigenvalue）189
混合モデル（mixed model）148

サ

最小自乗法　173
最頻値（mode, Mo）24
残差平方和（→誤差平方和）143
散布図（scattergram）58
散布度（variability）24, 30

シ

シェパードの修正（Sheppard's correction）34
四捨五入　8
実験仮説（experimental hypothesis）83
質的変数（qualitative variable）1, 2
四分位範囲　31
四分領域（→四分位偏差）30
四分位偏差（四分領域，quartile deviation, Q）30
斜交解（oblique solution）195
斜交回転（oblique rotation）195
主因子法（principal factor analysis）186
重回帰分析（multiple regression analysis）175
重決定係数（coefficient of multiple determination）176
修正項（correction term, CT）144
重相関係数（multiple correlation coefficient）176
従属変数（dependent variable）3,

141
自由度（degree of freedom, df） 94
周辺度数 123, 124
主効果（main effect） 154
順序尺度（序数尺度, ordinal scale） 5
順位相関 68
順位相関係数の有意性検定 71
処理（treatment） 155
序数尺度（→順序尺度） 5
真の境界 17
真の限界 9
信頼区間 96
信頼限界 97

ス

推計学（inferential statistics） 75
水準（level） 141
推測統計学（→推計学） 74, 75
スクリー基準（scree criterion） 190
スチーブンス（Stevens）の4尺度 4
スチューデント化された範囲の臨界値 146
スピアマンの順位相関係数（Speaman's rank correlation coefficient, r_s） 68

セ

正規分布曲線（normal distribution curve） 37
正規分布との適合度のχ^2検定 121
正の歪み 39
切片（intercept） 173
説明変数 173
セル（cell） 155
線形変換（linear transformation） 44
線形モデル（linear model） 185
潜在変数（latent variables） 183
全体平方和 143
尖度（Kurtosis, K_u） 40

ソ

層化比例抽出法 78
層化無作為抽出法 78
相関（correlation） 58
相関係数 60
相互作用（→交互作用） 154
相対的散布度（変動係数, V） 35
双峰性分布 24
素データ（raw data） 14

タ

第1四分位数 31
第1種の誤り（type I error） 86
対応 103
第3四分位数 31
第2種の誤り（type II error） 86
代表値 24
多重共線性（multiple coliearity） 181
多重比較（multiple comparison） 146
多段抽出法 80
ダミー変数 179
単位正規分布表（→標準正規分布表） 37
単回帰 175
探索的因子分析（exploratory factor analysis） 183
単純構造（simple structure） 193
単純主効果 159

234　索　引

単純無作為抽出法（simple random sampling）　75, 78

チ

中央値（median, Me）　24
中央値検定　130
中心化傾向（central tendency）　24
中心極限定理　94
中心点（→級間値）　17
調整済み重決定係数（adjusted coefficient of multiple determination）　176
調和平均　162
直交回転（orthogonal rotation）　195

テ

定数モデル（fixed model）　148
T 得点　54
データ（data）　1
適合度の χ^2 検定　121
デジタルスコアグラフ　19
テューキーのHSD検定（Tukey's HSD test）　146
点推定　96

ト

統計的検定（statistical test）　81
統計的に有意である（statistically significant）　84
統計量（statistics）　80
独自因子（unique factors）　184
独立性の検定　124
独立変数（independent variable）　3, 141
度数多角形（折れ線グラフ）　20
度数分布表（frequency distribution）　16

ニ

2×2分割表　123
2要因分散分析　154

ノ

ノンパラメトリック検定法　116
ノンパラメトリックな相関（→連関）　64

ハ

パーセンタイル　46
パーセンタイル順位（PR）　46
パーセンタイル値　49
範囲（→レンジ，変域）　30

ヒ

ピアソンの偏差積相関係数（Pearson's product moment coefficient of correlation, r）　60
被験者間比較（between-subjects design）　148
被験者内比較（within-subjects design）　148
ヒストグラム　18
非線形変換（non-linear transformation）　44
標準誤差　91
標準正規分布表（単位正規分布表）　37
標準得点（standard score）　50
標準偏回帰係数（standerdized partial regression）　176
標準偏差（standard deviation, SD）　32
標本（sample）　74

標本誤差　90
標本の大きさ（sample size）　74
標本の数（number of samples）　74
標本分布（sampling distribution）　90
比率尺度（比例尺度, ratio scale）　7
比例尺度（→比率尺度）　7

フ

ϕ（ファイ）係数　65
ϕ 係数の有意性検定　68
フィッシャー（Fisher）の正確確率検定　127
負の歪み　39
不偏推定値　90
プロマックス法（promax method）　195
分散（variance, s^2）　33, 91
分散分析（analysis of variance）　140

ヘ

平均値（mean, $\overline{X}$ または M）　26
平均平方（mean square, MS）　144
平方和（sum of squares, SS）　143
変域（→レンジ, 範囲）　30
偏回帰係数（partial regression coefficient）　176
変化性の検定　122
偏差値（Z 得点）　51
変数（variable）　1
変動因（source of variance）　144
変動係数（→相対的散布度）　35
変量モデル（random model）　148

ホ

棒グラフ　14

母集団（population）　74
母数（parameter）　80
母分散（population variance）　80
母平均（population mean）　80

マ

マン-ホイットニー（Mann-Whitney）の U 検定　132

ミ

見かけ上の関係　66

ム

無作為抽出（random sampling）　76
結び（tie）　45
無相関検定　63

メ

名義尺度（nominal scale）　4

ユ

有意水準（significance level）　83
有意性検定（test of significance）　81
有意ではない（nonsignificant）　84
U 検定　132
有効桁数　9
有効数字　9

ヨ

要因（factor）　141
要因平方和　143
抑制変数（suppressor variable）　181

ラ

乱塊法配置　148
乱数サイ　77

乱数表　77

リ

離散値（discrete value）　2
両側仮説（two-tailed hypothesis）　83
両側検定（two-tailed test）　83
量的変数（quantitative variable）　2
臨界値（critical value）　85

レ

連関（ノンパラメトリックな相関，association）　58, 65
レンジ（範囲，変域，range, R）　30
連続値（continuous value）　2

ワ

歪度（skewness, S_k）　40

〔編著者紹介〕

山上　暁（やまがみ　あきら）

1950年　兵庫県に生まれる
1980年　早稲田大学大学院文学研究科博士課程修了
　　　　（実験心理学専攻）
元 甲南女子大学人間科学部教授
主　著　心理学―人間行動の科学―（共著）
　　　　　　　　　　　　　　　　　　　北大路書房　1982
　　　　BASIC 入門（共著）　　ナカニシヤ出版　1983
　　　　認知科学ハンドブック（分担）　共立出版　1992
　　　　認知心理学の視点（共著）　ナカニシヤ出版　1997

倉智　佐一（くらち　さいち）

1918年　京都府に生まれる
1941年　広島文理科大学卒業（心理学専攻）
1952年　イリノイ大学大学院卒業（教育心理学専攻）
1996年　逝去　大阪教育大学名誉教授・文学博士
主　著　教育における心理学的測定　　理想社　1958
　　　　現代教育心理学（共著）　　　創元社　1965
　　　　教育心理学の基礎（編著）　　原書房　1975
　　　　学力と人格形成　　　　　　　明治図書　1976
　　　　児童理解の方法（編著）　ミネルヴァ書房　1978
　　　　児童の発達と教育（共著）　　創元社　1980
　　　　心理学―人間行動の科学―（共著）
　　　　　　　　　　　　　　　　　　　北大路書房　1982
　　　　人格形成の心理学　　　　　　北大路書房　1986
　　　　暗黙の心理（監訳）　　　　　創元社　1988

新版 要説 心理統計法

1991年7月20日　初　版第1刷発行	定価はカバーに表示
1994年3月25日　改訂版第1刷発行	してあります。
2003年3月10日　新　版第1刷発行	
2023年2月20日　新　版第11刷発行	

　　　　　編　著　者　山　上　　　暁
　　　　　　　　　　　倉　智　佐　一
　　　　　発　行　所　㈱北大路書房
　　　　〒603-8308 京都市北区紫野十二坊町12-8
　　　　　　　　　　電　話　(075)431-0361㈹
　　　　　　　　　　FAX　(075)431-9393
　　　　　　　　　　振　替　01050-4-2083

　　　Ⓒ2003　印刷・製本／㈱太洋社
　　　検印省略　落丁・乱丁本はお取り替えいたします

　　　ISBN978-4-7628-2295-7　　　Printed in Japan

・ JCOPY 〈㈳出版者著作権管理機構 委託出版物〉
　本書の無断複写は著作権法上での例外を除き禁じられています。
　複写される場合は，そのつど事前に，㈳出版者著作権管理機構
　（電話 03-5244-5088,FAX 03-5244-5089,e-mail: info@jcopy.or.jp)
　の許諾を得てください。

ギリシャ文字

A	α	アルファ
B	β	ベータ
Γ	γ	ガンマ
Δ	δ	デルタ
E	ε	エプシロン
Z	ζ	ゼータ（ツェータ）
H	η	イータ（エータ）
Θ	θ	テータ（シータ）
I	ι	イオタ
K	κ	カッパ
Λ	λ	ラムダ
M	μ	ミュー
N	ν	ニュー
Ξ	ξ	クシー（クサイ）
O	o	オミクロン
Π	π	パイ（ピー）
P	ρ	ロー
Σ	σ	シグマ
T	τ	タオ（タウ）
Υ	υ	ユプシロン
Φ	ϕ	フィー（ファイ）
X	χ	カイ（キー）
Ψ	ψ	プシー（プサイ）
Ω	ω	オメガ

統計記号

尺度水準	統計量とその記号
名義尺度	比率（度数） 最頻値（Mo；p.24） 範囲（R；p.30） 連関（ϕ；p.65）
順序尺度 （序数）	中央値（Me；p.24） 四分領域（Q；p.30） 順位相関 　（スピアマン，r_s；p.68） 　（ケンドール，r_k；p.69） パーセンタイル順位（p.46）
間隔尺度 （距離） あるいは 比率尺度	平均値（M, $\overline{X}$；p.26） 標準偏差（SD；p.32） 　　　　（s；p.91） 分散（s^2；p.33, p.91） 相関係数（r；p.60）